读懂分时图
瞄准短线买卖时机

庞　堃●编著

SELL↓

BUY↑

BUY↑

中国铁道出版社有限公司
CHINA RAILWAY PUBLISHING HOUSE CO., LTD.

图书在版编目（CIP）数据

读懂分时图：瞄准短线买卖时机/庞堃编著.—北京：
中国铁道出版社有限公司，2022.10
ISBN 978-7-113-29225-6

Ⅰ.①读… Ⅱ.①庞… Ⅲ.①股票投资-基本知识
Ⅳ.①F830.91

中国版本图书馆CIP数据核字（2022）第098901号

书　　名：读懂分时图：瞄准短线买卖时机
　　　　　DUDONG FENSHITU: MIAOZHUN DUANXIAN MAIMAI SHIJI
作　　者：庞　堃

责任编辑：张亚慧　　编辑部电话：（010）51873035　　邮箱：lampard@vip.163.com
封面设计：宿　萌
责任校对：孙　玫
责任印制：赵星辰

出版发行：中国铁道出版社有限公司（100054，北京市西城区右安门西街8号）
印　　刷：三河市兴达印务有限公司
版　　次：2022年10月第1版　2022年10月第1次印刷
开　　本：700 mm×1 000 mm　1/16　印张：13.25　字数：184 千
书　　号：ISBN 978-7-113-29225-6
定　　价：69.00 元

前言

　　如今，投身于股票市场的投资者越来越多，但愈发复杂的股票走势使得普通投资者越来越难赚取满意的收益，甚至长时间处于亏损之中。因此，投资者有必要对炒股知识和技术分析方法进行深入学习。

　　作为普通散户投资者，多数还是习惯于短期持有，以获取股票的价差收益。而在短线交易中，比较关键的一个投资要素就是投资者能够正确解读盘面信息，从中找到最佳的买卖点，以期最大程度摊低投资成本，提高投资收益。

　　在众多股票交易技术中，分时图技术是一种比较容易上手的短线买卖点分析技术。分时图中能够清晰地呈现市场中多空双方的实时"交锋"情况，方便投资者直观地分析多空力量的对比格局，从而快速瞄准分时图股价波动过程中稍纵即逝的买卖时机。

　　为了帮助更多有切实需求的投资者了解分时图技术，用好分时图技术瞄准短线买卖时机，作者编写了本书。书中从短期交易的角度出发，以分时图为重点研究对象，介绍了适合短线和超短线投资者捕捉买卖点的技术分析方法与操盘策略。

全书共 7 章，可分为 4 个部分：

◆ 第一部分为第 1～2 章，主要介绍分时图的基本构成、盘口数据与各项指标所代表的含义，以及分时图的主要分类，同时也介绍了分时走势中的一些常见走势，为投资者学习分时图操盘打下基础。

◆ 第二部分为第 3～4 章，主要分析了分时图中出现的一些特殊形态，如分时成交量的量能异动、分时股价线形成的顶部与底部形态以及分时图中股价的涨停与跌停等，帮助投资者进一步掌握分时操盘手法。

◆ 第三部分为第 5 章，主要针对超短线投资者介绍了 T+0 的操作方法，包括如何利用顺向 T+0 和逆向 T+0 解套、如何判断单日买卖时机等。

◆ 第四部分为第 6～7 章，主要分析了主力 3 个阶段的操盘行为，帮助投资者及早发现主力意图，跟随扩大收益。同时还介绍了如何利用各类技术指标结合分时图精准研判买卖点，避开可能的风险。

本书的优势在于基础内容与进阶技术并存，理论知识与实际案例结合，无论是新手投资者还是经验丰富的投资者都能够有所收获，并且可以通过案例解析更清晰深刻地理解分时图技术的实战应用。

由于作者经验有限，加之时间仓促，书中难免会有疏漏和不足之处，恳请专家和读者不吝赐教。

最后，祝愿各位短线投资者在学习了分时图的操盘技术后，早日通过股市获取理想的收益。

作　者

2022 年 6 月

目录

第1章 从零开始认识分时图

无论是大盘指数的分时图还是个股的分时图，都是投资者在实战中经常接触到的。它既是一个传递重要信息的窗口，也是投资者进行交易的操作平台。通过分时图，投资者能够实时观察盘面的走势和买卖盘的变化，进而做出相应的买卖决策。

第2章　分时图操盘必学的基本技术

　　股价在每个交易日内运行的过程，往往会被分成几个时段来进行分析，而有些关键的时段就需要投资者特别注意，如早间开盘后半小时、下午开盘后半小时及临近收盘的半小时等。学会在这几个关键时段中对走势进行预估和判断，是投资者利用分时图操盘的必备技能之一。

第3章　分时图特殊形态决策买卖点

在分时图中，股价线的走势、均价线的走势以及成交量的异动，都有可能形成一些具有技术分析价值的特殊形态。这些特殊形态有助于投资者对走势做出更精准的把控和预估。

第4章　分时涨跌停可实现短线扩收

由于证券交易所对上市交易的股票有着涨跌幅度的限制，因此股票在上涨或下跌到当日限制幅度时，就会出现涨停或跌停现象。在分时图中，股价的涨跌停也是很常见的。那么，投资者要如何利用分时图中的涨跌停现象来判断买卖点，扩大自己的收益呢？

第 5 章　依据分时图做 T+0 超短线

在 A 股中有一项交易规则，即在当日买进的股票第二个交易日才能卖出，也就是 T+1 规则。那么 T+0 操作是如何实现的呢？短线投资者又该如何利用 T+0 操作赚取收益呢？

第 6 章 解读分时图中的主力意图

在股票运行过程中，总会在某些时刻有大笔资金进出，从不同的方向影响股价走势，而这些集中爆发的资金流就是主力介入的表现。投资者通过对这些异动的资金流进行分析，就能从一定程度上判断出主力的意图，从而跟随操作，扩大收益。

第7章　技术指标结合分时图研判

　　投资者从技术面分析股票走势、寻找买卖点时，往往需要借助一些技术指标的帮助，如常见的 MACD、KDJ 等。这些辅助指标能够传递许多在分时走势中难以显示的信息，而投资者通过股价走势与技术指标的结合，就能够更准确地判断走势，决策买卖。

第1章

从零开始认识分时图

　　无论是大盘指数的分时图还是个股的分时图，都是投资者在实战中经常接触到的。它既是一个传递重要信息的窗口，也是投资者进行交易的操作平台。通过分时图，投资者能够实时观察盘面的走势和买卖盘的变化，进而做出相应的买卖决策。因此，对于分时图的认知和深入学习就显得十分有必要。

1.1 分时图的语言解析

分时图具体是指大盘和个股的动态实时（即时）分时走势图，每一分钟的成交价格或指数都会被记录下来，进而在图中形成一条实时变化的曲线。分时图在实战研判中的地位极其重要，是投资者及时把握多空力量转化和市场趋势变化的根本所在。

那么，分时图究竟是由什么要素构成的，它传递出了怎样的信息呢？下面就从零开始学习分时图的构成以及交易规则。

1.1.1 图形基本构成

分时图上的曲线以及各种数据能够实时显示股票市场的交易信息，所以对图中各要素的认识和了解是学习分时图的第一步。

如图 1-1 所示是平安银行（000001）2022 年 3 月 7 日的分时图。

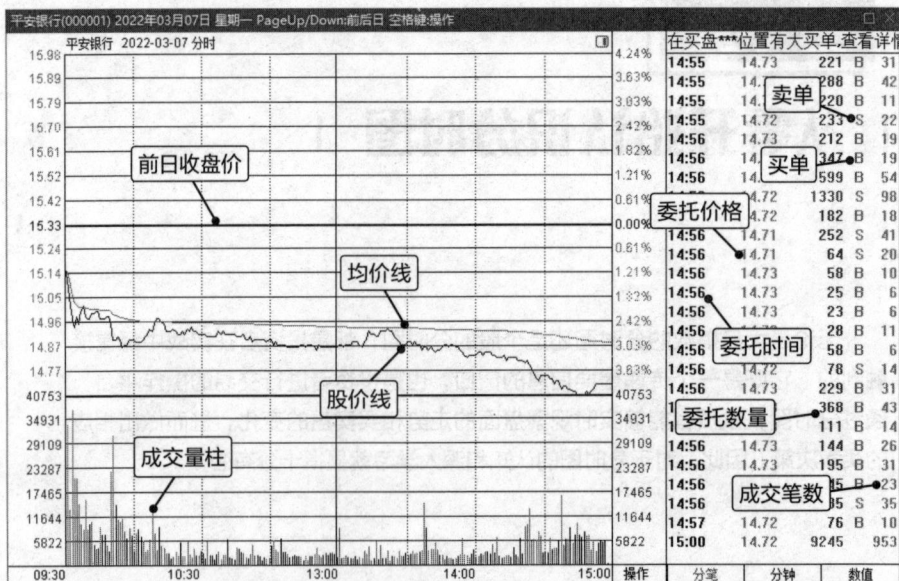

图1-1 平安银行 2022 年 3 月 7 日的分时图

从上图可以看到，分时图中的构成要素主要包括坐标轴、股价线、均价线、前日收盘价、成交量、买单以及卖单信息等。这里是以个股分时图来讲解构成要素，分时图还有其他类型，但是构成要素相同，只是各要素的具体含义有所差异，有关内容将在本章后面讲解。

◆ 分时图的坐标轴

分时图中的坐标轴分别代表了 3 种数据，其中位于下方的横轴代表当日交易时间；左侧纵轴的上半部分代表股票价格，下半部分代表每分钟的成交数量；右侧纵轴的上半部分代表股票的涨跌幅度，下半部分代表每分钟的成交数量。

◆ 分时图的股价线与均价线

分时图的中央位置有两条曲线，分别代表该股即时成交价格的实时股价线，以及代表该股即时成交平均价格的均价线。

股价线因其实时变动的特性，波动幅度较大。而均价线则是由当天的成交总金额除以成交总股数得来，振动幅度就会相对平缓，它也因此成为判断股价运行方向的重要趋势线。

◆ 分时图的前日收盘价

在分时图中，涨幅与跌幅的交界处有一条水平的粗横线，它代表着前一个交易日的收盘价。收盘价是指每个交易日的最后一笔成交价格，它是当日行情的标准，也是下一个交易日价格是否涨跌的判断依据。

一般来说，股价的开盘价会比较靠近前日收盘价。当个股高于前日收盘价开盘时称为高开；当个股在前日收盘价附近开盘时称为平开；而当个股低于前日收盘价开盘时则称为低开。可以看到，图中的平安银行在 2022 年 3 月 7 日这一天的开盘为低开。

◆ 分时图中的成交量

在图中横轴的位置上有着一片不断起伏的柱线，它代表着目标股每一分钟的成交数量。与均价线的作用类似，成交量的起伏变化也是研判股价当日走势的重要依据之一。

成交量柱一般会呈现3种不同的颜色，而具体的颜色会根据投资者自己设置的软件配色方案而变化。

以红绿灰3种颜色为例：当量柱呈现为红色，代表这一分钟的价格相较于前一分钟而言是上涨的；当量柱呈现为绿色，代表这一分钟的价格相较于前一分钟而言是下跌的；当量柱呈现为灰色，则代表这一分钟的价格相较于前一分钟的价格而言没有变化。

◆ 分时图中的买单以及卖单信息

投资者可以看到，在窗口的右侧有一个显示数据的窗格。该窗格的数据有3种显示内容，即"分笔""分钟"和"数值"，单击图1-1窗格右下方的"分笔"按钮后即可显示当天分笔的委托买单和卖单信息。

图1-1右侧窗格中从左到右的第1、2列，依次表示委托的时间以及委托的价格。第3列表示委托的数量，1手等于100股，其中超过500手的委托数量都会标为紫色，表示这是一笔大买（卖）单。第4列的字母B扩写为Buy，即买入，代表这是一单买单，呈现为红色；S扩写为Sell，即卖出，代表这是一单卖单，呈现为绿色。而最后一列的灰色数据表示这一单实际成交的笔数，简单来说，就是有多少笔成交消化掉了这一个买（卖）单。

而单击窗格下方的"分钟"和"数值"按钮也会出现不同的显示界面。

如图1-2所示是分时图中单击"分钟"和"数值"按钮的界面。

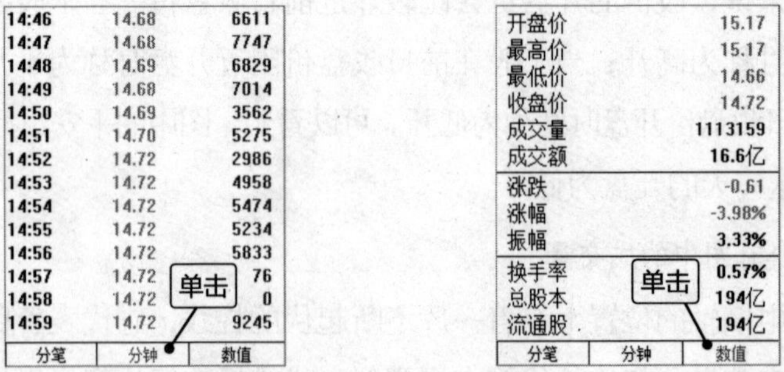

图1-2 分时图中单击"分钟"（左）和"数值"（右）按钮的界面

单击"分钟"按钮出现的界面中有 3 列数字，从左到右分别代表了每一分钟的时间、每一分钟最后一笔的成交价格以及这一分钟内成交的数量。

单击"数值"按钮出现的界面则是一系列数据和指标，能够帮助投资者迅速了解交易相关的信息，这部分内容将在 1.2 节中进行详细解析。

在介绍完分时图的基本构成要素以及图形含义后，相信投资者已经对其有了大致了解，接下来学习分时图的交易规则。

1.1.2　交易规则介绍

关于分时图的交易规则，非常重要的几点就是交易时间、竞价规则以及开盘价与收盘价的确定。

（1）股市交易时间

A 股的交易时间为每周一到周五 9:30—11:30，13:00—15:00，每日交易时间为 4 个小时。

在分时图中，开盘后 30 分钟和收盘前 30 分钟（也称为尾盘）的股价表现非常关键。前者往往会定下当日走势的基调，而后者会直接决定当日的收盘价，进而间接影响下一个交易日的开盘。

（2）股市竞价规则

A 股的竞价方式有两种，连续竞价以及集合竞价。连续竞价决定了分时图中价格的成交规则和曲线的走势，集合竞价则决定了开盘价与收盘价。

在 9:30—11:30 及 13:00—14:57 这段时间内，是连续竞价时间；而 9:15—9:25 及 14:57—15:00 这段时间，是集合竞价时间。其中，9:15—9:25 为开盘集合竞价时间，9:15—9:20 投资者可以撤单，9:20—9:25 投资者不能撤单；14:57—15:00 为收盘集合竞价时间，这段时间投资者是不能撤单的。

◆ 连续竞价

连续竞价是指对买卖申报逐笔连续撮合的竞价方式。交易系统按照价格优先、时间优先的原则，确定每笔证券交易的具体价格。

其中，价格优先是指较高买进申报优先于较低买进申报，较低卖出申报优先于较高卖出申报，简单来说就是买方价高者优先、卖方价低者优先；时间优先是指同价位申报，先申报者优先满足。

对于申报的每一笔买卖委托，由交易系统按照以下几种情况产生最终成交价格。

①当最高买入申报和最低卖出申报价格相同时，以该价格成交。

②当买入申报价格高于即时揭示的最低卖出申报价格时，以即时揭示的最低卖出申报价格为成交价格。

③当卖出申报价格低于即时揭示的最高申报买入价格时，以即时揭示的最高申报买入价格为成交价格。

◆ 集合竞价

集合竞价是指对一段时间内接收的买卖申报一次性集中撮合的竞价方式，同样是以价格优先、时间优先的原则成交。

集合竞价时，成交价格的确定原则与连续竞价有所不同。

①在有效价格范围内选取成交量最大的价位。

②高于成交价格的买进申报与低于成交价格的卖出申报全部成交。

③与成交价格相同的买方或卖方至少一方全部成交。

两个以上价位符合上述条件的，上海证券交易所规定使未成交量最小的申报价格为成交价格。若仍有两个以上申报价格符合条件，取其中间价为成交价格。

深圳证券交易所则取距前日收盘价最近的价位为成交价，集合竞价的所有交易以同一价格成交，集合竞价未成交的部分自动进入连续竞价。

（3）开盘价与收盘价

在分时图中，当 9:30 开盘时开盘价已经确定，它是由集合竞价时间段内买卖双方的撮合，股票价格在有效价格范围内选取成交量最大的价位产生。

股票的开盘价也是每个交易日开市后，第一笔每股买卖成交价格。如果集合竞价的时间内股票没有买卖或没有成交，则股票前一日的收盘价就会作为当日股票的开盘价。

每日的收盘价也是由集合竞价确定的。在收盘前的最后 3 分钟，也就是 14:57—15:00，就是收盘集合竞价时间，由系统撮合成交产生收盘价。收盘集合竞价不能产生收盘价或未进行收盘集合竞价的，以当日该股票最后一笔交易前一分钟所有交易的成交量加权平均价（含最后一笔交易）为收盘价。

开盘价与收盘价在分时图中属于极为重要的关键数据，投资者能够在其中获得许多隐藏信息，进而更准确地判断趋势的发展，及时调整操作策略。

1.2　分时图的盘口数据

图 1-1 是历史分时图，是通过双击往日 K 线打开的分时图，而在当日的即时分时图中，还存在对应的分时盘口数据，其中主要包括买盘与卖盘、委比、委差、现价、最高（低）价、涨（跌）幅、振幅、成交量和换手率等，这些数据显示在分时图单独的窗口中，向投资者传递了极多的市场信息。

对于当日的即时分时图，既可以在 K 线图中双击当日 K 线，打开一个单独的分时图窗口，也可以直接按【F5】键，将 K 线图切换为当日实时分时图界面。

但用不同方式打开的分时图，右边的数据窗口显示的内容和包含的信息是不一样的。双击当日 K 线进入的当日即时分时图的效果，与历史分时图展示效果是一样的，如果要查看当日即时分时图中的衍生数据，只能按【F5】键。

如图 1-3 所示是国华网安（000004）2022 年 3 月 10 日按【F5】键切换到的分时图界面。

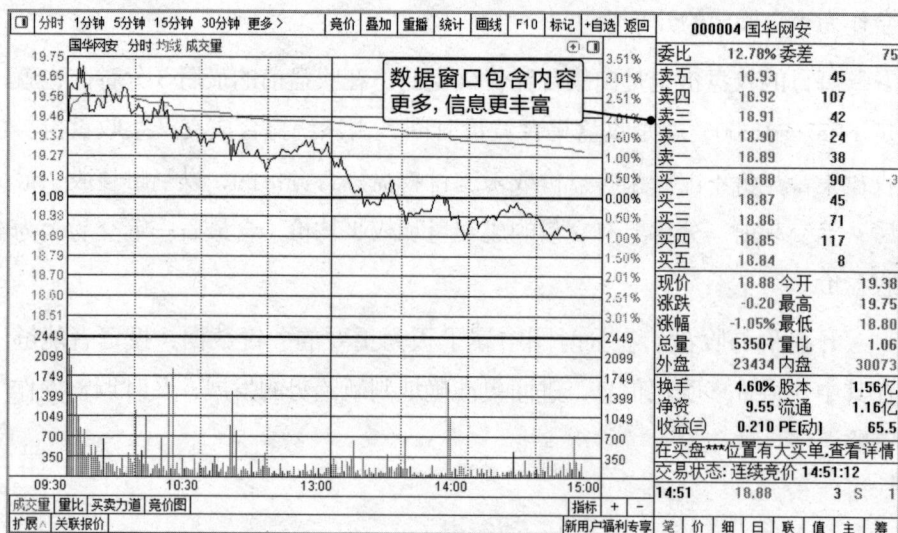

图 1-3　国华网安 2022 年 3 月 10 日的分时图

可以看到，在这样的界面中，分时图右侧的数据窗口显示的信息与 K 线图中的一致，并且数据种类和数据量都要比另一种以独立窗口显示的分时图界面的数据多，其中包含的信息自然也会更丰富。缺点是只能看到当时的实时数据，无法回溯历史信息。

下面来逐一了解这些数据的概念和内涵。

1.2.1　买盘与卖盘

股票买盘指的是比市场价格高的价格完成委托买入交易的集中盘，也称为外盘。股票卖盘指的是比市场价格低的价格完成委托卖出交易的集中盘，也称为内盘。

在分时图的数据窗口中，投资者可以看到 5 档买盘和 5 档卖盘的存在，并且随着成交的继续，盘面上的价格也在不断变动。

如图 1-4 所示是神州高铁（000008）某一时刻的 5 档买卖盘。

R 000008 神州高铁		
委比	-47.66% 委差	-31788
卖五	2.65	16222
卖四	2.64	10518
卖三	2.63	5459
卖二	2.62	14661
卖一	2.61	2382
买一	2.60	5445
买二	2.59	4239
买三	2.58	2369
买四	2.57	2558
买五	2.56	2843

图1-4　神州高铁某一时刻的 5 档买卖盘

可以看到，在图中下方的买盘中，价格从买一到买五以递减的顺序排列，在卖盘中则正好相反，价格从卖一到卖五以递增的顺序排列。二者的交界处价格相近，即最近的可成交价格。

这是由于有价格优先、时间优先的原则存在，在一般情况下，当委托的买单比现有价格低时，不会达成有效成交，会显示在排队的委买量中。投资者就可以通过观察委托买入的 5 档，看当下股票买盘的大小。

反之，当委托卖单比市场价格高时，也不会达成有效成交，会显示在排队的委卖量中。投资者就可以通过观察委托卖出的 5 档，看当下股票卖盘的大小。

买盘代表着资金的流入，投资者的汇集；相对的，卖盘则代表着资金的流失，投资者的离散。

◆ 当目标股的买盘委托量大于卖盘时，就表示对该股看好的投资者多于看跌的投资者，资金的大量流入不仅能消化掉卖盘，还能继续推涨股价，短时间内目标股有可能会处于上涨状态。

◆ 当目标股的卖盘委托量大于买盘时，说明对该股看跌的投资者占据多数，资金大量流出，买盘难以承托，导致目标股在短时间内无法继续上涨，甚至出现下跌的情况。

但有些时候只观察5档买卖盘的委托数量并不是太直观，也无法与当日前期的数据进行对比。那么此时投资者就可以通过分时图中的"买卖力道"指标来观察委卖与委买之间的对比。

如图1-5所示是在国际实业（000159）当日的实时分时图下方单击"买卖力道"按钮后切换到的买卖力道指标图。

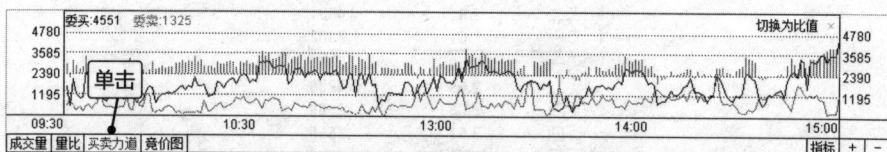

图1-5　国际实业分时图中的买卖力道指标

可以看到，根据买卖力道指标的波动，投资者就能观察到每一分钟的买盘与卖盘委托数量的对比，相对5档买卖盘来说更为直观。

下面来看具体的案例。

示例讲解

申万宏源（000166）买卖盘力量影响股价走势

如图1-6所示是申万宏源2022年3月10日的分时图。

从图中可以看到，申万宏源在3月10日这一天是以高于前日收盘价的价格开盘，在开盘后立刻便有大量卖单涌出，刚开始便超过了买单的数量。

这是因为股价的高开使得前期入场的投资者获得了一定收益，自然会产生集中抛盘的现象。

而在交易的前一个小时内大量抛盘导致的股价下跌，也使得买盘数量始终没有出现大幅度的上升。没有足够的买盘承接，卖方只能继续压价，使得股价愈发走低。

10:30 左右，股价在 4.37 元的位置止跌横盘，买盘似乎看到回升的希望，开始追加委托数量，但依旧远远落后于卖盘的委托量。这导致股价难以突破盘整的高点，最终在 13:00 开盘后出现了大幅下滑。在股价快速下跌后，无论是买盘还是卖盘的委托数量都有所下降，并在股价跌破前日收盘价后萎缩到极低位置。

14:00 左右，股价再次回升到前日收盘价上方，刺激卖方再次大量抛售，阻止了股价进一步上涨。后续的股价虽有数次上涨迹象，但都被一波一波的卖方抛售压制，最终还是在低于前日收盘价的位置收盘。

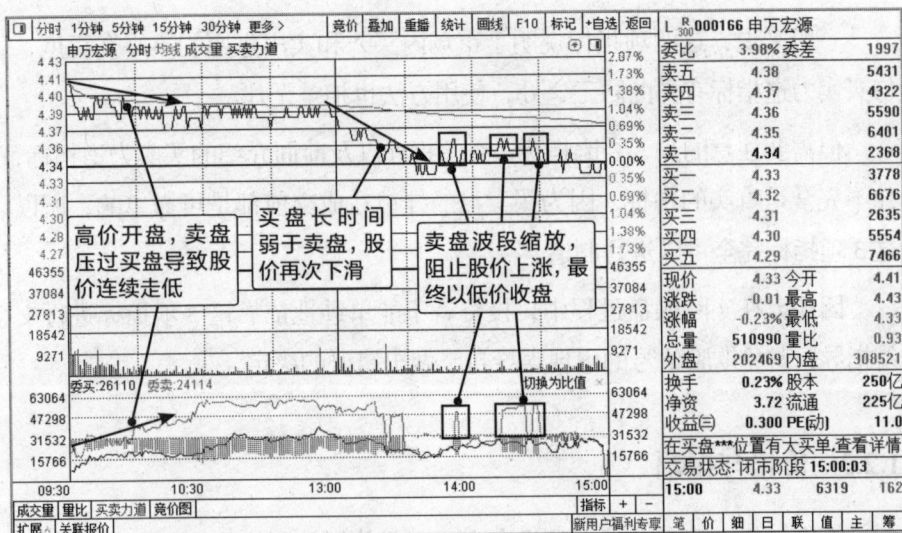

图 1-6　申万宏源 2022 年 3 月 10 日的分时图

上面的案例比较清晰明了地说明了买卖双方的力量对股价产生的影响。从实质上来看，也是市场对该股的期望在不停转变。当市场期望集中于某一方向，那么将会在这一方向对其产生较大的影响，这也是根据买卖力道判断股价走势的原理。

1.2.2　委比与委差

委比指的是在报价系统之上的所有买卖单之比，用于衡量一段时间内买卖盘相对力量的强弱。当委比值为正值且委比数大时，说明市场买盘强劲；当委比值为负值且负值大，说明市场抛压较重。

委比值的波动范围在 0~±100%。当股票涨停，卖盘上没有挂单，指标显示为 +100%；当某一时刻市场中的买单与卖单持平，指标就会显示为 0；当股票跌停，买盘上没有挂单，指标则显示为 −100%。

而委差理解起来更简单，就是场内委买数量与委卖数量之间的差值。它的正负会跟随委比值的变动而变动，并且与委比值一同显示在 5 档买卖盘的上方。

一般来说，这两项指标说明了市场内买入和卖出意愿的不平衡程度，与买卖力道指标有异曲同工之处，使用方法也相差无几。

但需要注意的是，委比指标、委差指标以及前面介绍的买卖力道指标，并不完全是真实的指标，因为买卖盘的挂单在成交前都是可撤单的，所以这 3 项指标完全可以进行制造。

因此，在实际操盘过程中，投资者不能单纯地依靠这 3 项指标进行交易指导，避免欺骗信号的出现误导自己做出错误的决定。

1.2.3 价格与振幅

价格与价格的变动幅度是投资者观察股价目前所处位置、衡量未来走势的关键数据，也是投资者在分析分时图信息时要重点掌握的内容。

◆ 5 个关键价格

在分时图中有关键的 5 个价格，分别是开盘价、最高价、现价、最低价以及收盘价。这 5 个价格都可以在单独打开的分时图界面中看到，并且比按【F5】键切换的分时图界面更为简明直观。

开盘价与收盘价在之前的内容中已经介绍过，而最高（低）价指的是截至某一时刻，盘中出现过的最高（低）成交价。如果当日已收盘，则代表的是当日出现的最高（低）成交价。

借助最高（低）价，投资者能够对股价的走势有大致的预估。当股价突（跌）破最高（低）价时，说明股价有可能突（跌）破了一个压力（支撑）位，后续可能出现上涨（下跌）。同时，当日的最高（低）价也是衡量下一个交易日是否跳空开盘的依据之一。

如图 1-7 所示是东方盛虹（000301）2022 年 3 月 10 日的分时图。

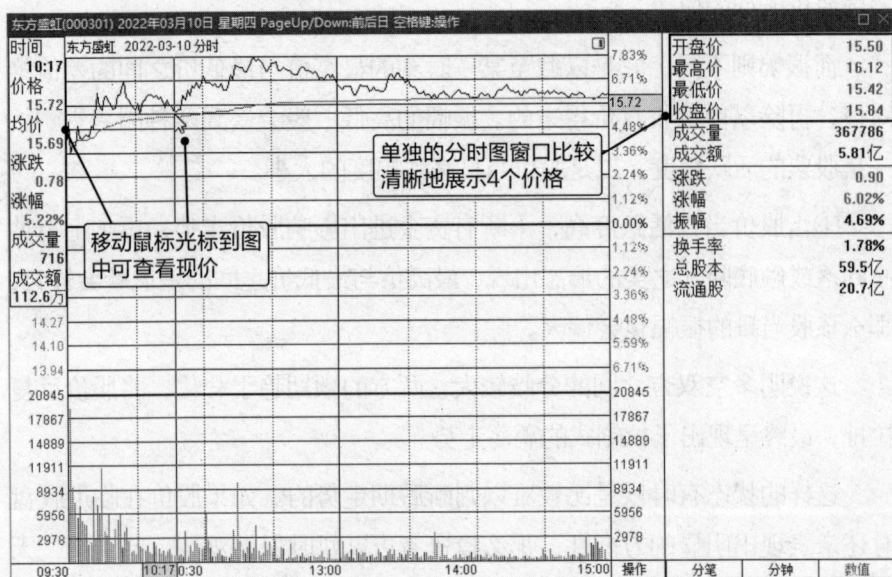

图 1-7　东方盛虹 2022 年 3 月 10 日的分时图

从图中可以看到，在分时图右侧的数据窗格中，比较明晰地显示了开盘价、最高价、最低价以及收盘价，现价则可以移动鼠标光标到坐标图中进行查看。

◆　3 个价格变动数据

在数据窗口中，除了几个关键价格外，还显示了涨跌、涨幅以及振幅3 个与价格变动有关的数据，这 3 项数据的对比标准都是前日收盘价。

涨跌值指的是当前股价相较于前日收盘价的差值。若股价处于前日收盘价上方，那么涨跌值显示为正；若股价处于前日收盘价下方，涨跌值则显示为负。

涨幅指的是当前股价相较于前日收盘价上涨或下跌的幅度。若股价高于前日收盘价，则涨幅显示为正的百分比；若股价低于前日收盘价，则涨幅显示为负的百分比。

涨跌值与涨幅表示的含义都是相同的，只是在计算方式上有差异，并且二者的正负变化一致，通过观察涨跌值和涨幅就可以非常迅速地判断出当前股价所处的位置。

而振幅则不同，它是以截至某一时刻的最高价与最低价之间的差值绝对值，再除以前日收盘价得来的。振幅的高低一般会受到两种因素影响，一是股票的活跃程度，二是股价当日涨跌幅度的大小。

①当股价当日活跃度高，不断有资金进出影响股价走势，再加上有冲高回落或触底回升之类的形态出现，最高价与最低价之间的差值就会较大，那么该股当日的振幅也会偏大。

这说明多空双方之间的分歧较大，两方的预期趋于分化，将股价反复拉扯，最终呈现出了拉锯式的震荡走势。

这样的状态有时候是比较难以判断后期走势的。如果股价在临近收盘时还未表现出明显的方向性，那么投资者可以暂时保持观望，待到第二天出现明显转机后再决定。

②当股价当日涨跌幅度大，股价高开后再冲高，或是股价低开后再下跌，都会导致当日最高价与最低价之间的差值拉大，最终使得振幅偏大。

在这种情况下，市场中多空双方的预期方向趋于一致，对于走势的判断就会相对简单，投资者可以根据自身的操作策略决定是否买卖。

下面来看具体的案例。

示例讲解

佳发教育（300559）利用涨跌幅与振幅分析买入时机

如图 1-8 所示是佳发教育 2021 年 7 月 29 日的分时图。

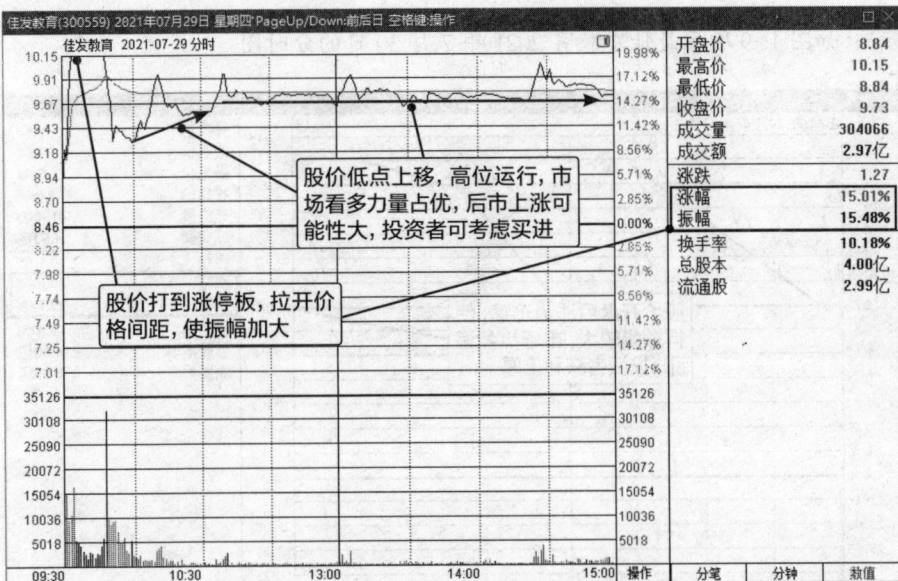

图1-8 佳发教育 2021 年 7 月 29 日的分时图

从图中可以看到，佳发教育在 2021 年 7 月 29 日这一天是以高价开盘，并且在开盘后就出现了近乎直线的快速上涨，直接打到了涨停板，拉开了高价与低价之间的距离。

在封板数十分钟后，股价被一笔大单砸开，迅速回落到 9.43 元附近后受到支撑出现回升，在上涨到 9.91 元的价位线附近又受阻下跌，但很快便再次被强劲的推动力推回上涨轨道，下跌的低点明显上移。这样的走势不断持续，最终股价开始了在高位的横向运行。

可以看到，股价在 10:30 之后的运行轨迹基本维持在 9.67 元以上，说明市场中看多的力量占据上风，多空双方预期趋于一致，支撑着股价在接近涨停板的位置横向运行，直至收盘。

投资者在数据窗格中可以看到，这一天该股的涨幅达到了 15.01%，振幅达到了 15.48%，相较于涨跌停板之间 40% 的最大振幅值，这已经算非常高了。并且从走势以及市场预期来看，第二天的价格曲线依旧有上扬的迹象，投资者可以考虑买进。

如图 1-9 所示是佳发教育 2021 年 7 月 30 日的分时图。

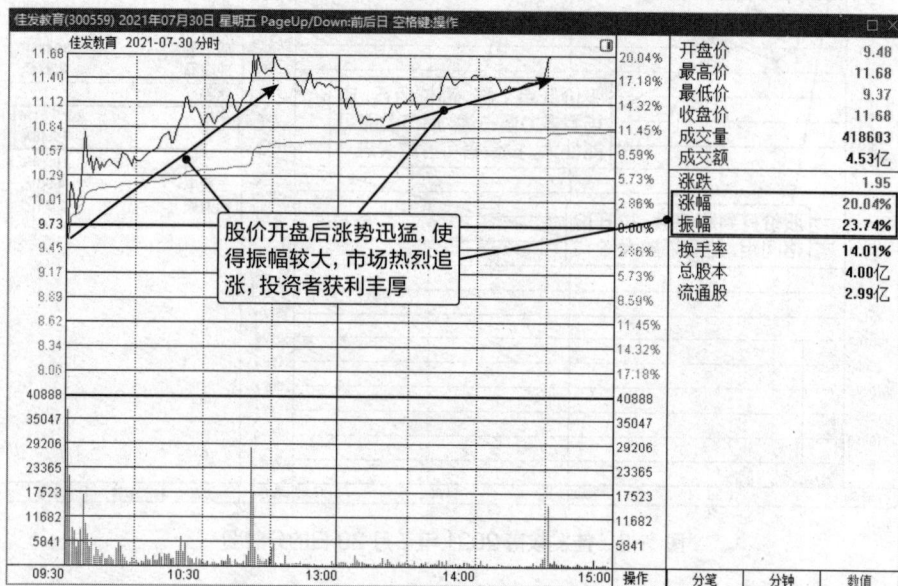

图 1-9　佳发教育 2021 年 7 月 30 日的分时图

从第二天的价格走势可以看到，该股在前日收盘价的附近开盘，最后便一路高歌猛进，在 10:50 左右再次打到了涨停板，整段走势呈现出了市场积极和热烈的追涨情绪。

虽然股价在后续有所回落，但市场预期依旧朝着看多方向汇聚，在下午时段开盘后很快便再次将股价推到了高位处，最终在尾盘被一笔大单推上涨停板封住，直至收盘。

而当日由于剧烈上涨，其振幅已经达到了近 23.74%，充分说明了当日股价的涨势有多么迅猛。在短短两天内就能获得一个涨停板的收益，也是投资者利用振幅抓住机会的结果。

1.2.4 成交量与换手率

在分时图中同样存在成交量与换手率的具体数据，二者在判断市场活跃度方面有着相似的作用。

（1）分时图中的成交量

股市成交量的变化反映了当日资金进出市场的情况，是判断市场走势的重要指标之一。

分时图中成交量的变化由多空双方的力量决定，红色量柱代表主动性的买盘，也就是多方占优势，看好该股的人居多，推动股价上涨；绿色量柱代表主动性的卖盘，也就是空方占优势，看跌该股的人居多，带动股价下跌。

成交量的量柱越长，代表每分钟的成交量越大。成交量的大小也代表了多空双方对股价的认同程度。双方对当前股价认同程度的分歧越大，那么成交量也就越大；反之，成交量也会变小。

（2）分时图中的换手率

换手率也称周转率，指在一定时间内市场中股票转手买卖的频率，是反映股票流通性强弱的指标。

换手率的计算方式为某一段时期内的股票成交量与发行总股数之比。在技术分析的诸多工具中，换手率指标是反映市场交投活跃程度最重要的技术指标之一。

一般来说，换手率的高低分界线在 3% 左右。换手率高意味着股票流通性好，具有较强的获利能力，往往也是短线投资追逐的对象。但换手率高的股票往往投机性较强，起伏较大，风险也相对较大。

因此，将换手率与成交量相结合，就可以对未来的股价做出一定的预测和判断。

◆ 若某只股票的换手率突然上升，成交量放大，可能意味着有主力或是投资者在大量买进，股价可能会随之上扬。

◆ 若某只股票持续上涨了一段时间后，换手率又迅速上升，成交量放大，
那么可能意味着获利盘的回吐，股价可能会下跌。

下面来看具体的案例。

示例讲解

百洋医药（301015）利用成交量与换手率分析买卖时机

如图 1-10 所示是百洋医药 2021 年 9 月 15 日的分时图。

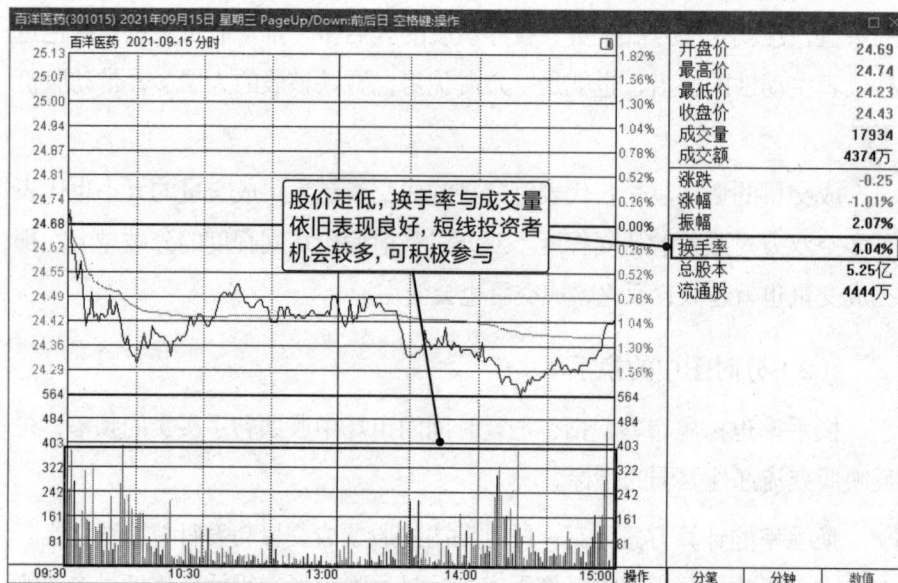

图 1-10　百洋医药 2021 年 9 月 15 日的分时图

从图中可以看到，百洋医药在 2021 年 9 月 15 日的走势显得比较低迷，
但换手率依旧达到了 4.04%，处于 3% 的分界线以上，成交量也随着股价的变
动而不断缩放，显得十分活跃。

这说明该股是一只流通性较好的股票，比较适合短线投资者进行操作，
而这一天的股价低位就是一个比较不错的入场位置。

对于换手率较高的股票，其变动幅度也会比较大，每天的交易时间内投

资者都需要经常关注，以免错过大波行情。

如图 1-11 所示是百洋医药 2021 年 9 月 16 日的分时图。

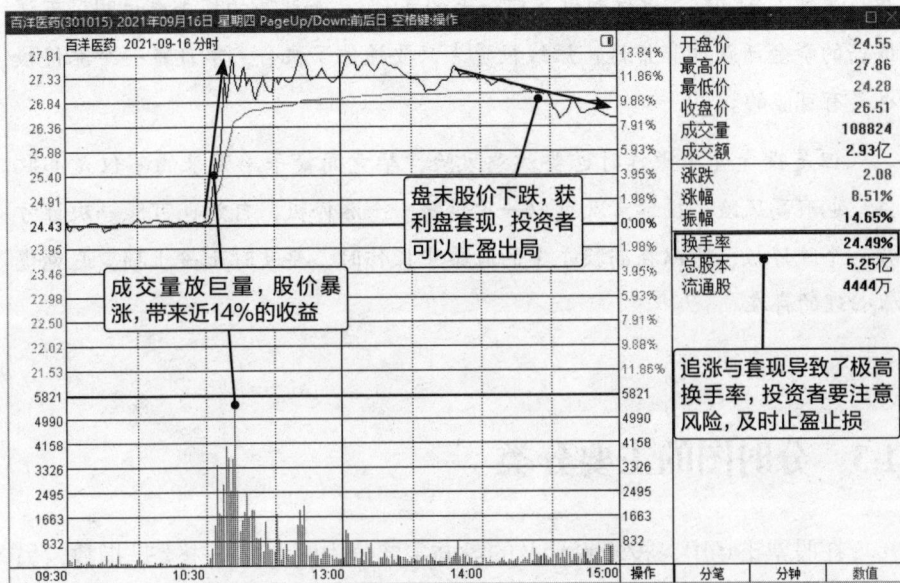

图 1-11 百洋医药 2021 年 9 月 16 日的分时图

这是百洋医药在第二天的走势，可以看到，当天股价在前日收盘价附近开盘，并且围绕这条水平线横向运行，成交量相较于前一天显得十分萎靡。

这对于一只高换手率的股票来说显然是不太寻常的，如果在某一时刻平缓的走势会产生变化，那么这样的变化可能就会比较剧烈和快速，投资者需要保持警惕和高度关注。

10:30 之后，原本平淡的成交量量能开始放大，并且增速极快，短短数十分钟内就实现了近百倍的增长。这也导致了股价陡然上冲，在短时间内便有了近 14% 的大幅增长。

凶猛的涨势也点燃了市场的热情，成交量峰顶滑落后依旧维持着活跃状态，不断起伏的量柱推动股价维持在高位震荡。

在接近收盘时，股价开始有所下滑，成交量却依然活跃，这是获利盘的大量抛出导致的。许多短线投资者在短时间内获得近 14% 的涨幅后，会非常果断地套现，将收益落袋为安。

前期的热烈追涨以及后期的大量抛盘，使得百洋医药当天的换手率奇高，达到了 24.49%，远远超过了前一天的 4.04%。如此高的换手率说明了百洋医药的资金活跃度非常好，短线投资者只要抓住了机会，单日赚一个涨停板也是有可能的。

但是投资者在操作时也要注意风险，毕竟高换手率带来的不仅是高收益，也有高风险。投资者既可以一次性赚一个涨停板，自然也可能一次性亏损一个跌停板，所以在高换手率的股票中操作时，要及时止盈止损，避免侥幸心理的存在。

1.3　分时图的主要分类

在股票市场中，投资者涉及的盘面主要分为两大类，一类是指数，另一类是个股。而指数又大致分为大盘指数与板块指数。这些盘面中都有 K 线图走势，自然也有相应的分时图，但它们的分时图所包含的内容就有所区别了。

1.3.1　大盘指数分时图

大盘指数分时图与个股分时图的定义类似，都是反映的指数或个股当日每分钟的动态走势。

而大盘指数的走势从本质上来说，是依靠其包含的个股集合走势所形成的，因此大盘指数的分时图往往反映的是整个市场的运行状态。

一般来说，大盘指数指的是上证指数（999999）或者是深证成指（399001），这里以上证指数为例。在上证指数的分时图中，不仅有个股分时图所包含的成交量、换手率和涨跌幅等，还多出了一些个股分时图所没有的要素。

如图 1-12 所示是上证指数 2022 年 3 月 11 日的分时图。

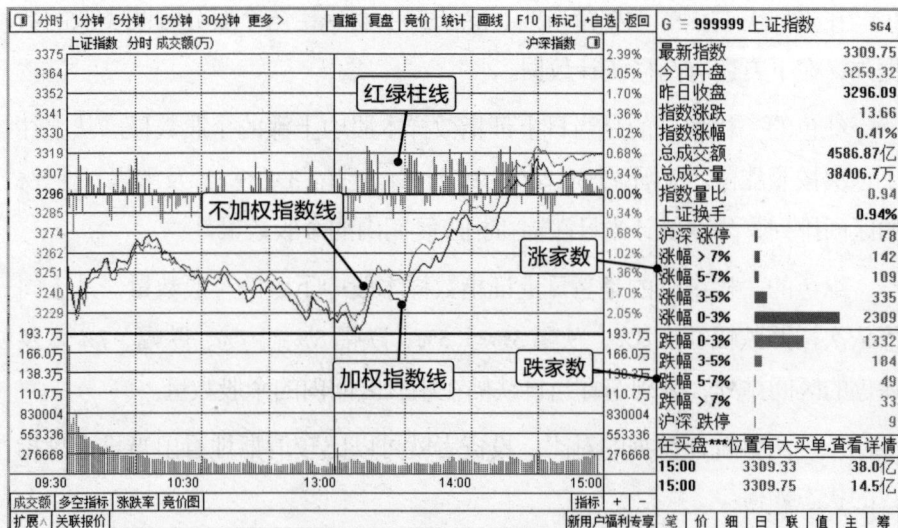

图 1-12　上证指数 2022 年 3 月 11 日的分时图

（1）前日收盘指数周围的红绿柱线

在坐标图中，围绕前日收盘指数存在一些上下波动的红绿柱线。这些红绿柱线是上证指数包含的所有股票即时的买盘与卖盘数量的比率，与个股分时图中的买卖力道指标含义类似，是用来反映指数上涨或者下跌的强弱程度的。

◆ **横线上方出现红色柱线：**代表大盘向上运行，红色柱线出现的时间越长、量能越大，表示买盘力道越强劲，上涨的能量越强；若红色柱线出现时间缩短、量能减小，则表示买盘的委托量有所回缩，上涨的力度减弱。

◆ **横线下方出现绿色柱线：**代表大盘向下运行，绿色线出现的时间越长、量能越大，表示卖盘占据了越大的优势，那么下跌的动能就会越强；若绿色柱线出现时间缩短、量能减小，则表示卖盘攻势渐缓，下跌的力度减弱。

（2）数据窗口中的涨跌个股数

在走势图右侧的数据窗口内，除了最上面一栏与个股分时图类似的数据外，在下方还有两栏统计数据。

红色的一栏统计的是当日上证指数样本股中上涨的个股数量。从上往下依次按照涨停、涨幅 >7%、涨幅 5% ～ 7%、涨幅 3% ～ 5% 及涨幅 0 ～ 3% 的区间排列，分别统计当日涨幅在相应区间内的个股数量。

绿色的一栏统计的是当日上证指数样本股中下跌的个股数量。从上向下依次按照跌幅 0 ～ 3%、跌幅 3% ～ 5%、跌幅 5% ～ 7%、跌幅 >7% 以及跌停的区间排列，分别统计当日跌幅在相应区间内的个股数量。

从这两栏统计数据的对比，投资者就可以比较清晰地看出当日大盘指数的状态如何。

（3）随指数线波动的不加权线

一般来说，上证指数对外公布与使用的都是考虑了样本股的股本大小，经过了加权的加权指数线。而在分时图中，紧跟着加权指数线运行的还有另一条线，这一条线就是未经过加权的、不考虑样本股股本大小的不加权指数线。

由于大盘股与小盘股的股本大小差异性，加权指数线显然更偏向反映大盘股或权重股的走势。因此不加权指数线也就从一定程度上反映了中小盘股的运行情况。

两条指数线的交叉形态与上下位置关系就反映出了市场的大致运行状态，对于判断走势有着重要作用。

◆ **大盘上涨时加权指数线上攻：** 说明市场资金充足，多方做多意愿强烈。由于加权指数线一般代表着大盘股的表现，因此加权指数线的上攻说明上证市场已经被拉起，代表着小盘股运行状况的不加权指数线会紧随其后，同样表现为上攻态势。

◆ **大盘上涨时不加权指数线上攻：** 说明当天中小盘股表现积极，市场热点汇聚在其中。但由于中小盘股的影响力较之大盘股有所不足，不加权指数线是否能够带动加权指数线上攻，还需要继续观察后续走势才能判断。

若出现加权指数线上攻的情况，投资者就可以选择大盘股中涨势较好的个股，将其作为短线投资目标。

下面来看具体的案例。

示例讲解

利用大盘指数走势选股

本节的图 1-12 就是 2022 年 3 月 11 日这一天的大盘指数走势，可以看到，当日在下午时段开盘之后，加权指数线出现了上攻的状态，并且涨势迅猛，那么投资者就可以开始筛选涨势同样良好的大盘股了。

大盘股的筛选方式中比较简单的一种就是将沪深个股界面的股票以流通股数量从上至下排列，进而选出排名靠前的几十只大盘股。

如图 1-13 所示是 2022 年 3 月 11 日沪深流通股数排名前 20 的股票。

	代码	名称		涨幅%	现价	涨跌	买价	卖价	总量	现量	涨速%	换手%	今开
1	601288	农业银行	R	1.02	2.97	0.03	2.96	2.97	372.6万	44292	0.00	0.12	2.94
2	601398	工商银行	R	1.10	4.61	0.05	4.60	4.61	270.8万	34181	0.22	0.10	4.55
3	601988	中国银行	R	0.65	3.10	0.02	3.09	3.10	178.9万	32594	-0.31	0.08	3.08
4	601857	中国石油	R	-1.41	5.58	-0.08	5.57	5.58	267.9万	47761	0.00	0.17	5.57
5	600028	中国石化		0.00	4.15	0.00	4.15	4.16	162.8万	29362	-0.23	0.17	4.12
6	601818	光大银行	R	0.61	3.28	0.02	3.27	3.28	102.7万	17592	0.00	0.25	3.25
7	601668	中国建筑	R	-1.70	5.19	-0.09	5.18	5.19	327.9万	29527	0.00	0.80	5.20
8	601328	交通银行	R	1.91	4.81	0.09	4.80	4.82	108.0万	18197	0.21	0.28	4.71
9	000725	京东方A		1.14	4.44	0.05	4.43	4.44	376.2万	28698	0.00	1.03	4.33
10	600016	民生银行	R	0.27	3.77	0.01	3.76	3.77	841981	10675	0.27	0.24	3.75
11	601998	中信银行	R	1.79	4.56	0.08	4.56	4.57	327410	1948	0.22	0.10	4.48
12	600221	*ST海航		0.53					724133	4917	-0.52	0.22	1.86
13	601319	中国人保	R	2.05					468937	4565	0.00	0.14	4.36
14	600010	包钢股份	R	-0.42					453.9万	44847	0.00	1.43	2.37
15	600050	中国联通	R	0.82	3.69	0.03	3.68	3.69	932888	17605	0.27	0.30	3.63
16	600000	浦发银行	R	1.14	8.01	0.09	8.00	8.01	332860	6106	0.38	0.11	7.89
17	601816	京沪高铁	R	1.41	5.05	0.07	5.04	5.05	441826	8800	0.20	0.16	4.95
18	601766	中国中车	R	0.36	5.52	0.02	5.51	5.52	502660	6930	0.00	0.21	5.46
19	600018	上港集团	R	3.69	5.62	0.20	5.61	5.62	759353	4698	0.18	0.33	5.41
20	600900	长江电力	R	-0.48	22.60	-0.11	22.59	22.60	440143	7861	0.18	0.19	22.60

沪深排名前20的大盘股中，上港集团涨幅最大

分类｜沪深｜创业｜科创｜北证｜B股｜基金｜债券｜REITs｜新三板｜板块指数｜港美联动｜自选｜板块｜自定｜港股｜期权

图 1-13　2022 年 3 月 11 日沪深流通股数排名前 20 的股票

从图中可以看到，在沪深排名前 20 的大盘股中有涨有跌，其中涨幅最大的是排名第 19 的上港集团（600018），达到了 3.69%。相较于其他涨幅在 1% 左右的大盘股来说，已经是比较优秀的了。

如图 1-14 所示是上港集团 2022 年 3 月 11 日的分时图。

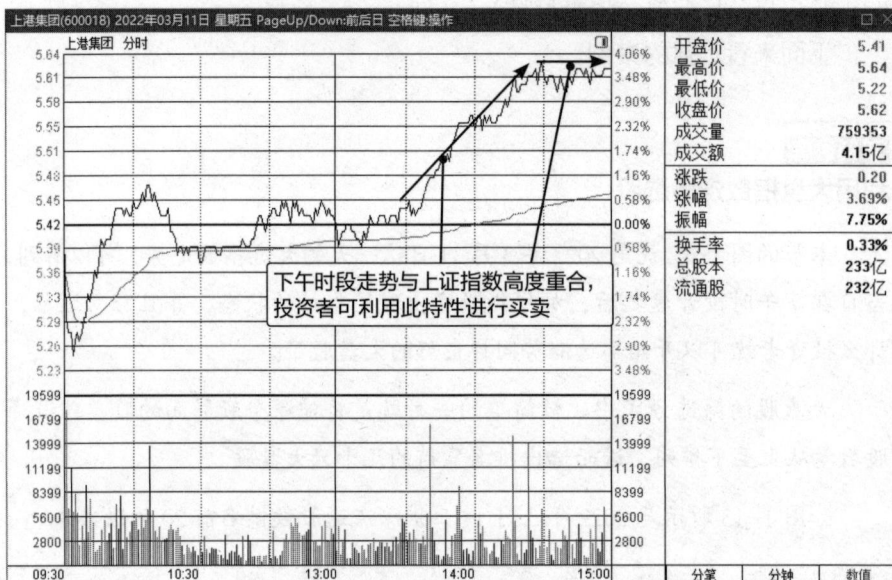

图 1-14　上港集团 2022 年 3 月 11 日的分时图

从上港集团当日的走势可以看到，股价在前日收盘价附近开盘，经历了快速下跌和急剧拉升之后，股价开始围绕前日收盘价不断震荡。

下午时段开盘后，股价依旧在横线周围震荡了数十分钟，终于在 13:40 左右被一笔大单强力推涨，股价立刻拐头向上，迅速达到了近 4% 的涨幅，最终在尾盘有所下滑，以 3.69% 的涨幅收盘。

对比当日大盘指数与上港集团的分时图可以发现，二者的走势是比较相似的，尤其是下午时段的快速上涨和尾盘的回落，几乎是趋于一致的。

因此，投资者就可以借助这一特性，通过观察大盘指数的走势来选择当日适宜参与的个股，并且风险相对较小。

1.3.2　板块指数分时图

股票的板块分类指的是当某一类股票拥有 A 要素时，此类股票大幅超涨或超跌于股指，则命名此类股票为 A 板块。其中的 A 代表要素值，可以是行业、规模、地域、业绩、技术、机构或是政策等。

板块的分类方式主要有两类，即行业分类和概念分类。

◆ **行业板块**：是将某些处于同一行业的股票划归为一类，得出的一种分类板块。如钢铁行业包含的股票，其背后的企业就主营与钢铁有关的业务；银行行业里的都是各种银行股票；房地产行业就会包含从建筑公司到房产销售公司的股票。

◆ **概念板块**：是指具有某种特别内涵的股票的总称，是依靠某种题材来对价格形成支撑。而这一内涵通常会被当作一种选股和炒作的题材，成为股市中某一阶段的热点，比如白酒概念、5G 概念、猪肉概念和生物医药概念等。

板块指数的分时图与大盘指数类似，都是用于反映样本股的运行状态。区别在于大盘指数包含了某个市场中的所有个股，而板块指数仅包含与其分类要素相关的个股。

从选择面上来看，板块中的个股范围较小，因此选择的难度也会较小。投资者只要在某一板块大幅上涨的同时，紧盯其中的龙头股，就能够有机会获取不错的短期收益。

下面就以行业板块为例，分析如何通过板块指数的分时图，寻找适宜介入的个股。

示例讲解

利用行业板块指数走势选股

如图 1-15 所示是医疗保健板块（880398）2022 年 3 月 11 日的指数分时图。

从图中可以看到，医疗保健板块在 3 月 11 日这天的整体涨势比较优秀。

指数当日以低价开盘，经过震荡上涨与下跌后，在接近早间收盘时跌落到前日收盘价下方。

而在午后开盘时，指数（这里指加权指数线）却被大笔成交量推动急剧上涨，一路上冲至接近 4.09% 的涨幅位置后有所回落，最终在 4.09% 下方横盘震荡，直至收盘。

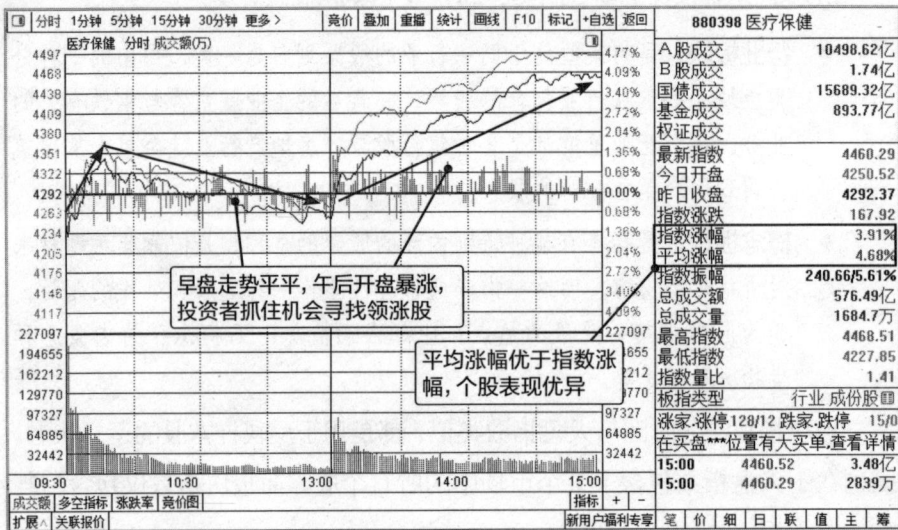

图 1-15　医疗保健板块 2022 年 3 月 11 日的指数分时图

在医疗保健板块涨势较好的前提下，投资者就可以进入指数成分股中寻找适宜操作的个股。

如图 1-16 所示是泰格医药（300347）2022 年 3 月 11 日的分时图。

泰格医药是专注于为医药产品研发提供临床试验全过程专业服务与解决方案的合同研究组织，其技术在业内处于领先地位，也是医疗保健板块的龙头企业之一。在 3 月 11 日这一天，该股的涨幅处于板块领先位置，那么投资者就可以将其作为短线的投资目标。

打开当日的分时图可以看到，泰格医药是以比较高的价格开盘的，随后便是与板块指数走势非常类似的震荡上涨与下跌，只是整体位置要高于板块指数的位置。这也说明该股的整体涨势会比指数来得更为迅猛。

下午时段开盘后，泰格医药的股价与指数同步出现了拉升。尽管泰格医药的拉升不如指数那么急促和剧烈，但股价依旧稳定上涨，在收盘时达到了7.31%的涨幅。

投资者只要在观察到指数出现快速上涨趋势时，及时寻找板块中的领涨股，再果断抢点买入，就很有可能在短时间内获得一笔不错的收益。

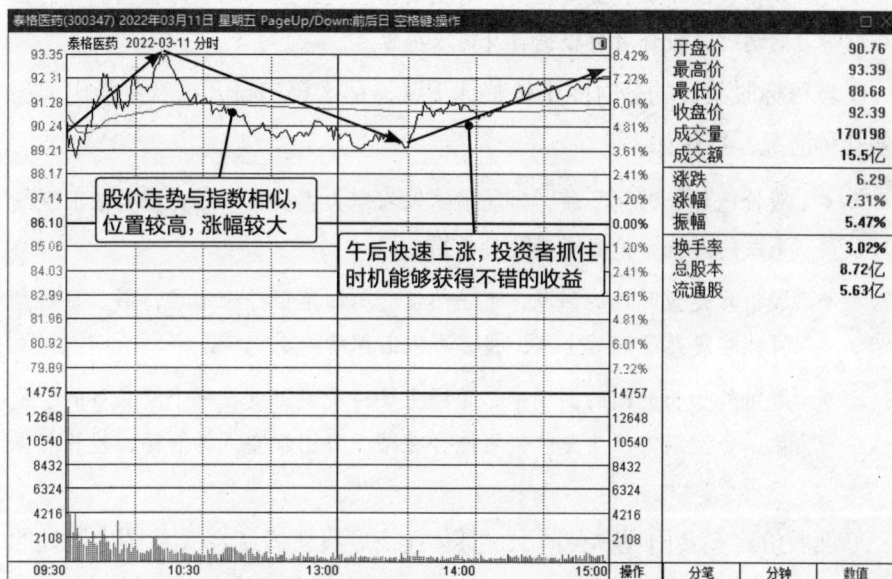

图 1-16　泰格医药 2022 年 3 月 11 日的分时图

1.3.3　个股实时分时图

相较于大盘指数分时图和板块指数分时图来说，个股分时图才是投资者在实战中更为常用的，用于观察一只目标股的当日以及历史走势。

在前面几节的内容中介绍的大部分基础内容，都是属于个股分时图的，这里不赘述。那么接下来就来了解如何通过个股分时图的走势，判断后续交易日可能出现的情况与相应的操作策略。

当目标股某日的分时图走势整体上涨，那么第二日开盘就可能出现以下几种情况。

◆ 盘中积累了大量的获利盘亟待抛出，第二日开盘便集中抛售，力度加大的卖压导致股价出现下跌，短线投资者可跟随抛售。

◆ 盘中虽然积累了获利盘，但市场依旧高度看好该股，在第二日开盘后继续将其推涨，出现连续几个交易日的上涨，投资者可继续持有。

◆ 盘中积累的卖盘与追涨进场的买盘力量相当，第二日开盘出现了震荡或横盘的走势，最终在某一时刻决出胜负，股价朝暂时占据优势的方向运行，投资者可根据自身需求决策。

当目标股某日的分时图走势整体下跌，那么第二日开盘就可能出现另外几种情况，具体如下。

◆ 股价已经长时间下跌，市场情绪以看空为主，第二日开盘会依旧延续下跌的走势，投资者要及时止损。

◆ 股价只是暂时性的回调，市场热情有所回落但并未消退，第二日开盘可能在震荡后继续上涨，投资者依旧继续持有。

◆ 股价处于长时间的回调中，市场主要持观望态度，一个交易日的下跌后，多空双方产生分歧，可能会在第二日出现整天的震荡，投资者保持观望。

而股价究竟会出现哪种情况，具体还需要投资者结合 K 线图中所处的位置来判断。在稳定的单边行情中，分时图就更有可能朝着同样的方向延续；在震荡行情中，投资者就要保持谨慎，仔细分析了。

下面来看具体的案例。

示例讲解

远方信息（300306）上涨行情中看分时图分析买入时机

如图 1-17 所示是远方信息 2019 年 9 月 3 日的分时图。

从图中可以看到，远方信息在 2019 年 9 月 3 日这一天是以低价开盘，随后便被巨大的成交量一路推涨，从 9.98 元左右快速攀升至 10.47 元，在相对高位持续运行了几分钟后就回落到下方。

股价在 10.16 元的价位线上方受到支撑，随后开始了缓慢回升。从成交量来看，当日的市场活跃度还是非常不错的，股价受到的多方推动力持续且坚定，最终以 3.39% 的涨幅收盘。

从整体的走势来看，远方信息在这一天的走势是上扬的。再看右侧的数据窗格，通过其显示的分笔交易数据可以发现，在接近收盘的几分钟内的委买单是比委卖单多的。

这说明在收盘之时看多力量还是占据了优势，预示第二日的走势可能会继续上涨。但投资者依旧需要结合 K 线图中价格所处的位置来判断，以免受到欺骗信号的误导。

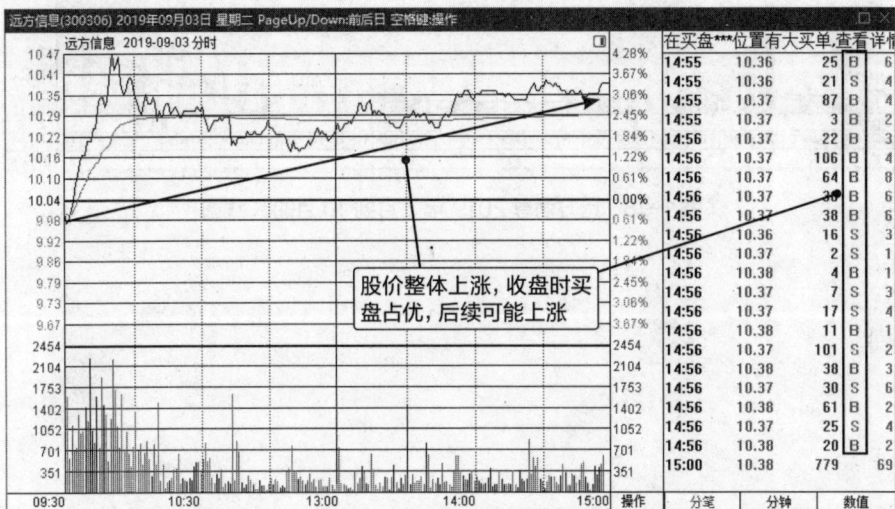

图1-17 远方信息 2019 年 9 月 3 日的分时图

如图 1-18 所示是远方信息 2019 年 7 月到 10 月的 K 线图。

图中展示的是远方信息的 K 线图，可以看到，该股在 2019 年 8 月中旬到 9 月期间，整体是处于比较稳定的上涨趋势的，说明股价很有可能会出现连续上涨的走势。

而 9 月 3 日这一天正处于股价小幅回调之后的拉升阶段，前一日的 K 线也是一根阳线。那么据此就可以判断出该股在后续大概率会继续上涨，投资者要紧抓筹码，待到后续股价拉升到预期价格，或是出现比较明显的卖出信号时再抛售。

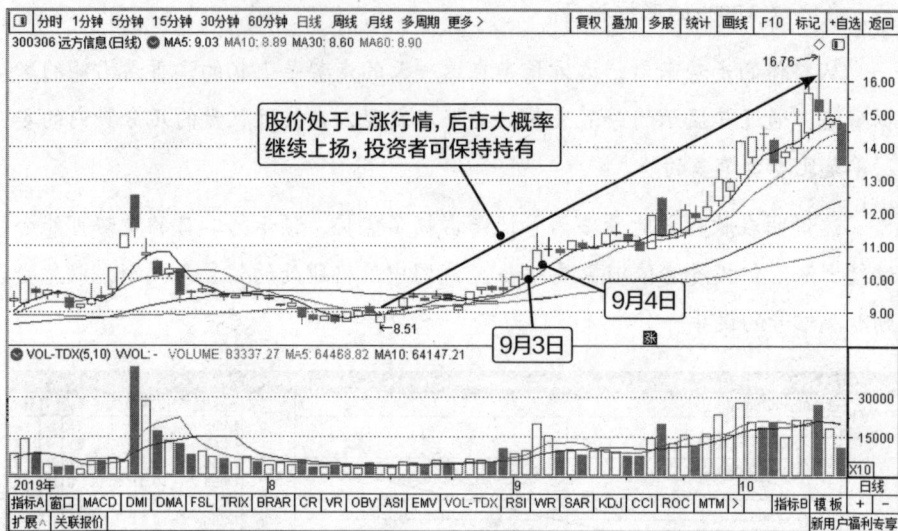

图 1-18　远方信息 2019 年 7 月到 10 月的 K 线图

第 2 章

分时图操盘必学的基本技术

       股价在每个交易日内运行的过程，往往会被分成几个时段来进行分析，而有些关键的时段就需要投资者特别注意，如早间开盘后半小时、下午开盘后半小时及临近收盘的半小时等。学会在这几个关键时段中对走势进行预估和判断，是投资者利用分时图操盘的必备技能之一。

+ ▢ +
▢   ○ + ○ +
                                                       +

2.1　开盘时段操作解析

在股市中，一只股票的开盘价代表了市场的意愿，表明投资者对于目标股的期望如何，对于判断个股当天的走势具有重要的指导作用。

而开盘后 30 分钟内股价的走势，则定下了当日市场情绪的基调。同一时段内成交量的量能大小也会对一个交易日内市场的活跃程度有很大的影响。

因此，开盘时段也成为每个交易日内最重要的观察时段之一，投资者需要密切关注目标股在开盘时段的表现，以免错失绝佳机会。

2.1.1　开盘高开高走持续强势

开盘高开高走指的是股票的当日开盘价高于前一个交易日的收盘价，且在开盘后半个小时内一直呈现强势上涨的走势形态。

在开盘出现高开高走形态后，说明目标股市场中的主动买盘非常踊跃，买方力量已然占据上风，并主导市场朝着上方攀升，属于暂时看多后市的上涨信号。不同行情阶段开盘出现的高开高走形态，操作策略是不同的，具体如下。

- **在上涨行情中出现开盘高开高走：** 说明趋势轨道依旧明朗，短时间内还没有下跌或回调的迹象。场内投资者可以放心持有，场外投资者可以在股价暂缓涨势时买进。

- **在下跌过程中出现开盘高开高走：** 说明股价出现了反弹，短时间内可能会有一段上涨，短线投资者可积极跟进。但需要注意的是，在下跌过程中抢反弹收益的操作非常危险，一旦失误就有可能被套，因此投资者要注意设置止盈止损点。

- **在下跌末期出现开盘高开高走：** 成交量如果持续放量，说明可能有主力在逢低吸纳，股价有反转上涨的可能。激进的投资者可轻仓试探，谨慎的投资者可以保持观望。

下面来看具体的案例。

示例讲解

万孚生物（300482）上涨途中开盘高开高走形态解析

如图 2-1 所示是万孚生物 2020 年 3 月 2 日的分时图。

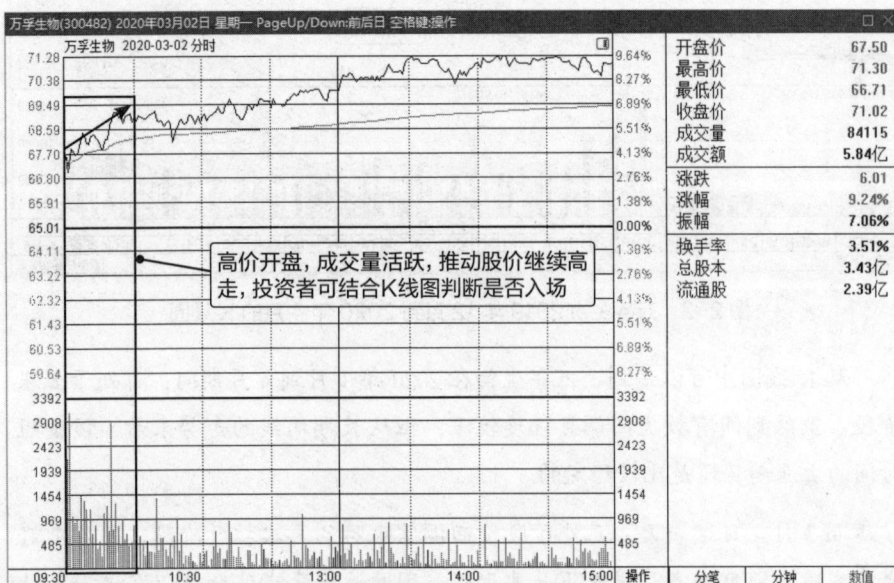

图 2-1　万孚生物 2020 年 3 月 2 日的分时图

从图中可以看到，万孚生物在前一个交易日的收盘价为 65.01 元，而 3 月 2 日这一天股价是在 67.50 元的位置开盘的，仅开盘价就有 3.8% 的涨幅，预示着当日走势的强势。

在开盘后，该股的成交量就开始不断缩放，说明市场情绪非常活跃。股价也受其影响逐渐上涨，在开盘后的短时间内呈现出了高开高走的形态，释放了强烈的买入信号。

投资者在注意到分时走势强势的同时也不能急躁，还要结合 K 线图中所处的位置以及趋势的方向来判断此位置是否适合入场。

如图 2-2 所示是万孚生物 2019 年 12 月到 2020 年 4 月的 K 线图。

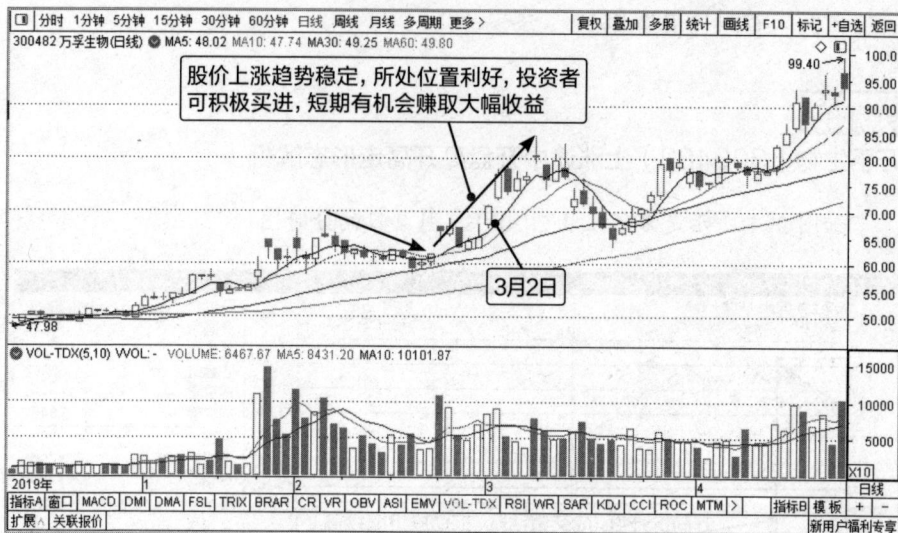

图 2-2　万孚生物 2019 年 12 月到 2020 年 4 月的 K 线图

从 K 线图中可以看到，万孚生物在 2020 年 1 月到 4 月期间，都处于上涨阶段。虽然期间有数次回调且幅度较深，但从长期均线的走势来看，该股短时间的上涨趋势还是比较稳定的。

而 3 月 2 日这一天，正处于股价回调结束后的再次拉升阶段，并且刚好借此突破了前期高点，进入下一波上涨。因此，投资者完全可以在这一天放心买进，一直持有到这一波拉升的终点再卖出。

可以看到，万孚生物的这一波拉升在越过 80.00 元的价位线后结束，相较于 3 月 2 日的 70.00 元，该股在短短几个交易日内就实现了约 14% 的涨幅，性价比还是非常高的。

2.1.2　开盘低开低走持续弱势

开盘低开低走指的是股票当日的开盘价低于上一个交易日的收盘价，且在开盘后股价持续下跌的形态。

这样的形态往往意味着市场的整体预期下降，大量持有者跟风杀跌，甚至产生了恐慌性的踩踏，导致股价形成了连续走弱的状态，释放了卖出的信号。不同行情阶段开盘出现的低开低走形态，操作策略也是不同的，具体如下。

- **在下跌行情中出现开盘低开低走：** 说明市场看空情绪依旧浓厚，卖方占据了绝对优势，场内也没有足够的买盘将其消化，使得股价一压再压。场内投资者要果断卖出及时止损，场外投资者在止跌企稳之前不宜介入。

- **在长期低位横盘后突然出现开盘低开低走：** 说明此时有主力资金介入，通过边打压边吸筹的手段建仓，股价止跌回升之时就有可能是行情反转之时。投资者可在股价止跌之前保持观望，在股价回升时立刻抓住时机分批建仓。

- **在上涨行情中出现开盘低开低走：** 说明股价在拉升了一段时间后，场内的获利盘开始集中抛售，突然增大的抛压压制了股价的涨势，导致股价进入了回调之中。这在上涨行情中是非常常见的状态，因此投资者可以持股观望，甚至在回调底部适当加仓。

下面来看具体的案例。

示例讲解
云铝股份（000807）长期低位横盘后开盘低开低走形态解析

如图 2-3 所示是云铝股份 2019 年 1 月 29 日的分时图。

从图中可以看到，云铝股份在前一个交易日的收盘价为 4.11 元，而 1 月 29 日这一天的开盘价为 4.08 元，属于低价开盘。

在开盘后数分钟内，股价就被大笔成交打压，并在震荡中向下运行。截至 10:00 左右，股价已经跌至 4.00 元价位线下方，跌幅也达到了 2.64% 线下方。这期间成交量一直保持活跃，后续还出现了数笔大单，将股价拉至更低的位置运行。

成交量的活跃说明了此时不断有买方与卖方之间的交易达成，但由于看空的力量始终占据优势，股价依旧延续着下跌的运行方向，这对于投资者来说无疑是不宜介入的信号。

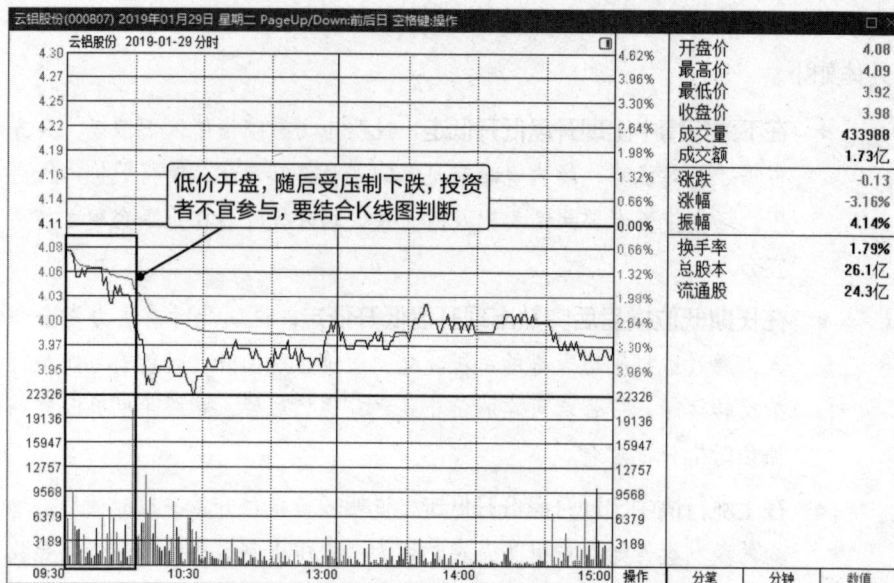

图 2-3　云铝股份 2019 年 1 月 29 日的分时图

那么投资者在后续的发展中又该做何选择呢？接下来再结合 K 线图中的行情走势判断。

如图 2-4 所示是云铝股份 2018 年 12 月到 2019 年 3 月的 K 线图。

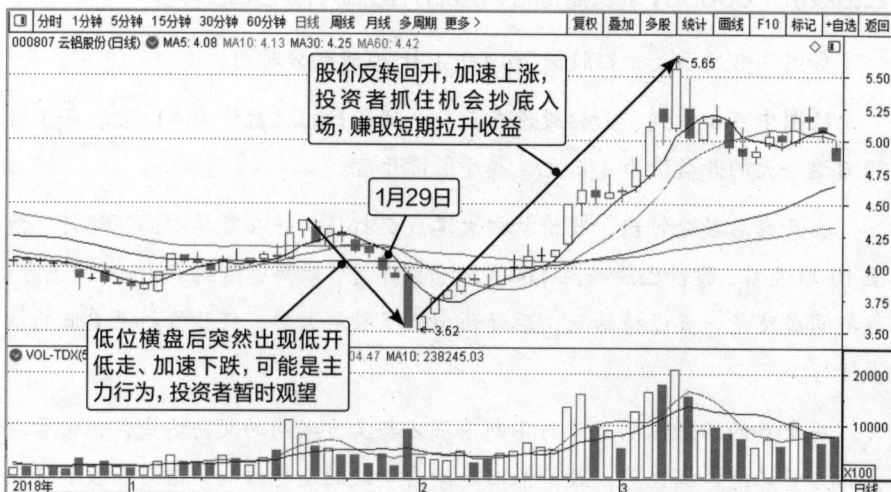

图 2-4　云铝股份 2018 年 12 月到 2019 年 3 月的 K 线图

从 K 线图中可以看到，在 2018 年 12 月到 2019 年 1 月中旬期间，云铝股份是处于股价低位横盘状态的。在此期间无论是股价波动幅度还是成交量，都表现得比较低迷，市场情绪不高。

但在 2019 年 1 月中下旬，股价在小幅反弹后突然开始下跌，并且跌速较快，成交量相较于前期也开始活跃起来。这很有可能是主力的操盘行为，在股价低位继续打压，以期建立更低成本的仓位，为后续的拉升做准备。

而 1 月 29 日正是处于加速下跌的这一段时间内，结合 K 线图中判断出的信息，投资者在此位置就不急于操作，可先将该股列入重点观察范围，在明显的反转信号出现时再抄底入场。

可以看到，股价在 2 月初见底回升，并且开始了连续的收阳上涨，这就是投资者的绝佳买进时机。如果在此位置还出现了开盘高开高走的形态，就是非常强烈的买入信号，投资者只要抓住机会建仓，然后在这一波拉升见顶时卖出，获得的收益就不会少。

2.1.3　开盘平开高走股价转强

开盘平开高走指的是股票当日的开盘价等于上一个交易日的收盘价，或是处于其附近非常靠近的价格，且在开盘后股价持续上涨的形态。

平开高走的形态说明在开盘之时，市场中多空双方的力量相当，在集合竞价过程中并未分出优劣，以致该股以平价开盘。但在开盘后多方开始大举发力，一度压过了空方形成了强劲的拉升动力，将股价朝着上方推涨，形成了高走的形态，是明显的买入信号。

不同行情阶段开盘出现平开高走形态，操作策略是不同的，具体如下。

◆ **在上涨行情中出现开盘平开高走**：说明股价可能刚刚经历了回调下跌或是横盘整理，场内抛压已经消耗殆尽，多方开始引领上涨，投资者此时可以积极跟进。

◆ **在下跌行情中出现开盘平开高走**：说明股价跌势暂缓，多方蓄势上攻，股价可能即将进入反弹，投资者可以轻仓买进，到达预期位置后卖出。

◆ **在下跌行情低位出现开盘平开高走**：说明股价有上升的趋势，如果高走的形态连续出现，那么股价就可能出现大幅的反弹，或是已经反转，形成了新的走势。投资者可以先行观望，在后续有更强烈的看多信号出现时再入场不迟。

下面来看具体的案例。

示例讲解

越秀金控（000987）开盘平开高走形态解析

如图 2-5 所示是越秀金控 2020 年 4 月 22 日的分时图。

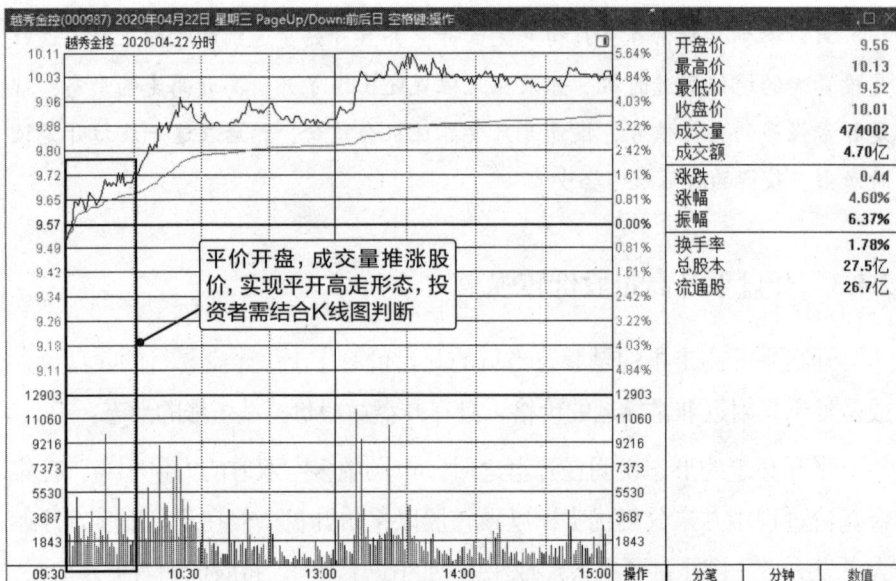

图 2-5　越秀金控 2020 年 4 月 22 日的分时图

从图中可以看到，越秀金控前一个交易日的收盘价为 9.57 元，在 4 月 22 日这一天的开盘价则是 9.56 元，二者差距较小，因此可视为平开。

在开盘后成交量就一直处于活跃状态，股价也表现亮眼，从稍低于前日开盘价的位置一路上扬，呈现出平开高走的积极走势，向投资者释放了强烈的买入信号。

分时图中呈现这样的积极走势，无疑是市场高度看多的结果。但趋势是否能持续，仅靠分时图难以准确判断，所以投资者还要结合 K 线图的位置来进一步确定。

如图 2-6 所示是越秀金控 2020 年 3 月到 7 月的 K 线图。

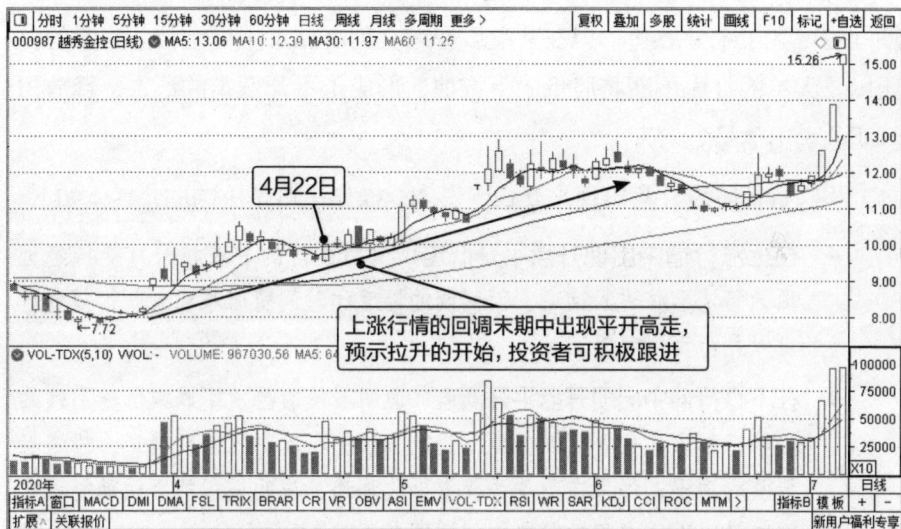

图 2-6　越秀金控 2020 年 3 月到 7 月的 K 线图

从 K 线图中可以看到，越秀金控在 4 月到 5 月期间都处于上涨状态，行情比较稳定，成交量也保持着活跃状态。

而 4 月 22 日是位于一次小幅回调的末期，在上涨行情中的回调位出现平开高走的形态，说明新一波的拉升即将开始。投资者此时可以积极跟进，在后续股价拉升见顶后再卖出就好。

拓展贴士　*短线投资者在上涨行情中的操作策略*

短线投资者一般对资金的流动性和变现能力要求比较高，通常不会将一只个股持有一段完整的行情再抛出，但牛市涨幅也不容错过。因此，在上涨行情中短线投资者完全可以实现分段操作，即执行拉升起始买入、拉升见顶卖出的策略，虽然整体收益会有所下降，但也相应降低了被套的风险。

2.1.4　开盘平开低走股价转弱

开盘平开低走指的是股票当日的开盘价等于上一个交易日的收盘价，或是处于其附近非常靠近的价格，且在开盘后股价被打压下跌的形态。

该形态的预示意义与平开高走截然相反，它说明多空双方在集合竞价期间的博弈虽未分胜负，但在开盘后空方立刻占据了主导地位。卖盘的抛压以及大单的打压不断将股价向下拖拽，形成了平开低走的形态，释放出鲜明的卖出信号。

不同行情阶段开盘出现平开低走形态，操作策略是不同的，具体如下。

- **在上涨行情中出现开盘平开低走：**说明股价的一波拉升可能已经见顶，行情即将进入回调，而回调的幅度和时间暂时难以判断，投资者可以先行卖出观望。
- **在下跌行情中出现开盘平开低走：**说明股价有再次下跌或加速下跌的趋势，如果在反弹后期出现，代表股价将再次进入下跌轨道，投资者要及时卖出；如果在下跌过程中再次加速，说明该股的下跌动能还非常充足，下跌空间难以把控，投资者不宜介入。
- **在下跌行情低位出现开盘平开低走：**说明可能有主力介入，意图在更低的位置吸筹，在下跌过程中投资者可暂时观望，在行情出现反转迹象时再跟进。

下面来看具体的案例。

示例讲解

炼石航空（000697）下跌行情中开盘平开低走形态解析

如图 2-7 所示是炼石航空 2020 年 10 月 21 日的分时图。

从图中可以看到，炼石航空前一个交易日的收盘价为 10.76 元，而 10 月 21 日这一天的开盘价也是 10.76 元，呈现为标准的平开状态。

股价开盘后被一笔大单略微推升，但场内的看多力量终究还是抵不过看空的大趋势，股价迅速向下滑落。短短半个小时内该股就下跌了近 1.06%，形成平开低走的走势，传递出卖出信号。

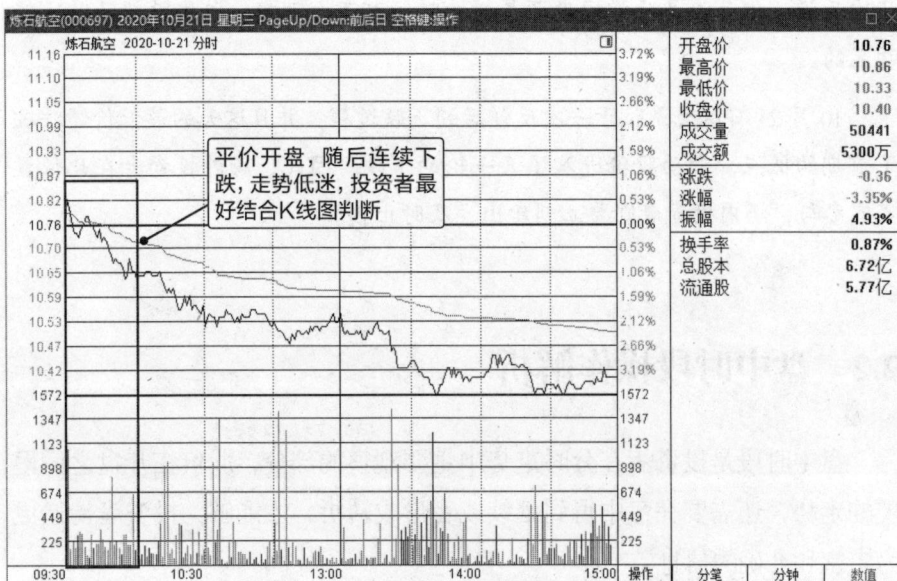

图 2-7　炼石航空 2020 年 10 月 21 日的分时图

投资者在此时还暂时难以辨明后市走向，需要借助 K 线图结合判断。

如图 2-8 所示是炼石航空 2020 年 8 月到 12 月的 K 线图。

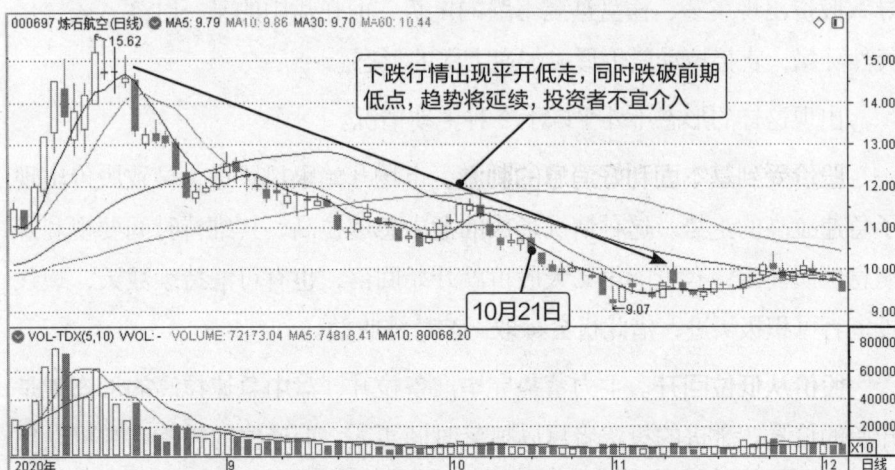

图 2-8　炼石航空 2020 年 8 月到 12 月的 K 线图

从 K 线图中可以看到，炼石航空此时正处于下跌行情中，期间也出现了几次反弹，但无论是反弹幅度还是持续时间都不太理想，整体跌势还是比较明显的。

10 月 21 日这天是位于一次反弹后的下跌过程，并且这天的最低价还跌破了前期的低点，带动股价进入了又一轮的下跌。因此，场外投资者在此位置不宜参与，场内投资者则要立刻卖出，及时止损。

2.2 盘中时段操作解析

盘中时段是投资者在分时走势中主要观察的部分，股价在开盘之后呈现的走势，还需要在盘中得到延续或者形成转折，才能够为投资者传递更为丰富和准确的信息。

2.2.1 盘中急速拉高涨势迅猛

盘中急速拉升指的是股票在开盘后，成交量缓慢增长或是相对低迷，导致股价出现震荡、横盘甚至下跌的走势，而在盘中的某一时刻，成交量突然陡增，直接拉动股价形成加速上涨的形态。

出现这样的形态不外乎以下 3 种主要情况。

股价受到基本面利好消息的刺激。市场开始跟风买进，导致股价出现了急速拉高的走势。这种情况形成的盘中急速拉高，其维持时间要视利好消息性质而定，有可能第二天股价就开始回落，也有可能持续数天，短线投资者可积极买进，借此机会赚取一波急涨收益。

股价从低位回升。主力蓄势完毕准备拉升，盘中急速拉高的形态就是开始的信号。激进的投资者可以抓紧时间买入，而谨慎的投资者则可以继续观望，待到行情彻底明朗后再介入。

股价已经到达高位。盘中急速拉高是主力准备出货的诱多行为，通过进一步拉涨股价，诱导市场产生更加热烈的追涨情绪。大量的买盘涌入，不知不觉间就消化掉了主力的卖盘，股价后续上涨动力不足，将很快进入下跌行情。投资者此时就要注意甄别，避免损失。

下面来看具体的案例。

示例讲解

多氟多（002407）上涨高位盘中急速拉高形态解析

如图 2-9 所示是多氟多 2021 年 10 月 15 日的分时图。

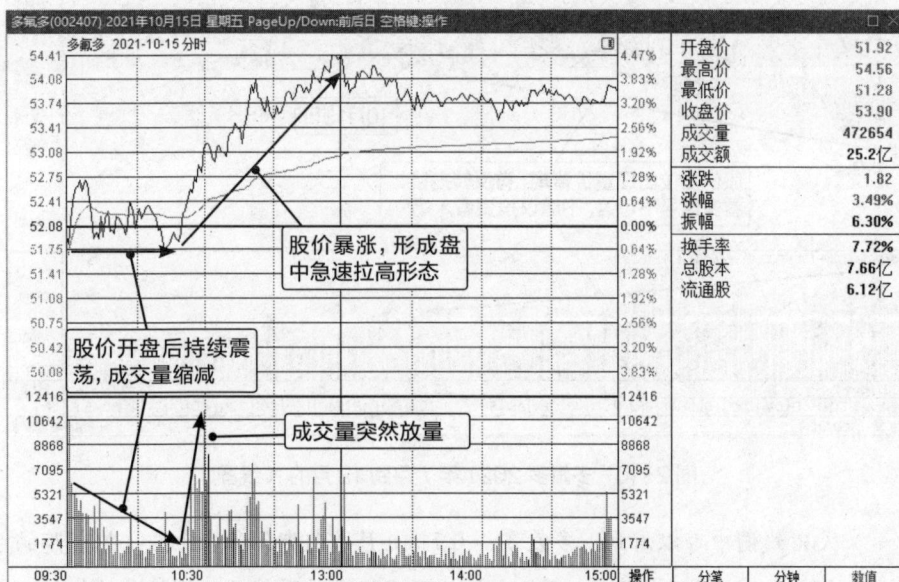

图 2-9　多氟多 2021 年 10 月 15 日的分时图

从图中可以看到，多氟多在 10 月 15 日这天以低价开盘。开盘后的成交量就有大量放出，股价被推涨到接近 52.75 元的位置后，成交量开始缩减，股价出现下跌。

随后股价便开始在前日收盘价附近横盘震荡，均价线也呈现横向的走势，成交量逐渐萎缩，无法对股价产生大的刺激作用。

而就在接近 10:30 的几分钟里，成交量突然大幅放量，股价受其刺激开始以陡峭的角度斜线上冲，强势突破了前期高点。10:30 过后股价涨速减缓，但依旧以非常积极的涨势向上攀升，盘中呈现出急速拉升的形态，向投资者释放了买入信号。

单纯从分时图来看，该股确实值得参与，但结合 K 线图来看，可能就需要慎重考虑了。

如图 2-10 所示是多氟多 2021 年 7 月到 12 月的 K 线图。

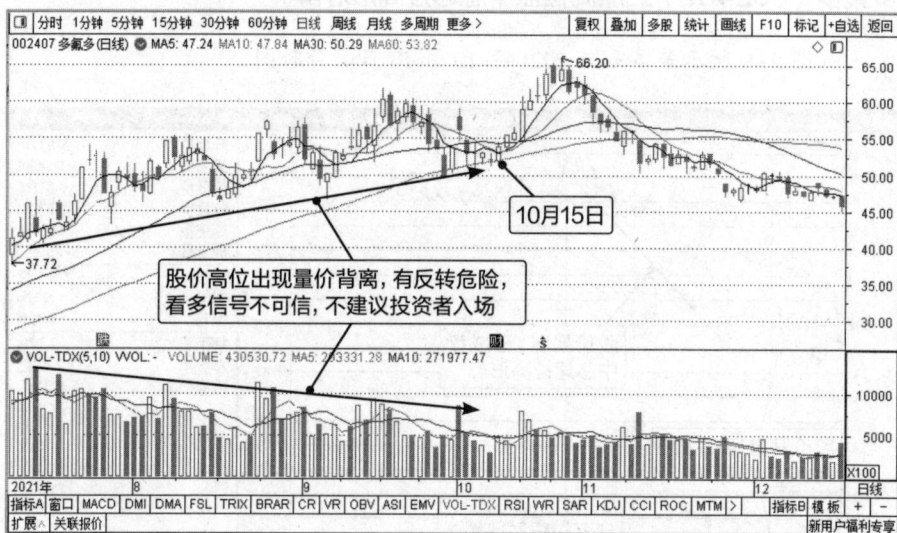

图 2-10　多氟多 2021 年 7 月到 12 月的 K 线图

从 K 线图中可以看到，多氟多 7 月到 10 月中旬期间都在上涨，但震荡的幅度比较大，涨势不太稳定。而 10 月 15 日正处于该股最后一波拉升的起始，位置比较危险。

投资者仔细观察还可以发现，该股在 7 月的量能是相对较大且活跃的，但自此以后，每一次的价格震荡所对应的成交量量能，几乎都有所下降，整体呈逐渐下滑的状态。但成交量在下滑的同时股价却还在持续上涨，二者产生了背离。

在股价高位产生量缩价涨的背离是非常危险的，主力很有可能就在这段时间内，凭借市场盲目追涨买盘成功脱身，股价随时有反转的可能。

因此在这种状态下出现盘中急速拉高的看多信号，就不建议投资者入场，虽然可能会错失一段涨幅，但同时也避开了被深套的风险。

2.2.2　盘中滑坡下跌跌势持续

盘中滑坡下跌形态前期的走势，与盘中急速拉高形态类似，都是成交量低迷导致股价出现震荡或横盘。而滑坡下跌则是在某一时间段内，量能逐渐缩减或是放大打压，使股价形成快速下跌的走势。

形成滑坡下跌走势的原因有以下 3 种。

股价受到基本面利空消息的刺激。上市公司在运营过程中必然会出现一些不利于未来发展的消息，如营收数据变差、政策变动等，市场因此产生恐慌性抛盘是完全有可能的。利空消息的打击力度要视其影响力而言，但投资者在无法判断的时候，还是以出局和观望为主。

股价从高位下跌。无论是阶段的高位还是行情的高位，都有可能出现盘中滑坡下跌的情况。前者仅代表即将到来的回调，而后者代表的则是行情的反转，投资者以卖出为佳。

股价在下跌过程中。在下跌行情中，盘中滑坡下跌形态是非常常见的。这说明了股价的多空力量在一番博弈后，最终还是空方取得了压倒性胜利，股价跌势将延续，下跌空间将扩大。场外投资者不宜介入，场内投资者要立刻出局。

下面来看具体的案例。

`示例讲解`

德赛西威（002920）阶段顶部盘中滑坡下跌形态解析

如图 2-11 所示是德赛西威 2020 年 3 月 4 日的分时图。

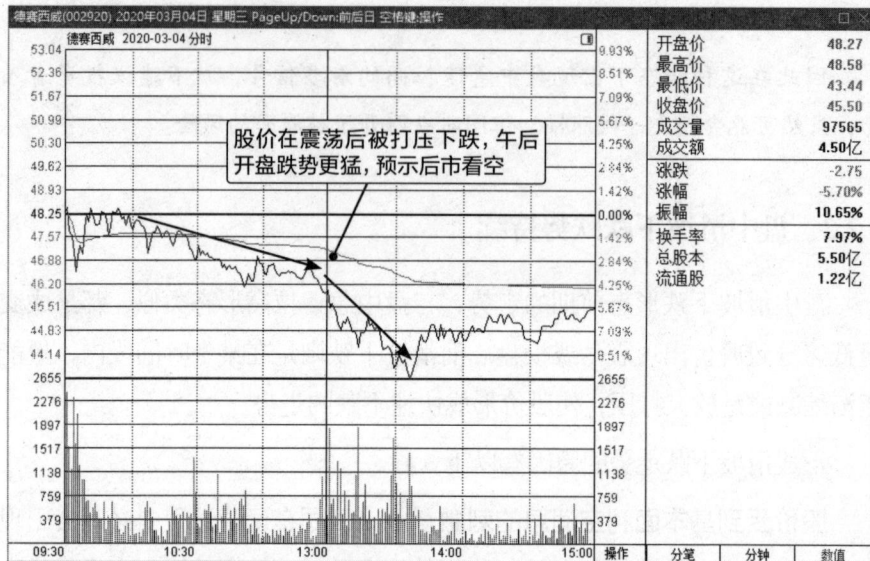

图 2-11 德赛西威 2020 年 3 月 4 日的分时图

从图中可以看到，德赛西威在 3 月 4 日这天几乎是以平价开盘的，开盘后价格有所下跌，随后又被一笔大单推涨，回到了前日收盘价附近，开始在其下方横向震荡。

震荡的过程中成交量逐步缩减，但在 10:00 之后又开始放大，对股价产生了拉低作用，使其出现了快速下跌的走势。截至早间收盘时，股价的跌幅已经达到了 5.67% 附近。

下午时段开盘后，成交量骤然放大，拖动股价再一次加快了跌速。期间不断有大单进行打压，当日最低价达到了 43.44 元，最大跌幅也有近 9.93%，几乎已经跌停。

那么此时的股价处于什么样的走势中呢？投资者是继续观望还是及时卖出呢？下面结合 K 线图来进行分析。

如图 2-12 所示是德赛西威 2020 年 2 月到 6 月的 K 线图。

从 K 线图中可以看到，德赛西威是处于上涨行情中的，但 3 月 4 日这天正位于股价拉升的顶部，结合盘中滑坡下跌形态的预示含义来看，该股即将进入回调。

对于短线投资者来说，股价阶段见顶的位置应该是比较好的卖出点，既能将已有收益落袋为安，也能避开后续的回调下跌。因此，在此位置投资者就应该及时卖出，待到下一波拉升开始再重新入场。

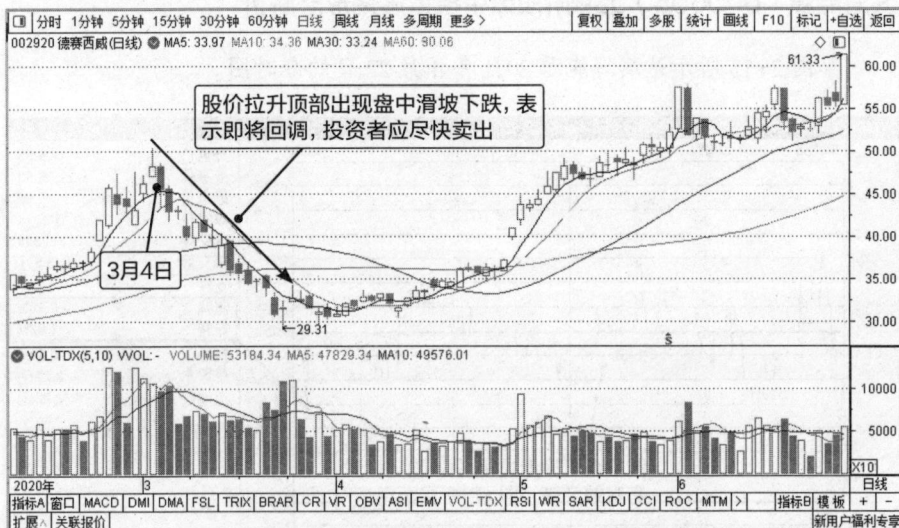

图 2-12 德赛西威 2020 年 2 月到 6 月的 K 线图

2.2.3 盘中横盘震荡走势不明

盘中横盘震荡指的是股票在当日的价格变动幅度不大，整体呈现横向运行的状态。

这样的形态无论在上涨行情还是下跌行情中都会出现，属于典型的整理形态。出现该形态说明多空双方力量相当，市场主要持观望态度，在整理形态未被有效打破之前，后市走势暂不明朗，有时候需要结合多种因素考量。

那么，投资者在遇到盘中横盘震荡的走势时也可以继续观望。如果整理区间的压力位被突破，就说明股价即将上涨，是明确的买入信号；如果整理区间的支撑位被跌破，说明股价可能下跌，是一个卖出信号。

下面来看具体的案例。

示例讲解

滨海能源（000695）上涨阶段盘中横盘震荡形态解析

如图 2-13 所示是滨海能源 2021 年 4 月 22 日的分时图。

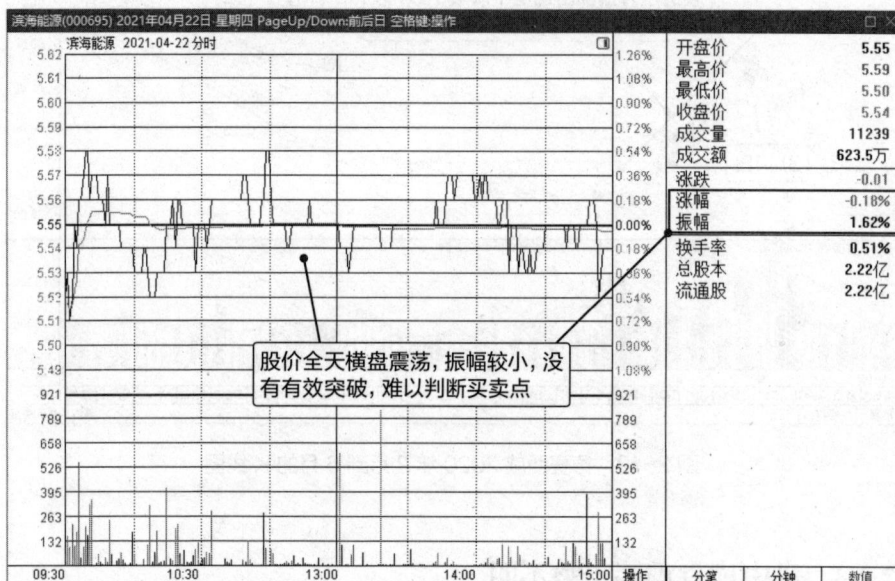

图 2-13　滨海能源 2021 年 4 月 22 日的分时图

从图中可以看到，滨海能源在 2021 年 4 月 22 日这天是以标准的平价开盘的，在开盘之后就开始了不断震荡，股价几乎围绕着前日收盘价上下波动，涨跌幅度都不大。

从右侧的数据窗口中显示的振幅来看，当日的振幅只有 1.62%。从成交量来看，整个交易日都不太活跃，偶尔有几根大量柱出现，但都没有对股价的震荡走势产生大的影响。

在当日收盘之前，股价都未能实现对压力位或是支撑位的有效突破，也就没有出现合适的买卖点。那么，投资者就只能寻求 K 线图中关键位置的突破来确定自己的操作策略。

如图 2-14 所示是滨海能源 2021 年 2 月到 7 月的 K 线图。

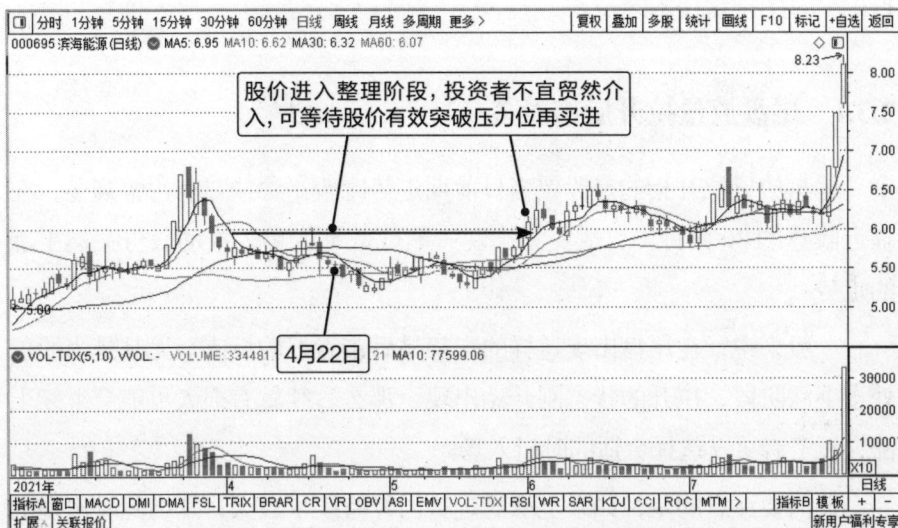

图 2-14　滨海能源 2021 年 2 月到 7 月的 K 线图

从 K 线图中可以看到，滨海能源在 4 月到 5 月期间处于上涨行情的整理阶段。这段时间里的成交量表现十分低迷，股价平均波动幅度也不大。

而 4 月 22 日形成的盘中横盘震荡走势，正是股价整理期间比较常出现的一种形态，投资者一般从分时图中难以找到合适的买卖点，因此也不建议贸然介入。待到整理末期，股价有了明确的发展方向，或是出现类似于高开高走、平开高走等形态时，就可以积极买进了。

2.3　尾盘时段操作解析

尾盘时段一般指的是接近收盘的最后 30 分钟，这段时间往往是全天内投资者注意力集中、多空较量比较激烈的一段时间，在很大程度上会影响次日盘面走势。同时，由最后 3 分钟集合竞价得出的收盘价，也对次日开盘有一定的指示作用。

因此，对尾盘走势的观察是非常必要且关键的，这也是投资者需要掌握的分时图操盘技术之一。

2.3.1 尾盘放量拉升后市看多

尾盘放量拉升指的是股票当日前期走势比较平稳或是有小幅震荡，在临近收盘的 30 分钟内，成交量出现一笔或数笔大单，推动股价突然上涨的走势。

一般来说，在尾盘出现这样的走势是后市看好的标志。尤其是当股价处于上涨阶段，拉升的状态刚开始出现，那么后续就有很大可能会继续上涨，投资者可以选择合适的时机入场。

但需要注意的是，如果上涨的走势已经持续了数天，那么此时出现的尾盘放量拉升就有主力诱多的嫌疑。如果股价处于阶段高位，那么后续就有可能回调；如果股价处于行情高位，那么反转的危险就比较大，投资者此时不宜贸然介入。

下面来看具体的案例。

示例讲解

飞科电器（603868）上涨初期尾盘放量拉升形态解析

如图 2-15 所示是飞科电器 2020 年 5 月 22 日的分时图。

从图中可以看到，飞科电器在 2020 年 5 月 22 日这天的开盘价稍高于前日收盘价，并且在开盘后成交量并不十分活跃，股价也在前日收盘价横线附近震荡。从均价线的走势可以看出，股价也在缓慢向上攀升。

这样较为平淡的走势几乎持续了一整天，但在接近收盘前 45 分钟时，成交量突然开始大量放量，将股价急速上推了近 3% 的涨幅。

而进入尾盘后，成交量依旧继续放量，再次将股价推到接近 9.12% 的涨幅上，呈现尾盘放量拉升的走势。后续股价虽有回落，但在收盘时依旧有 6.20% 的涨幅，后市基本看好。

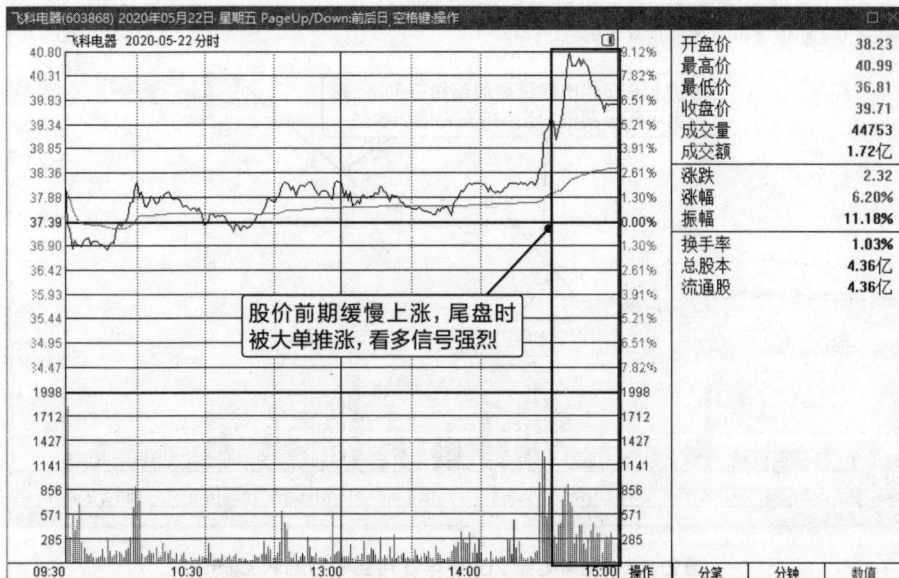

图 2-15　飞科电器 2020 年 5 月 22 日的分时图

　　分时图中显示的看多信号非常强烈，但投资者还是需要再观察 K 线图所处位置来决定是否入场。

　　如图 2-16 所示是飞科电器 2020 年 3 月到 8 月的 K 线图。

　　从 K 线图中可以看到，飞科电器从 5 月到 7 月期间都处于上涨阶段，而 5 月 22 日也正好位于一段大幅拉升的起始位置。再结合分时图中的尾盘放量拉升，投资者就可以放心入场了。

　　从后续的走势可以看到，股价在拉升数个交易日后出现了盘整，但并未下跌。而且观察下方的长期均线也可以发现，均线的运行是非常稳定的，为股价提供了足够的支撑力。

　　因此当股价进入整理阶段，投资者也不必慌张，只要保持耐心，坚持持有一段时间，获得的收益将会增加很多。

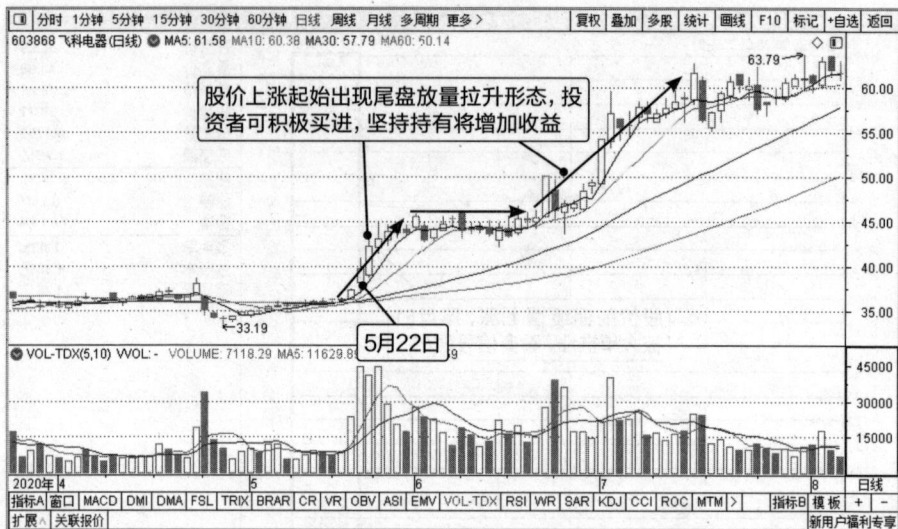

图 2-16　飞科电器 2020 年 3 月到 8 月的 K 线图

2.3.2　尾盘跳水下跌后市看空

尾盘跳水下跌指的是股票当日前期处于上涨或是横盘，在临近收盘的半个小时内出现成交量放量打压，导致股价突然快速下跌。

尾盘跳水下跌一般来说有两种情况，一是股价经过上涨，前期的套牢盘和获利盘涌出，强大的抛压导致股价被动下跌；二是主力的主动性操盘手段，有意引导股价出现这样的走势。

不同位置出现的尾盘跳水下跌，其市场意义不同，具体如下。

◆ **在股价高位出现尾盘跳水下跌**：说明主力为避免惊动散户，在交易日的前段时间并不会进行明显的抛售行为，而是在接近收盘时采用突然袭击的方式，使得许多散户委托的买单来不及撤回，进而达到大规模出货的目的。

◆ **在股价低位出现尾盘跳水下跌**：说明主力为了以更低的价格吸纳筹码，利用尾盘时间大量砸单，营造出股价再次暴跌的假象，使得盘中产生恐慌气氛。在大量散户挂出卖单的同时，主力就能够轻松吸筹。

在不同位置出现的尾盘跳水下跌，其对应的操作策略也不一样，投资者可以根据自身需求决定是否卖出（介入）。

下面来看具体的案例。

示例讲解

迦南科技（300412）下跌末期尾盘跳水下跌形态解析

如图 2-17 所示是迦南科技 2019 年 1 月 25 日的分时图。

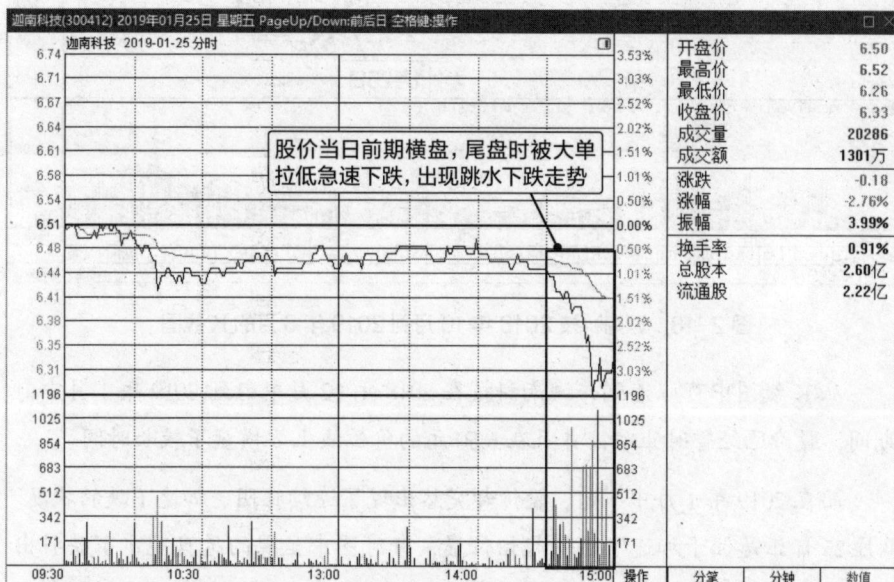

图 2-17 迦南科技 2019 年 1 月 25 日的分时图

从图中可以看到，迦南科技在 2019 年 1 月 25 日这一天是以平价开盘，并且在开盘后股价就落到了前日收盘价下方。在 10:00 之后股价被拉低向下，最后便开始在 6.44 元到 6.48 元的价格区间内小幅震荡。

该股一直维持着这样的走势运行到了尾盘，就在进入尾盘的几分钟内，成交量就开始放出数十倍的大量能，将股价快速下拉，从 1.01% 的跌幅一路拉低至 3.53% 的跌幅，呈现出尾盘跳水下跌的走势。

分时图中如此突兀下跌，无疑释放出强烈的卖出信号，那么 K 线图中又是什么情况呢？下面就来观察一下。

如图 2-18 所示是迦南科技 2018 年 10 月到 2019 年 3 月的 K 线图。

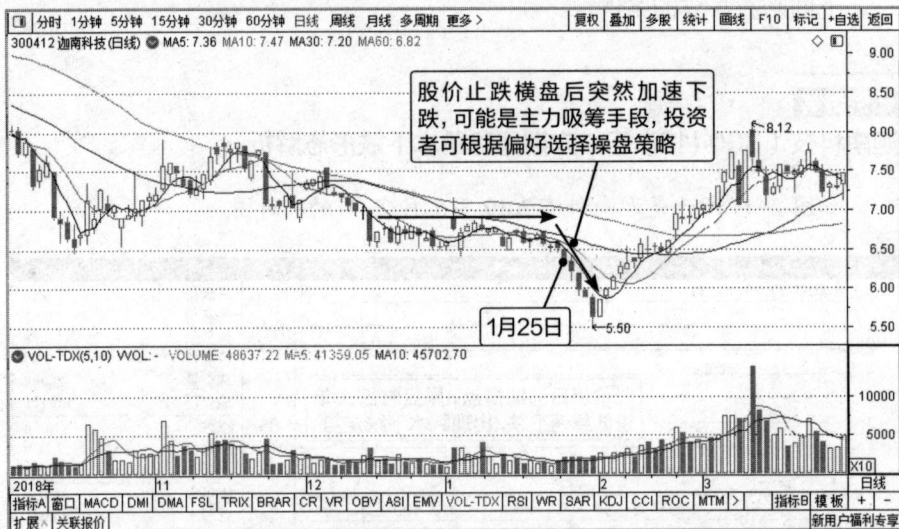

图 2-18 迦南科技 2018 年 10 月到 2019 年 3 月的 K 线图

从 K 线图中可以看到，迦南科技在 2018 年 12 月中旬到 2019 年 1 月中旬期间，股价已经暂时止跌，并且在 6.50 元的价位线上方横盘了较长时间。

而在 2019 年 1 月中下旬，股价却突然出现了连续收阴、加速下跌的状况。1 月 25 日正是位于加速下跌的起始位置，分时图中呈现的尾盘跳水下跌引出了不少恐慌盘抛出，但盘中却依旧有大量买单在消化这些卖盘。这样的状态非常可疑，很有可能是主力的介入行为。

此时场内投资者可以跟随卖出，随后保持观望，在股价见底回升后再重新买进；也可以紧抓筹码，在股价回升到达预期位置后再抛出。而场外的投资者自然是保持观望，在回升信号明确后再买进。

2.3.3 尾盘震荡收盘走势受阻

尾盘震荡收盘指的是股票当日在盘中呈现稳定或是震荡的单边走势，

但在进入尾盘时却并未延续已有方向，而是在相对高位或相对低位保持横盘运行，直至收盘。这样的走势说明股价在发展时受到阻碍。

如果在上涨过程中出现股价上扬后震荡收盘，说明盘中积累的大量获利盘和投机盘出现集中抛售，股价自然受阻横盘。由于有时投资者无法判断行情是否已经见顶，此时还是建议以卖出为佳。

如果在下跌过程中出现股价下跌后震荡收盘，说明场内做空的力量暂时减弱，做多力量趁机反弹，股价有上涨的趋势。经验丰富的投资者可以趁此机会抢一波下跌中的反弹行情，但要注意止盈止损。

下面来看具体的案例。

示例讲解
兔宝宝（002043）下跌初期尾盘震荡收盘形态解析

如图 2-19 所示是兔宝宝 2017 年 5 月 18 日的分时图。

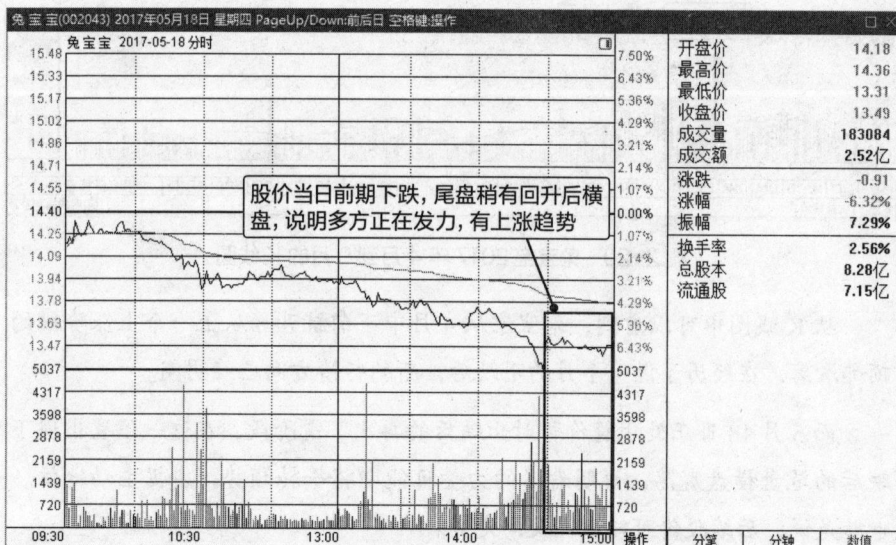

图 2-19　兔宝宝 2017 年 5 月 18 日的分时图

从图中可以看到，兔宝宝在 2017 年 5 月 18 日这天是以低价开盘的，在开盘后横向运行了半个小时左右，便开始向下滑落。在整个交易日内，股价都维持着稳定的下跌走势，均价线也压制在股价线上方，与之同步下行。

而在临近尾盘时，股价突然受到多方力道的推涨，回升了近1%的涨幅。随后便在6.43%跌幅线的附近横盘运行，直至收盘，整体呈现出尾盘横盘震荡的走势。这是股价在经过下跌后形成的尾盘震荡，是多方反弹的表现，K线图中的所处位置就成为操盘的关键。

如图2-20所示是兔宝宝2017年4月到9月的K线图。

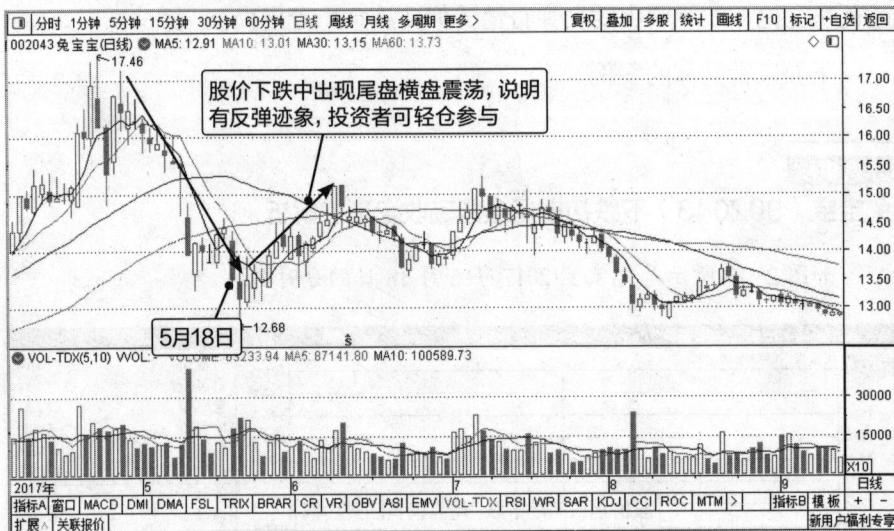

图2-20　兔宝宝2017年4月到9月的K线图

从K线图中可以看到，兔宝宝从4月中下旬就开始从上一个上涨阶段的顶部滑落，在经历了近一个月的下跌后，新的行情方向已经明朗。

而5月18日正处于股价暂时止跌后的再次下滑阶段，在这一位置出现下跌后的尾盘横盘震荡，说明看多的力量可能即将一转颓势，占据主动地位。也就是说，后续股价可能出现反弹走势。

那么在此时，经验丰富并且风险偏好较高的投资者就可以选择时机买进，准备抢一波反弹了，但切忌重仓参与，以免被套而得不偿失。

第 3 章

分时图特殊形态决策买卖点

　　在分时图中，股价线的走势、均价线的走势以及成交量的异动，都有可能形成一些具有技术分析价值的特殊形态。这些特殊形态有助于投资者对走势做出更精准的把控和预估。因此，对分时图特殊形态的掌握也是投资者有必要学习的一课。

3.1　看分时成交量柱的异动寻买卖点

在分时图中，成交量会随着市场的活跃度而不断变化，量柱柱体也会产生相应缩放。若在某一时段成交量集中放大，就将这个区域称为成交密集区；相反，若在某一时段成交量持续低迷，这个区域就被称为非成交密集区。

那么，成交量柱会形成哪些特殊形态呢？具体又有什么市场意义呢？接下来就结合案例，对常见的分时图成交量柱的特殊形态进行逐一介绍和分析。

3.1.1　攻击放量看涨

分时成交量的攻击放量指的是在一段时间内，成交量持续地放大，量柱由低到高甚至成倍地集中放大，仿佛井喷一样聚集喷射，形成了一个成交密集区，并呈现出很强的攻击性。

这种形态在盘中任何地方都有可能出现，但如果在早间开盘、下午开盘后半个小时内以及尾盘出现，就具有比较高的分析价值。

这样的形态所产生的持续力较强，呈现不间断性的特点，股价在这段时间波动幅度较大。而成交量也会出现一些波峰，这些波峰的形成过程不尽相同，主要分为 3 种。

◆ **不间断持续爆发：** 成交量波峰形成前会有一段温和放量的过程，量柱可能呈圆弧状、阶梯状或是锯齿状，属于不间断持续爆发形式。

◆ **纵向横向放大：** 成交量波峰形成时，呈纵向和横向双向延展，形成一座山峰的形状，具有一定的横向延续性。

◆ **多笔大单成交：** 成交量波峰形成时，由多笔密集的大单、特大单形成的巨量组成，呈横向的锯齿状排列。

一般来说，成交量的攻击放量都属于明确的看涨信号，常见于上涨行情的拉升阶段。投资者只要在适宜的位置观察到这样的形态，就可以及时出手抢筹，赚取拉升收益。

下面来看具体的案例。

示例讲解

国机精工（002046）上涨途中分时成交量攻击放量形态解析

如图 3-1 所示是国机精工 2021 年 9 月 15 日的分时图。

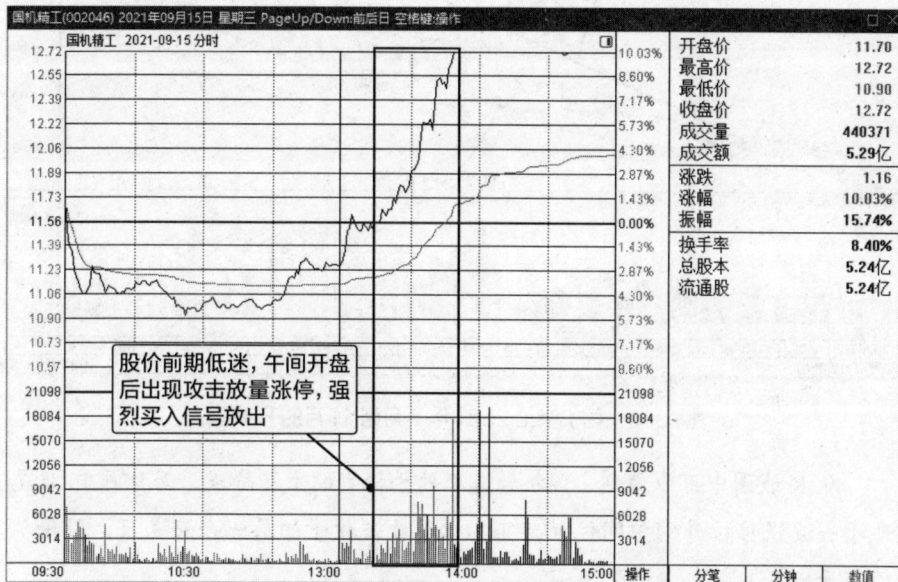

图 3-1　国机精工 2021 年 9 月 15 日的分时图

从图中可以看到，国机精工在 2021 年 9 月 15 日这天前期的走势并不积极，并且成交量显得比较萎靡，股价也在长时间下跌。在上午时段结束收盘之前，其成交量量能都没有突破 6028 的界线。

待到下午时段开盘后，成交量就开始有较好表现，逐步的放量推动股价出现较快速度的增长。13:20 左右，成交量的量能放大明显，开始加速，整体呈锯齿状攀升，股价也受其影响出现了加速上升，最终在 13:50 左右被一根接近 18084 的大量柱打到了涨停板上，在后续小幅开板后再次封住，直至收盘。

从成交量的走势来看，比较符合攻击放量中的不间断持续爆发形式，也属于非常强烈的买入信号。投资者此时也可以结合 K 线图中所处位置来决定是否买进。

如图 3-2 所示是国机精工 2021 年 7 月到 11 月的 K 线图。

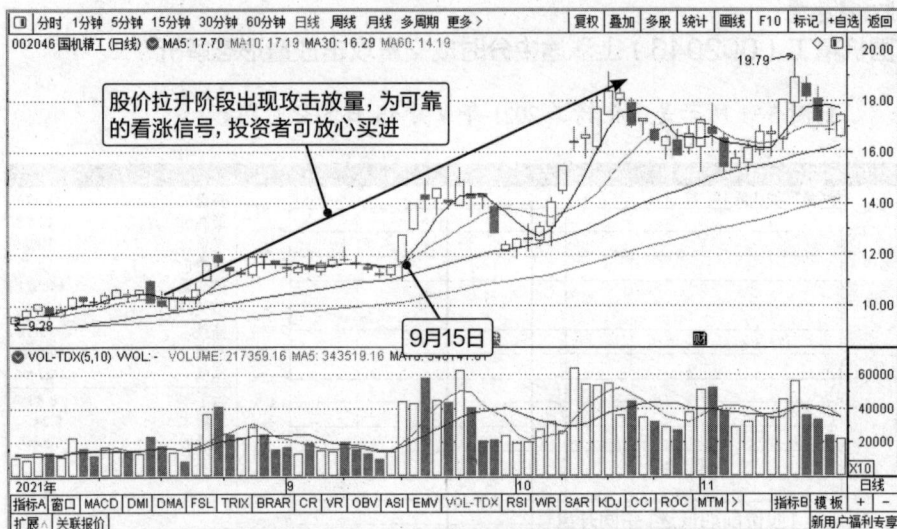

图 3-2　国机精工 2021 年 7 月到 11 月的 K 线图

从 K 线图中可以看到，国机精工正处于稳定的上涨阶段，而 9 月 15 日是处于一波强势拉升的中间位置，在其出现攻击放量的前一个交易日，股价就已经开始了上涨。

因此，在此位置出现的攻击放量是一个比较可靠的看涨信号，投资者可以积极做多，大胆买进。

3.1.2　平头缩放观望

分时成交量的平头缩放指的是成交量在持续放大后出现一个波峰，然后缩量，紧接着又出现一波持续放量，形成第二个波峰。两次的量能大小相当，持续时间也差不多，形成平头量。

当然，平头量的波峰一般不会只出现两个，有时候整个交易日中全部都是平头量也有可能。

平头量的主要形成原因，就是主力在分批进场，在一个交易日内不断重复买进、停滞、再买进、再停滞的操作。这是意图比较明显的吸筹行为，因此也常出现在上涨行情的初期或是股价的低位。

当平头量出现，同时股价在盘中被一波一波的成交量峰推高时，那么目标股大概率已经有主力在介入，并且拉升即将开启。投资者可以先保持观望，待到股价出现明显拉升形态，如攻击放量、高开高走等，就可以快速入场了。

下面来看具体的案例。

示例讲解
英可瑞（300713）行情低位分时成交量平头缩放形态解析

如图 3-3 所示是英可瑞 2019 年 8 月 27 日的分时图。

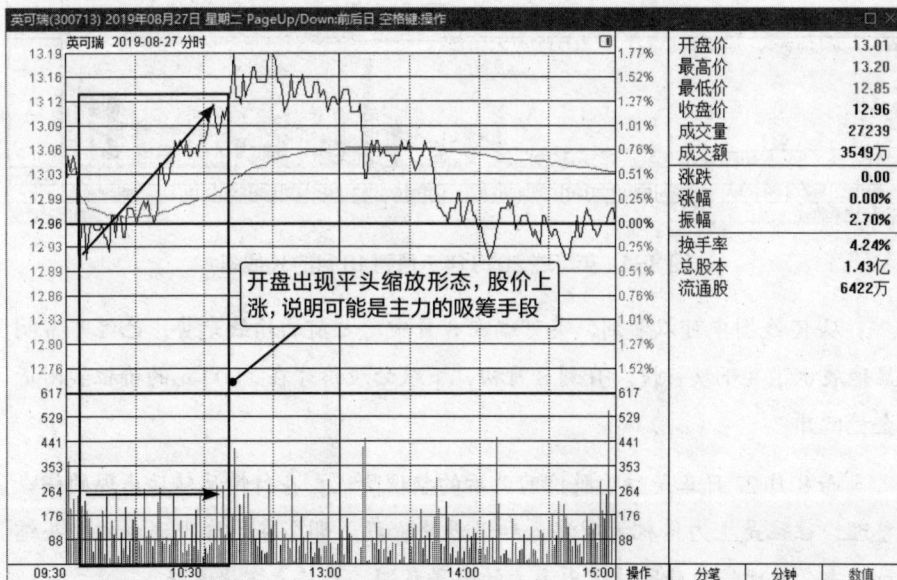

图 3-3　英可瑞 2019 年 8 月 27 日的分时图

从图中可以看到，英可瑞在 2019 年 8 月 27 日这天开盘后便开始下跌，一路下滑至 0.51% 的跌幅线附近止跌，随后在震荡中回升。

可以看到，在回升后的近一个小时内，股价都维持着比较稳定的上涨速度。但成交量却是在不断缩放中横向运行，每一次的波峰都几乎持平，呈现出平头缩放的形态。

在平头量出现的同时股价上涨，说明有可能是主力的吸筹行为。此时投资者需要借助 K 线图来具体分析其位置，进而确定是否跟进。

如图 3-4 所示是英可瑞 2019 年 7 月到 10 月的 K 线图。

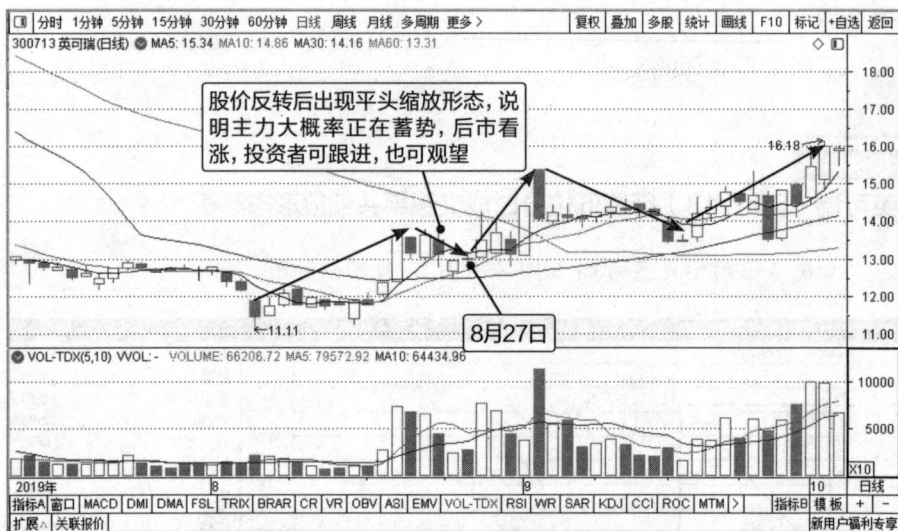

图 3-4　英可瑞 2019 年 7 月到 10 月的 K 线图

从 K 线图中可以看到，英可瑞在 8 月中旬之前的均线走势，已经非常明显地展示了其下跌行情。直到 8 月初，下跌的股价才在 11.00 元的价位线附近企稳回升。

而 8 月 27 日正是位于股价回升后的整理阶段，在行情反转后出现的横盘整理，往往是主力借机清理浮筹和吸筹的阶段。那么在此阶段形成的平头缩放形态，就比较明确地传达出主力的吸筹意图，后续大概率看涨。

因此，投资者在新行情初现端倪的位置观察到平头缩放形态时，既可以轻仓试探，跟随主力入场，也可以暂时观望，待行情出现明显上涨信号时再入场持股。

3.1.3　递增放量买入

分时成交量递增放量指的是成交量出现一波连续放量形成波峰后，开始缩量，再进行放量后缩量的循环，但每次形成的量能都会大于前一次的量能，形成递增放量的形态。

递增放量常出现在上涨行情中，成交量增长的同时也会将股价向上推涨，表明盘中做多力量强大，市场对股票的预期趋于一致，股票后续大概率上涨。

那么，当目标股在稳定的上涨阶段出现这种量增价涨的形态时，投资者就可以在盘中选择合适的低点介入。

但需要注意的是，投资者还要警惕行情是否达到高位，注意辨别主力是否设置了多头陷阱。一旦判断失误，投资者不仅无法赚取收益，还可能遭受被套带来的损失。

下面来看具体的案例。

示例讲解

万隆光电（300710）上涨阶段分时成交量递增放量形态解析

如图 3-5 所示是万隆光电 2020 年 7 月 6 日的分时图。

从图中可以看到，万隆光电在 2020 年 7 月 6 日这一天开盘后，成交量便表现得十分活跃，股价在其推涨动力下不断上扬，呈现出平开高走的状态。

但在 10:30 之后，成交量就开始缩减，股价涨势减缓。10:50 左右，成交量出现了一根大量柱，随后很快缩减，数分钟后再次出现了一根更大的量柱，然后再次缩减。这样的循环持续了数次后，股价实现了更为快速的上涨。

从不断推高的成交量柱以及同步上涨的股价来看，这是比较明显的递增放量形态，并且也与价格之间形成了量增价涨的关系，二者结合，向投资者传递了后市看涨的信号。

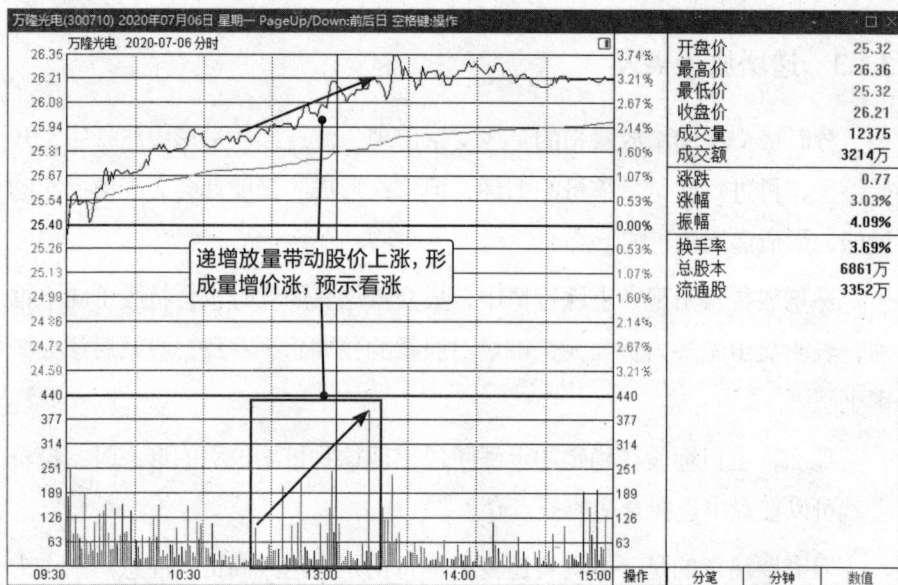

图3-5　万隆光电 2020 年 7 月 6 日的分时图

在确定了递增放量形态的形成后，投资者还不能贸然介入，需要对 K 线图进行进一步的分析来确定。

如图 3-6 所示是万隆光电 2020 年 4 月到 9 月的 K 线图。

从 K 线图中可以看到，万隆光电在 5 月到 8 月期间都处于上涨阶段，并且从不断加大上扬角度的均线来看，其上涨速度还在增加，说明场内的多方力量强劲，看多氛围浓厚。

而 7 月 6 日是处于其中一波上涨的起始位置，从均线的上扬角度和股价走势来看，此次拉升大大加快了股价涨速。

那么在此位置出现的递增放量形态，其释放的买入信号无疑十分强烈和可靠，投资者可以放心买进。

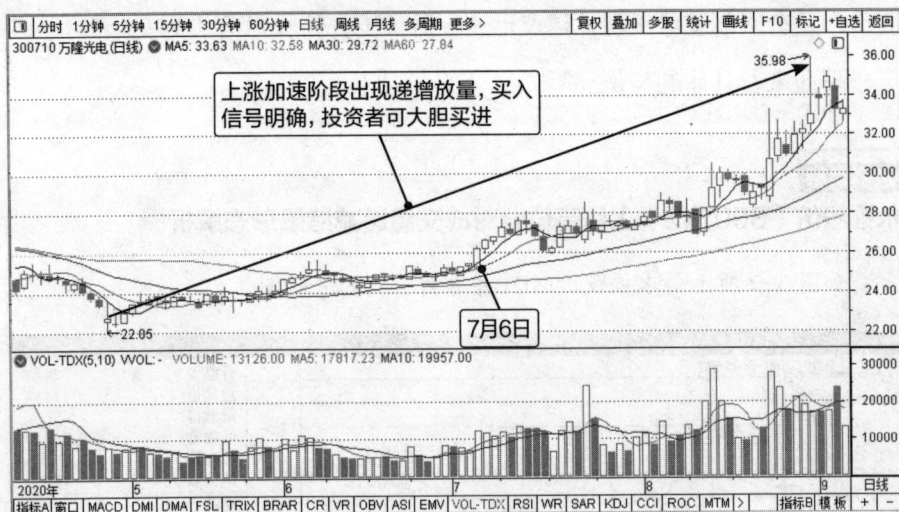

图 3-6 万隆光电 2020 年 4 月到 9 月的 K 线图

3.1.4 递减缩量卖出

递减缩量指的是股票当日开盘后成交量的波峰一波比一波低,整体呈现出缩减的形态。如果开盘后对应时段的股价一路上涨,与递减缩量的成交量形态就会形成背离关系。这样的背离关系往往出现在行情高位或是阶段高位,发出股价见顶的信号。

股价在经过一波连续上涨后,上攻动能明显减弱的同时,逐渐增大的抛压也会进一步对股价的涨势产生压力,而分时成交量递减缩量与上涨的股价形成背离关系,其产生的卖出信号也比较明确。

在分时图中,这样的形态无法持续太久,股价在失去成交量支撑的情况下,很快便会创出当日最高价,随后回落。当股价下跌时可能会有相对前期较大的量能放出,这是卖盘骤增的结果。

而在 K 线图中,尤其是在行情高位处,在分时图中的背离形成后也许还会持续数天上涨,行情才会反转,但具体无法判断,继续持股风险较高。因此,投资者在行情高位观察到递减缩量对应时段的股价一路上涨,之后股价一旦有回落迹象出现，建议迅速止盈卖出，将收益落袋为安。

下面来看具体的案例。

示例讲解

永福股份（300712）上涨高位分时成交量递减缩量形态解析

如图 3-7 所示是永福股份 2021 年 8 月 5 日的分时图。

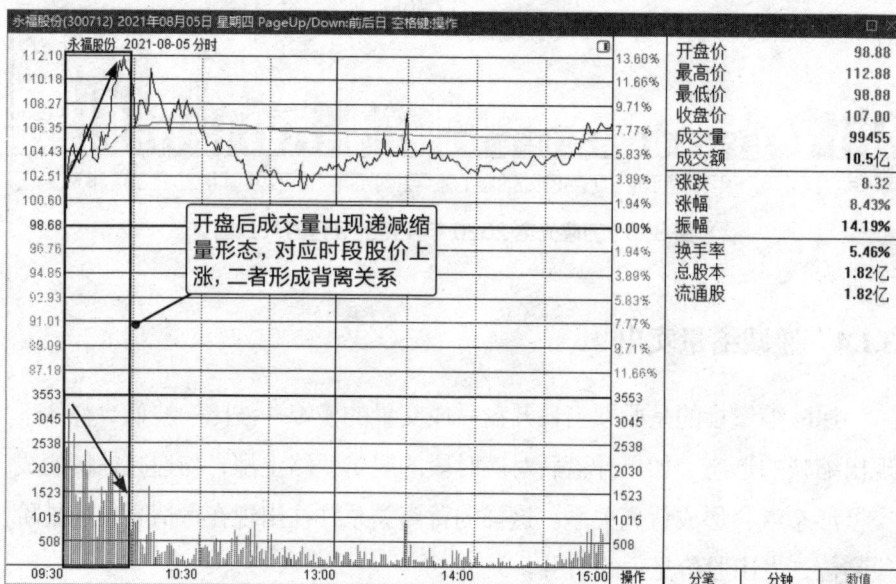

图 3-7　永福股份 2021 年 8 月 5 日的分时图

从图中可以看到，永福股份在 2021 年 8 月 5 日这一天以稍高的价格开盘，开盘后便被大单成交量快速向上推涨，很快便越过了 5.83% 的涨幅线。

但在第一波大量能推涨后，成交量在后续却是逐渐回缩，波峰下移，递减缩量形态出现，而同时段的股价还在继续上涨，二者之间形成了量缩价涨的背离，这意味着股价很快便要见顶回落。

9:55 左右，股价上冲达到了 13.60% 的涨幅后便开始下跌，数分钟后在 7.77% 的涨幅处止跌反弹，在反弹到高位时成交量有所放量，但最终还是很快萎缩，股价下跌。

这是非常典型的递减缩量形态与股价背离，预示着多方力量不足，股价可能很快见顶，那么投资者就要对 K 线图进行仔细甄别，决定合适的卖出点。

如图 3-8 所示是永福股份 2021 年 7 月到 10 月的 K 线图。

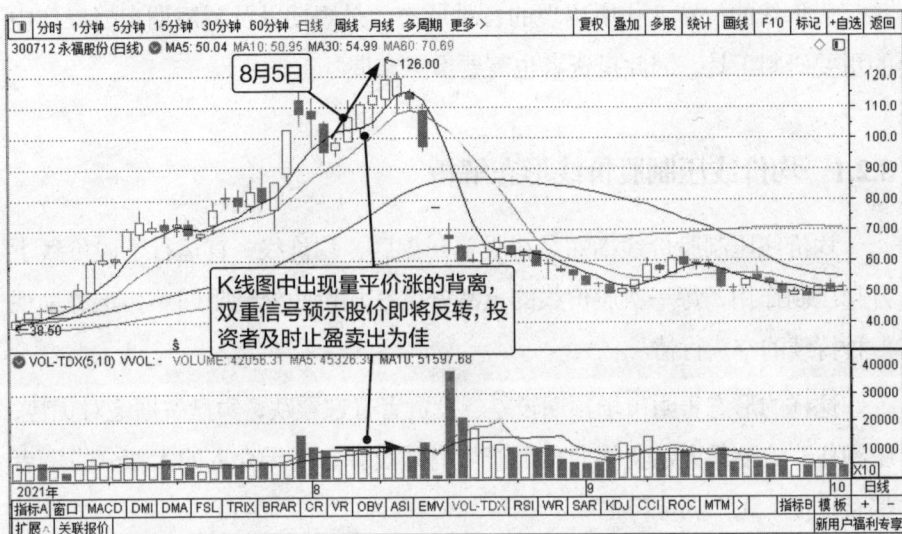

图 3-8　永福股份 2021 年 7 月到 10 月的 K 线图

从 K 线图中可以看到，永福股份在 8 月中旬之前还处于上涨阶段，而 8 月 5 日正是在接近行情反转的位置，并且从这几个交易日的成交量来看，几乎是保持平量的状态，而股价还在上涨。

K 线图的量平价涨也是一种背离，在股价高位的 K 线图和分时图中都出现背离，预示的含义就非常明显了，即股价即将见顶。无论是阶段见顶还是行情见顶，在此之后的股价下跌幅度都可能较深，对于短线投资者来说还是以卖出为佳，及时止盈。

3.2　根据分时均价线走势决策

分时图中的均价线是以每分钟盘口总成交金额除以盘口总成交数量，

测算出的当前每股的平均成交价的连线。它相较于股价线来说比较稳定，也稍显滞后。

均价线能够十分精确地统计出当前所有场内投资者的综合持仓成本，它与股价线的位置变化所出现的各种形态，是短期以及超短期实战操作中的重要研判工具，因此投资者也需要重点掌握。

3.2.1 均价线压制股价线形态解析

均价线压制股价线指的是在股票开盘后，均价线一直运行于股价线上方起压制作用，每一次股价线的上涨都会在均价线处受阻回落，走势呈现一种持续的空头行情。

这样的形态表明市场预期较差，投资者普遍看跌，卖盘占据绝对优势，压制住买方使其无法支撑股价而产生有效反弹，当天介入的大部分投资者都有亏损，属于弱势特征。

这种形态下的分时图成交量可能会出现两种情况，不同的情况对应的操作策略也会不一样。

- ◆ **成交量缩量：** 说明股价是在失去成交量支撑后出现的正常下跌，原因在于市场因预期看空而交投冷淡，导致股价一跌再跌。这种情况下，投资者可以视股价所处位置进行灵活持仓。

- ◆ **成交量放量：** 说明股价是在市场大范围杀跌的情况下出现的下跌，此时股价可能已经从高位滑落，下跌幅度较深。这种情况下，投资者就应果断清仓，锁定利润。

下面来看具体的案例。

<u>示例讲解</u>

凯伦股份（300715）均价线压制股价线形态解析

如图 3-9 所示是凯伦股份 2020 年 9 月 17 日的分时图。

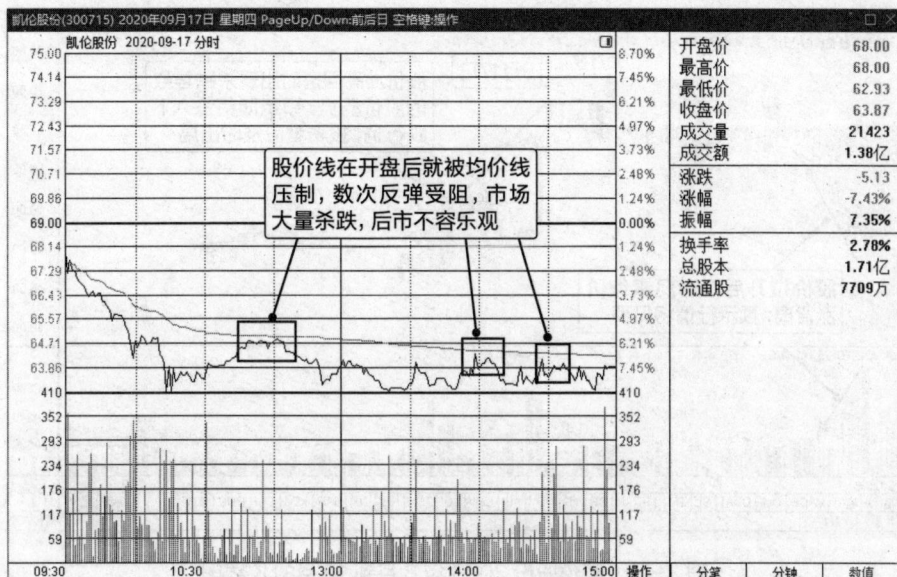

图 3-9　凯伦股份 2020 年 9 月 17 日的分时图

从图中可以看到，凯伦股份在 2020 年 9 月 17 日这一天是以低价开盘，并且在开盘后几分钟内就被拉低下跌，迅速滑落到均价线下方。

开盘后的半个小时内股价跌速飞快，均价线也被带动向下运行，期间一直压制在股价线上方。截至 10:10 左右，股价已经有了近 8.68% 的跌幅，并在此位置止跌，随后开始回升。

在上涨持续了近一个小时后，股价已经接近了依旧处于下滑状态的均价线，但还未接触到便被其压制力影响，开始围绕 64.71 元的价位线横向运行，最终也未能实现突破，重新回到了下跌轨道。

在随后的交易时间内，股价始终难以突破均价线的压制，不断重复回升受阻再次下跌的走势，整体表现十分弱势。

但成交在这一天却极其踊跃，大单不断出现，表明市场杀跌气氛浓厚，股价有可能将从高位下跌。投资者需要仔细分析 K 线走势，随时准备出局。

如图 3-10 所示是凯伦股份 2020 年 8 月到 12 月的 K 线图。

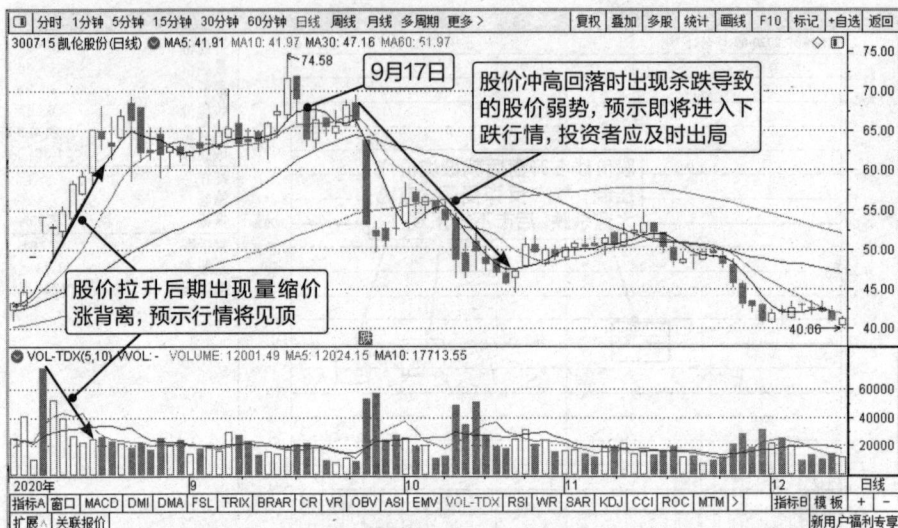

图 3-10　凯伦股份 2020 年 8 月到 12 月的 K 线图

从 K 线图中可以看到，凯伦股份在 8 月中旬之前还处于上涨状态，但从 8 月中下旬开始股价便出现了滞涨，开始在高位横盘。

而 9 月 17 日正是在股价再次上冲后的回落阶段，从分时图中表现出的集中杀跌情况来看，行情可能已经见顶，股价即将从高位滑落。

这一点其实从 8 月的上涨走势就可以看出，这段时间内股价在快速拉升，但成交量却在持续缩减，二者表现出的是量缩价涨的背离，已经预示了行情的顶部将至。

那么分时图中释放的后市看空信号就会比较可靠，此时投资者也不应再抱有侥幸心理，尽快出局及时止盈，才能更大程度地规避风险。

3.2.2　均价线支撑股价线形态解析

均价线支撑股价线指的是股票在开盘后，均价线一直运行于股价线下方起支撑作用，每一次股价线的下跌都会在均价线处止跌回升，走势呈现一种持续的多头行情。

这样的形态表明市场大多看涨该股，气氛活跃，不断有资金入场，买盘大于卖盘，多方力量雄厚，当天介入的大部分投资者都能有所收益，这是强势的特征。

如果在 K 线图中股价正处于拉升阶段或是反弹阶段，并且涨势持续的话，就是非常明确的看涨信号了，投资者可以积极买进。

下面来看具体的案例。

爱尔眼科（300015）均价线支撑股价线形态解析

如图 3-11 所示是爱尔眼科 2021 年 9 月 6 日的分时图。

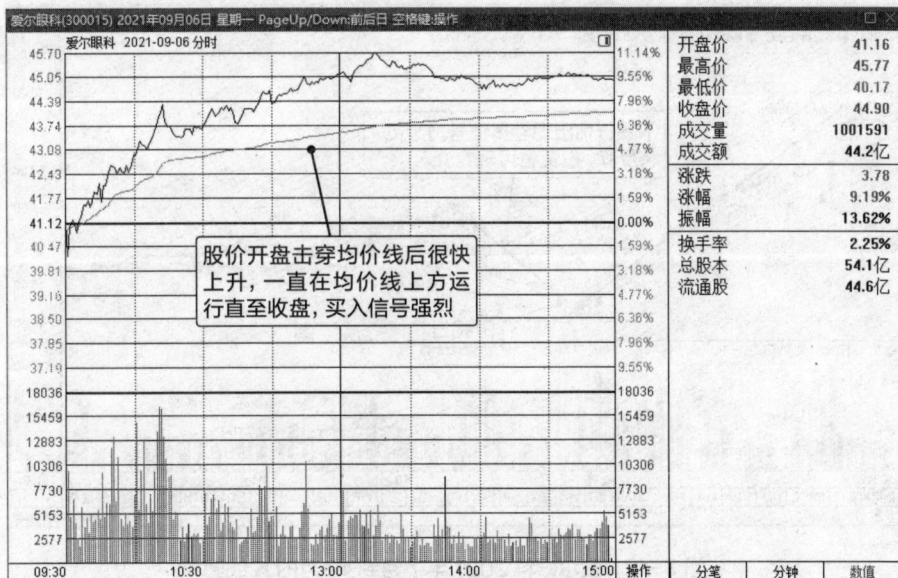

图 3-11　爱尔眼科 2021 年 9 月 6 日的分时图

从图中可以看到，爱尔眼科在 2021 年 9 月 6 日这一天以 41.16 元的价格开盘，但在开盘后就被大单拉低下跌，暂时击穿了均价线。不过几分钟后，股价便回升到均价线上方，随后开始向上攀升。

股价回升之后的涨势十分迅猛，成交量表现也非常强劲，但在 10:10 后，成交量开始回缩，股价涨速减缓，但依旧维持着上涨状态。后续股价在突破10%的涨幅后便有所回落，在9.55%的涨幅线附近横盘，最终以9.19%的涨幅收盘。

在此期间，均价线一直承托在股价线下方，起到了稳定的支撑作用，并且二者之间产生了较大的差距，股价线几乎没有回踩均价线的时刻。这说明市场中的看多预期非常强烈，做多情绪浓厚，不断有资金涌入推高股价，将其远远推离均价线。

这明显是一个强烈的买入信号，但投资者还是需要借助K线图的走势加以判断。

如图3-12所示是爱尔眼科2021年7月到12月的K线图。

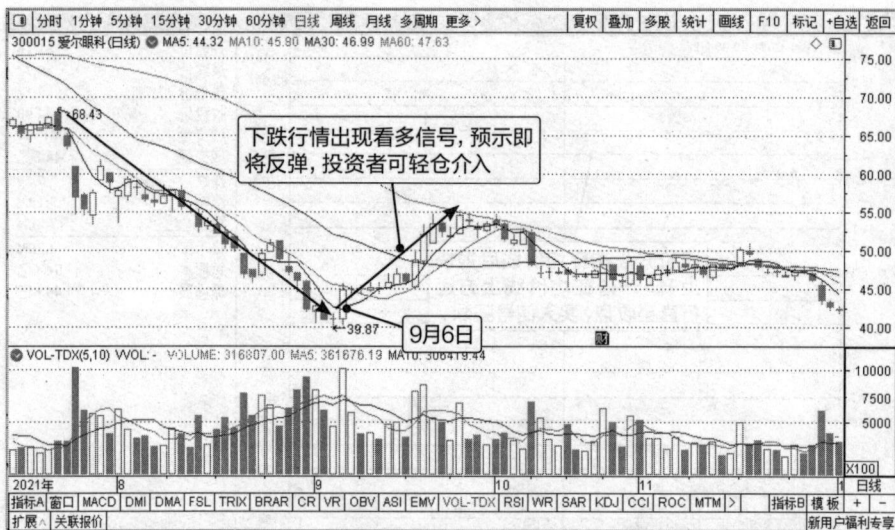

图3-12 爱尔眼科2021年7月到12月的K线图

从K线图中均线的状态可以看到，爱尔眼科正处于下跌行情中，在下跌阶段出现看多信号，说明股价有可能出现反弹，投资者可以介入，但需保持谨慎。

从9月初的走势来看，该股已经有了反弹的迹象，而9月6日正位于反弹的起始位置。在此时出现一个强烈的买入信号，就意味着投资者可以大胆跟进了，待到反弹见顶卖出，就能够抢得这一段反弹收益。

3.2.3 股价线上穿均价线形态解析

股价线上穿均价线指的是股票开盘后，股价有一段时间都处于均价线之下或是围绕均价线上下波动，呈不稳定状态，突然在某一刻获得推动力，有可能是成交量集中放量的出现，致使其向上强势穿过了均价线。

对股价线来说，均价线在其上方运行即意味着走势受阻，一旦将阻力位突破，而成交量也有足够的量能支撑上涨，那么即使股价有回踩，也只是确认下方的支撑力。

这样的形态往往出现在行情的低位或是回调的低位，股价一转跌势开始回升，后续就可能会有一段持续的上涨，表明上升趋势的开启或是回归。投资者在股价线突破后的回踩位入场最佳。

下面来看具体的案例。

示例讲解
融捷股份（002192）股价线上穿均价线形态解析

如图 3-13 所示是融捷股份 2021 年 6 月 18 日的分时图。

从图中可以看到，融捷股份在 2021 年 6 月 18 日这一天是以低价开盘，开盘后便被推涨向上，运行到均价线上方，并且在回踩时还受到了支撑。

但在 10:30 之后，股价开始一路下滑，很快便直接击穿了均价线，运行到其下方。均价线的支撑作用转为压制作用，直到早间时段收盘，股价都未能实现向上的回归。

13:00 开盘后，走势有了转机，股价开始不断上扬，在数十分钟后成功向上突破了均价线，并在后续的回踩中证实了此次突破有效，股价线上穿均价线形态成立。随后成交量开始逐步放量，将股价推向更高的位置，看涨信号强烈。

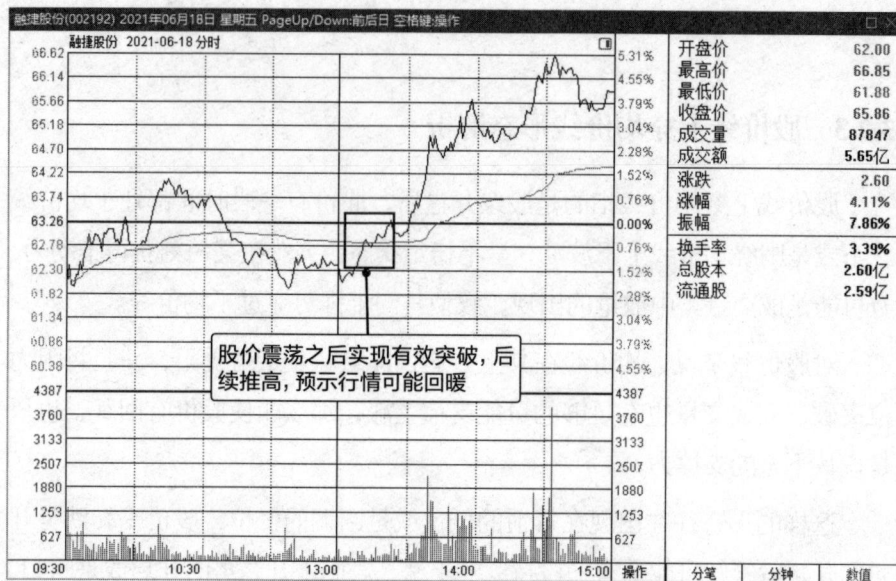

图 3-13　融捷股份 2021 年 6 月 18 日的分时图

对压力位的突破代表着行情有了新的转机，结合 K 线图，投资者会有更准确的判断。

如图 3-14 所示是融捷股份 2021 年 4 月到 7 月的 K 线图。

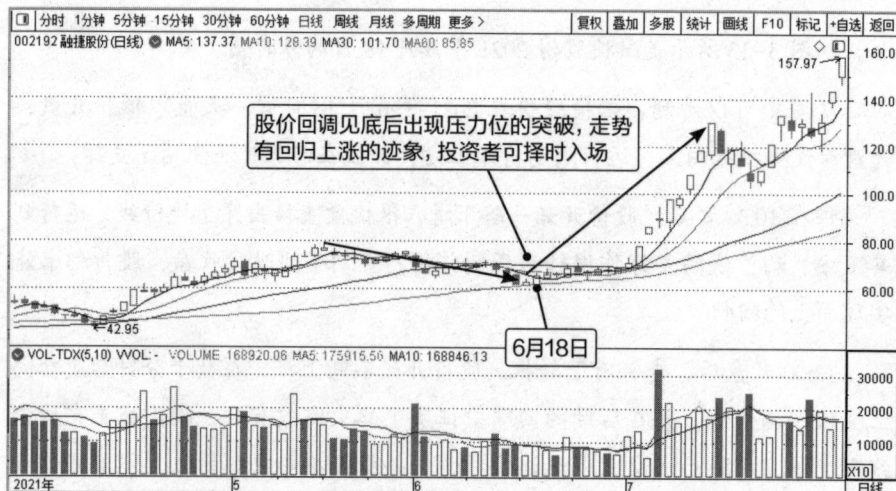

图 3-14　融捷股份 2021 年 4 月到 7 月的 K 线图

从 K 线图中可以看到，融捷股份处于上涨行情中，但在 5 月中旬到 6 月中旬期间股价出现了回调。而 6 月 18 日正是位于回调见底后的回升起始位置，在此位置出现压力位的突破，预示着行情有回暖的可能。

此时激进的投资者可以紧跟突破的步伐，在当日的回踩位置进场；而谨慎的投资者则建议先对该股保持高度关注，待股价在 K 线图中实现了对前期高点的突破，再入场不迟。

3.2.4　股价线跌破均价线形态解析

股价线跌破均价线指的是股票在开盘后，股价线可能有一段时间都处于均价线之上，某一时刻因为某种原因导致股价出现下挫，跌破了均价线的支撑。

在此之后，均价线从支撑作用变为了压制作用，此后股价再难突破均价线的压制，一直在其之下运行到收盘。

此时分时图中的成交量会因为在 K 线图中的位置不同而出现不同的表现，相应操盘策略也不一致。

◆ **成交量出现大量或天量的打压：**成交量与价格呈背离状态，表明市场的集中杀跌，资金大量出逃，主力高位出货意图明显，投资者需立即跟随主力卖出。

◆ **成交量没有太大变化或者回缩：**说明股价在前期上涨乏力，失去成交量的放量支撑难以继续追高而导致常规下跌。这种情况下投资者也要谨慎操作，减仓或持币观望是比较好的操盘策略。

下面来看具体的案例。

示例讲解
康泰生物（300601）股价线跌破均价线形态解析

如图 3-15 所示是康泰生物 2021 年 7 月 14 日的分时图。

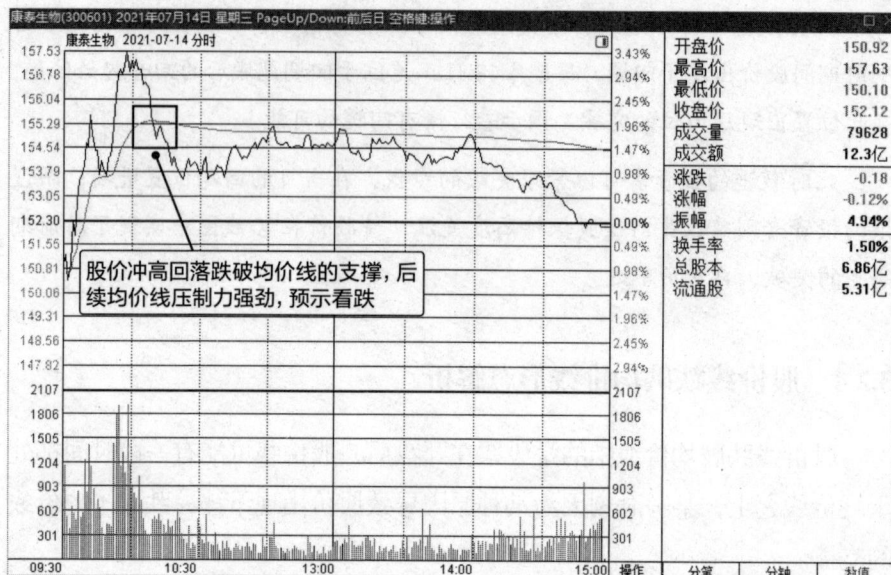

图 3-15　康泰生物 2021 年 7 月 14 日的分时图

从图中可以看到，康泰生物在 2021 年 7 月 14 日这一天是以低价开盘，但在开盘后该股就被快速放大的成交量能向上推高，在开盘后半个小时内就达到了当日最高涨幅位置。

在股价冲高之后，成交量的量能也见顶，开始快速缩减。失去成交量支撑的股价迅速下滑，在 10:08 时跌破了均价线，继续向下滑落到 0.98% 的涨幅线附近才止跌横盘，股价线跌破均价线形态成立。

在此之后，均价线的支撑作用转为压制作用，股价在盘中数次尝试突破，但最终都未能确认突破有效。而且每一次的波峰高度都在下移，说明均价线的压制力比较强劲，后市大概率看跌。

而从成交量来看，在股价跌破均价线的时候，量能在不断缩减，说明是多方推动力耗尽而造成的常规下跌。相对于市场大规模杀跌的情况来说，其跌势会稍微缓和，但依旧需要从 K 线图中观察其位置来拟订操盘计划。

如图 3-16 所示是康泰生物 2021 年 5 月到 9 月的 K 线图。

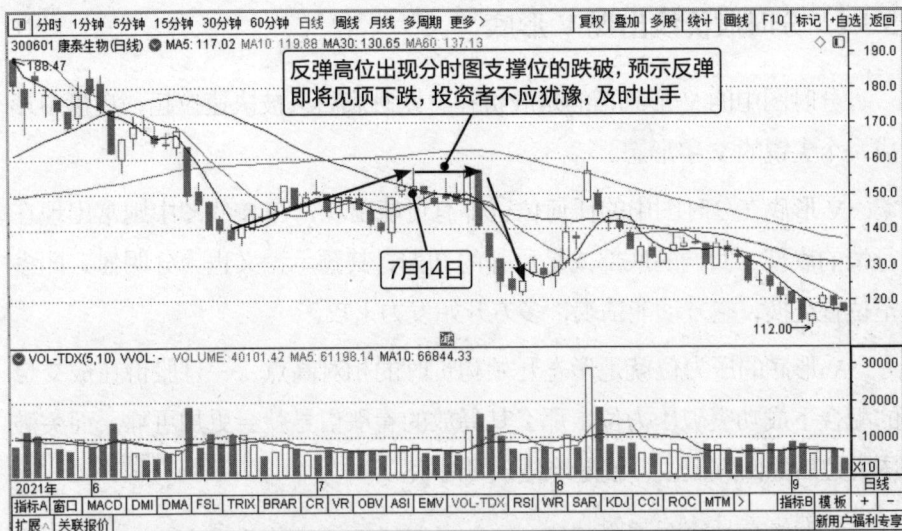

图 3-16 康泰生物 2021 年 5 月到 9 月的 K 线图

从 K 线图中可以看到，康泰生物正处于下跌阶段，期间出现了数次反弹，但反弹幅度较小，持续时间也比较短。7 月 14 日正处于其中一段反弹的高位，在此位置分时图出现股价线跌破均价线的支撑后始终受到压制，已经非常明确地预示了反弹的见顶，投资者应尽早出局。

尽管在市场没有大批量杀跌的情况下，后续的跌势看起来杀伤力并不大，但投资者需要注意，这是在下跌行情中出现的看跌信号，一旦判断失误没有及时出手，那么遭受的损失可能是难以承受的。

3.3 分时股价线出现底部形态要买进

分时图中的底部形态也是在实战中比较常见的，能够帮助投资者研判决策的特殊形态之一。

底部形态的形成主要看股价线的运行状况，并且有效成立的底部形态一般都有相应的压力线。一旦股价成功突破压力线，那么走势在短时间内就有反转的可能，这就是投资者的机会。

3.3.1　分时股价线出现 V 形底

分时图中的 V 形底指的是股价在急跌触底后又被快速拉起，在盘中形成一个尖锐的 V 字形态。

V 形底在分时图中的任何位置都有可能出现，在 K 线图中则常出现在行情的底部、回调的底部或是反弹的初期，其预示含义也十分明显，即多空位置交换，空方动能枯竭，多方开始发力上攻。

V 形底的压力位就是形态开始构筑时的相对高点，一旦股价在成交量的配合下成功突破压力位，那么其释放的看涨信号就会更加可靠。而突破压力位后的回踩低位，就是绝佳入场时机。

下面来看具体的案例。

示例讲解
先导智能（300450）分时股价线 V 形底形态解析

如图 3-17 所示是先导智能 2018 年 10 月 12 日的分时图。

从图中可以看到，先导智能在 2018 年 10 月 12 日这天是以低价开盘，在短暂的震荡后，股价开始快速下跌。在后续接近两个小时的时间内，股价呈稳定持续的跌势，均价线也呈斜线下行。

截至 10:47 时，股价已经跌至 20.08 元，跌幅也达到了 6.65%，当日最低价出现。一分钟后，成交量突然出现大量柱，将股价从低位急速拉升起来，这样急跌急涨的走势在股价低位形成了一个尖锐的 V 形底。

V 形底的构筑在此时已经步入尾声，只差最后的压力线突破即可判定其有效性。可以看到，这个 V 形底形态的压力线在开盘价附近，那么当股价成功越过开盘价时，就说明该形态成立。

截至早间收盘时，股价已经非常接近压力线了，但还未真正突破。下午开盘后，股价再次上涨，相继突破了当日开盘价和前日收盘价，并在后续围绕前日收盘价横向运行，最终以 0.19% 的涨幅收盘。

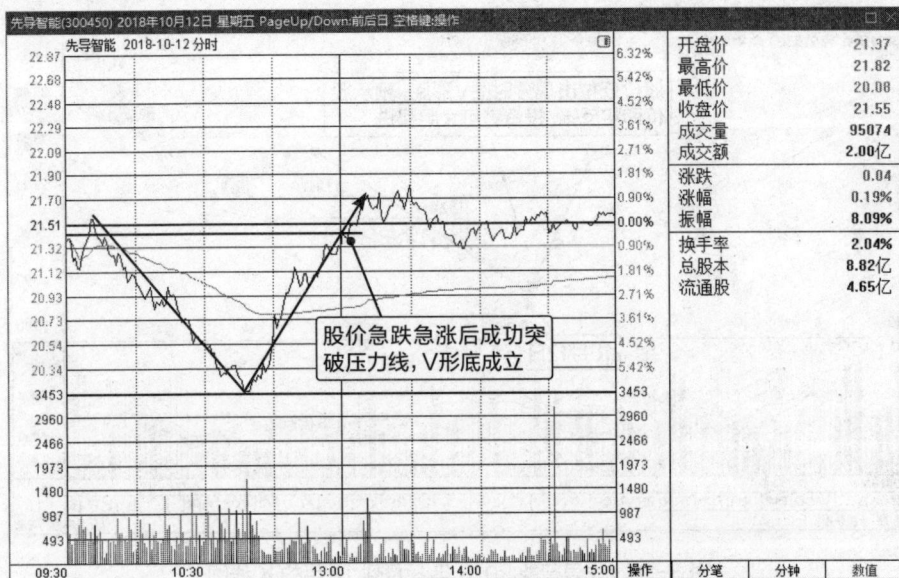

图 3-17　先导智能 2018 年 10 月 12 日的分时图

　　在午间开盘后，V 形底的形态就已经确定，此时再看 K 线图中的走势就能判断能否入场。

　　如图 3-18 所示是先导智能 2018 年 8 月到 12 月的 K 线图。

　　从 K 线图中均线的状态可以看到，先导智能在 9 月之前都还处于下跌状态。经过 9 月的一次反弹后，股价再次快速下跌，最终在 20.00 元的价位线附近受到支撑止跌。

　　而 10 月 12 日正位于股价止跌回升的起始位置，在此位置出现 V 形底，说明股价即将延伸出新的发展方向，后续走势大概率会持续上涨，买入信号强烈。

　　虽然在此位置还并不能准确判断新行情的出现，但对短线投资者来说，抓住短时间的一波涨幅也是不错的。因此，当 V 形底的压力线被突破时，投资者就可以大胆买进。

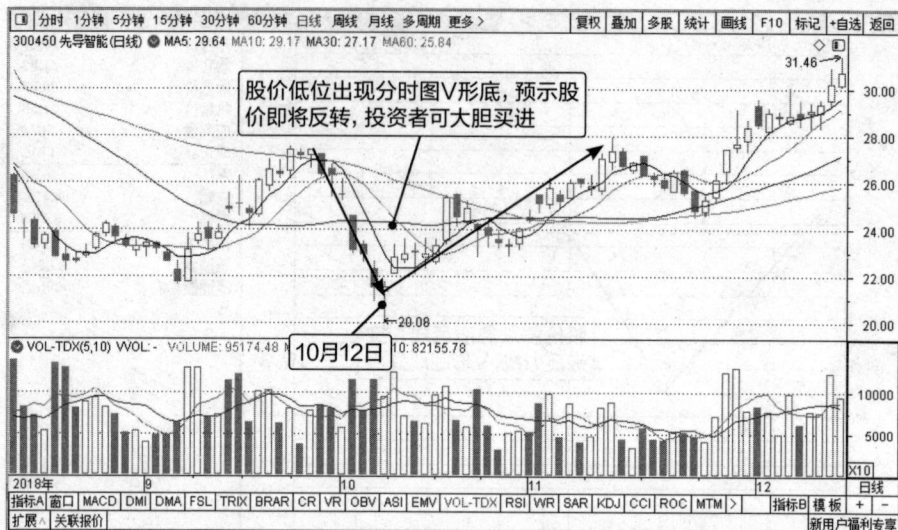

图 3-18　先导智能 2018 年 8 月到 12 月的 K 线图

3.3.2　分时股价线出现双重底

分时图中的双重底指的是当股价在盘中下跌到某位置时受到支撑上涨，然后又一次下跌，跌至前一次的低点附近后又再次上涨所形成的形态。因其走势形似字母 W，所以又称其为 W 底。

双重底的压力线为第一次上涨的高点位置，形态成立的关键就在于对压力线的突破是否有效。而两次低点的连线则被称为支撑线，正是这条支撑线撑起了整个形态，一旦股价在后续再次下降跌破支撑线，那么双重底形态就不成立。

分时双重底出现在下跌行情的末期和深度回调的低点，其预示意义与 V 形底一致，都是股价止跌企稳后回升的预兆。那么投资者的操作策略也大致相同，只是需要特别关注其形态的有效性，以及成交量是否有相应的缩放配合。

下面来看具体的案例。

示例讲解

浩云科技（300448）分时股价线双重底形态解析

如图 3-19 所示是浩云科技 2019 年 8 月 6 日的分时图。

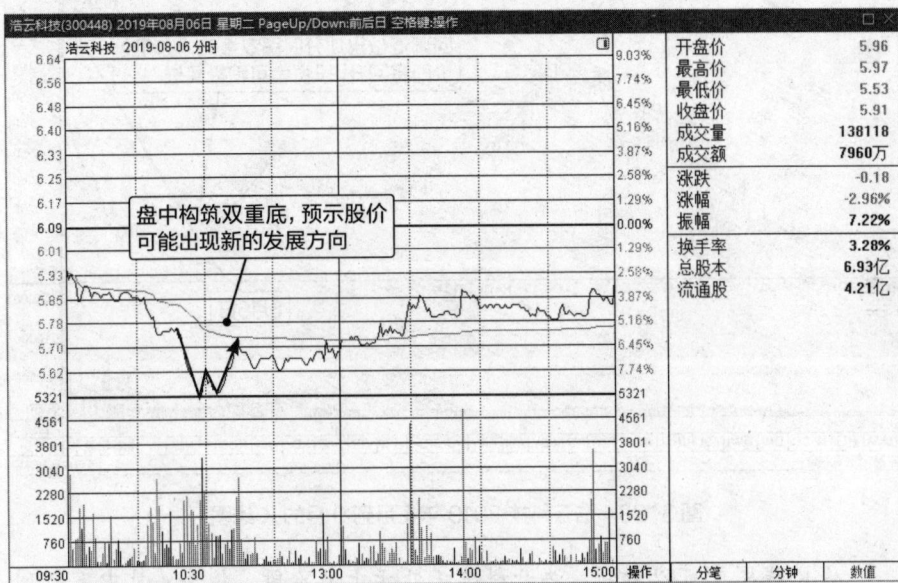

图 3-19　浩云科技 2019 年 8 月 6 日的分时图

从图中可以看到，浩云科技在 2019 年 8 月 6 日这一天是以低价开盘，并且在开盘后就有所回落，在 5.85 元的价位线上横盘。这样的横盘走势进行了半个小时左右后，股价出现了快速下跌。

在接近 10:30 时，股价已经跌至 5.53 元，并在此位置止跌回升。几分钟后股价在 5.62 元的价位线上受到阻碍，只能再次下跌，而第二次下跌的低点与前次低点位置相当，随后再次上涨。

此时双重底的雏形已经出现，并且能看出 5.62 元的价位线就是这一形态的压力线。10:40 左右，股价的涨势不减，直接突破了压力线，并在后续的回踩中完全确认了其支撑力，双重底形态成立。

双重底的成立预示着后市看涨，此时再结合 K 线图中所处的位置，进一步判断适宜的买点。

如图 3-20 所示是浩云科技 2019 年 1 月到 9 月的 K 线图。

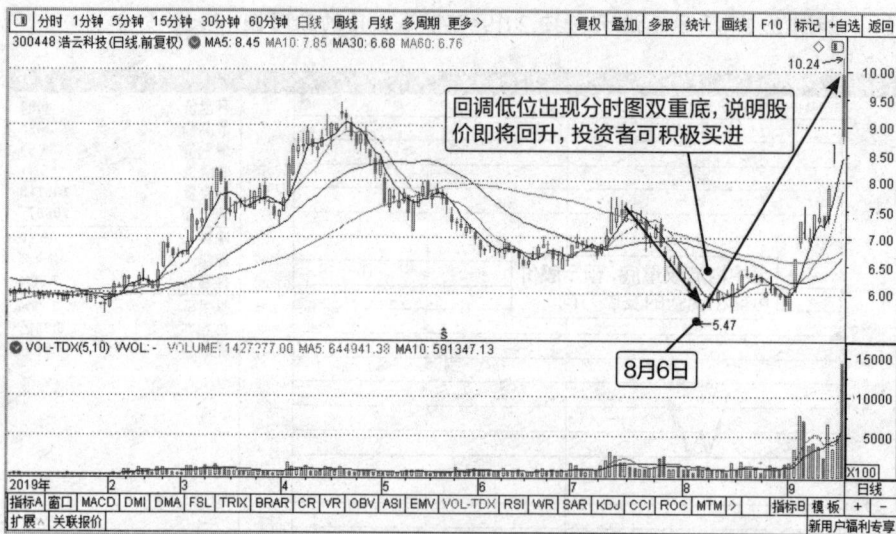

图 3-20　浩云科技 2019 年 1 月到 9 月的 K 线图

从 K 线图中可以看到，浩云科技正处于上涨阶段，但在 4 月中下旬到 7 月期间股价在进行回调整理，跌幅较深，持续时间也较长。

而 8 月 6 日正处于此次深度回调的底部，可以看到，在 7 月中下旬股价有一次加速下跌，但很快便在 5.50 元的价位线附近止跌回升。在此位置出现的分时图双重底，无疑就是股价的阶段见底在分时图中的表现。

因此，投资者在分时图中观察到双重底时，就可以在其成立后的回踩低位积极入场，准备迎接后续的拉升。

3.3.3　分时股价线出现头肩底

分时图中头肩底的形成要比 V 形底和双重底复杂一些，但其出现位置和操作策略与前两种形态基本一致。

如图 3-21 所示是分时图头肩底示意图。

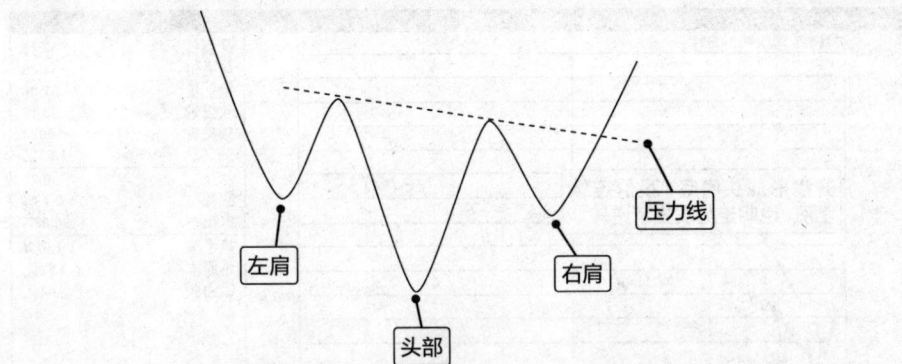

图 3-21 分时图头肩底示意图

头肩底的形成大致分为 3 个部分。

①股价在盘中跌至一定低位后出现反弹，形成左肩。

②股价再次下行跌破左肩的位置，到达更低的位置，再度反弹回上一次下跌的位置形成了头部，此时两个相对高点的连线则为压力线。

③随后开始第三次下跌，当跌幅达到左肩的位置便开始第三次反弹或者说是上行，形成了右肩。当上升幅度突破压力线，并伴随成交量放量支撑后，头肩底形成。

在实战中，投资者可能不会遇到太多的标准头肩底形态，有时头部和肩部的形态之间可能会出现很多次一级震荡，这都是头肩底形态构筑时多空双方的博弈导致。

因此，投资者在入场之前一定要注意判断头肩底是否成立，成交量是否在突破压力线时有配合放量，以及形态是否符合要求，避免受到欺骗形态的误导。

下面来看具体的案例。

示例讲解

广晟有色（600259）股价线头肩底形态解析

如图 3-22 所示是广晟有色 2021 年 6 月 18 日的分时图。

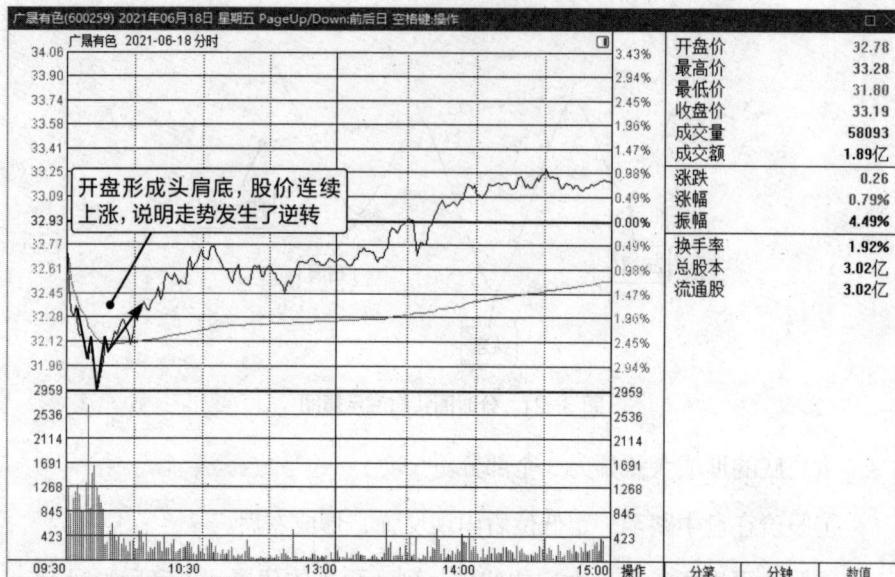

图 3-22　广晟有色 2021 年 6 月 18 日的分时图

从图中可以看到，广晟有色在 2021 年 6 月 18 日这天是以低价开盘，开盘后便迅速下跌，数分钟内跌至 32.00 元的价位线附近后止跌回升，上涨到 32.12 元上方，随后再次快速下跌。

此时头肩底已经开始构筑，左肩在第一次止跌回升中形成。股价在 31.80 元的位置第二次止跌回升，形成了头部。此次上涨同样在 32.12 元的价位线附近受阻，出现了再次的下跌，32.12 元即为压力线。

股价的第三个低点有所上移，说明场内的多方推力已经开始加强，形态的右肩上移是股价强势的表现。股价在形成右肩的几分钟后就上涨突破了压力线，并且在回踩时确认了支撑力，头肩底形态成立。

此次的头肩底仅在开盘后半个小时内就形成了，时间虽然比较紧凑，但形态本身是符合要求的。因此它对于后市的预示意义依旧存在，只是需要投资者仔细分析 K 线图中的位置，以判断是否入场。

如图 3-23 所示是广晟有色 2021 年 5 月到 8 月的 K 线图。

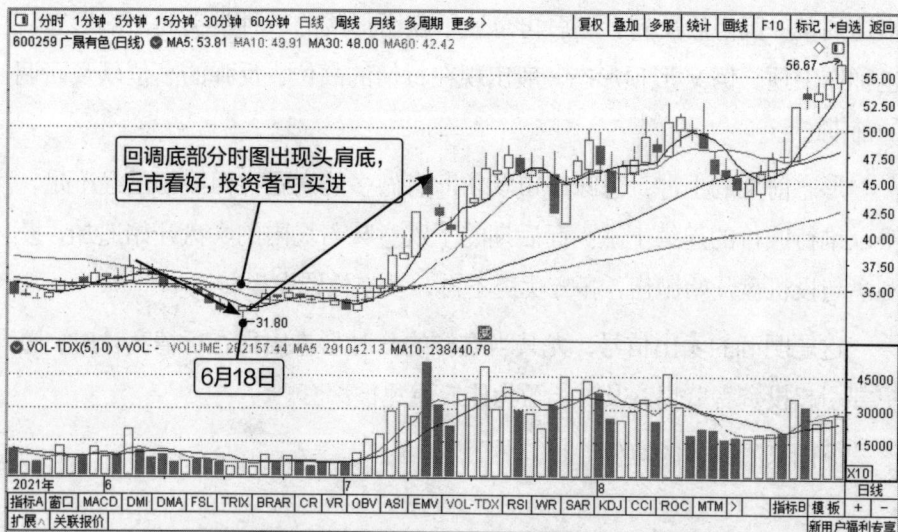

图 3-23　广晟有色 2021 年 5 月到 8 月的 K 线图

从 K 线图中可以看到，广晟有色处于上涨阶段，而在 5 月到 6 月期间股价正在回调整理，6 月 18 日正是位于回调末期、股价开始回升的初始位置。

可以看到，分时图头肩底的底部形态正是出现在回调的底部，这意味着股价将开始回升，上涨行情将继续发展。那么投资者的操作策略就与双重底相似，即在形态形成后的回调位入场。

3.4　分时股价线形成顶部形态要出局

分时图中的顶部形态与底部形态相对应，一般出现在股价的相对高位。大部分时候，顶部形态发出的信号都是看空，因此这些形态也成为投资者用于判断卖点的有力工具。

3.4.1　分时股价线形成倒 V 形顶

分时图中的倒 V 形顶指的是股价在盘中先以较为陡峭的角度上升，价格达到某一高点后反转，随后再急速下跌所形成的一种尖尖的顶部形态，也称作尖顶。倒 V 形顶形态一般出现在行情的高位、反弹的高位以及回调的前期。

形态前期的上冲，意味着市场依旧有做多的意愿，但后劲已经不足，难以维持股价的连续上涨。而后期的下跌意味着场内的卖盘开始追加，获利盘与投机盘开始抛售，多方优势不再，多空位置发生转换。

这是明确的卖出信号，尤其当这样的分时形态出现在行情高位时，就更要引起投资者警惕，及时止盈为佳，避免被深套。

下面来看具体的案例。

示例讲解
重庆港（600279）股价线倒 V 形顶形态解析

如图 3-24 所示是重庆港 2019 年 4 月 9 日的分时图。

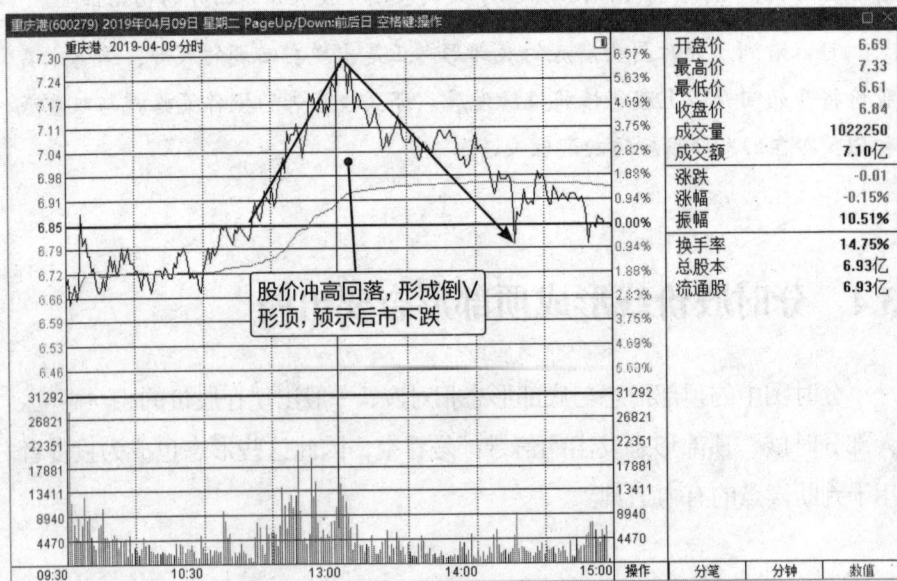

图 3-24　重庆港 2019 年 4 月 9 日的分时图

从图中可以看到，重庆港在2019年4月9日这一天是以低价开盘，开盘后股价便在前日收盘价下方震荡运行，并持续了近一个小时。

10:30之后，股价突然开始快速上涨，很快便向上穿过了前期震荡的区间压力线以及前日收盘价，并在后续不断放大的成交量推动下呈锯齿状上涨，在早间收盘时已经有了接近5.63%的涨幅。

午间开盘后，股价涨势不减，依旧保持上冲，但在上涨到7.30元的价位线附近受阻，很快便出现了回落。与前期的上涨类似，股价在创出当日最高价后也开始呈锯齿状下跌，这样的状态一直持续到收盘，最终股价还是以0.15%的跌幅收盘。

股价在盘中出现的冲高回落走势形成了一个倒V形顶，对于后市有着明显的看空预示作用。此时投资者再结合K线图中的走势，以决定何时离场。

如图3-25所示是重庆港2019年1月到6月的K线图。

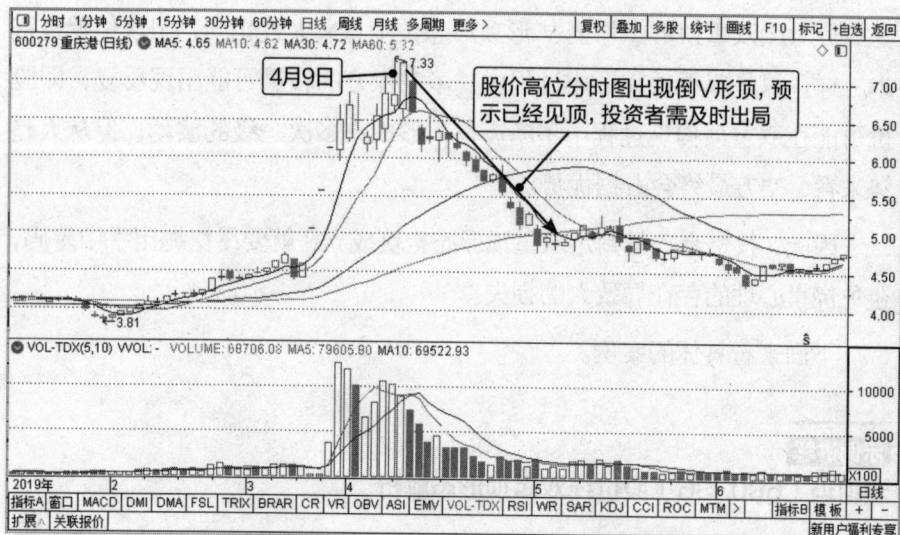

图3-25 重庆港2019年1月到6月的K线图

从K线图中可以看到，重庆港正处于一个阶段的顶部，在2月到3月期间股价一直在拉升，并且越往后期拉升速度越快。4月初，股价暂时滞涨，但很快又再次向上攀升。

但到了这样的相对高位，股价再次上攻的力度就显得有些不足，随时有见顶的可能。而在 4 月 9 日，股价分时图出现了冲高回落的倒 V 形顶形态，随后数天便开始下跌，意味着股价已经见顶。

因此，在股价高位遇到分时图中出现倒 V 形顶形态，投资者就要及时止盈出局。无论是阶段见顶还是行情见顶，及时离场都能有效避开接下来的一段下跌。

3.4.2　分时股价线形成双重顶

分时图中的双重顶指的是股价在盘中上涨至高点后出现回落，回落到某一低点后再度上涨，这一低点即形态的支撑线。第二次上涨的高点与前一次的高点位置大致相当，并在此位置受阻下跌，第二次的下跌如果跌破了支撑线，则确认双重顶形成。

分时图双重顶形态与倒 V 形顶形态预示意义大致相同，出现位置也基本一样。只是双重顶在形成过程中，多空双方的较量可能出现反复，即股价可能在双重顶构筑过程中不断震荡，形成许多次一级的波动，但从大趋势来看，空方最终会占据优势。

因此，投资者一旦判定双重顶形态构筑成立，就要尽快抛出手中筹码，避免侥幸心理的存在导致大的损失。

下面来看具体的案例。

示例讲解
澳柯玛（600336）股价线双重顶形态解析

如图 3-26 所示是澳柯玛 2021 年 11 月 30 日的分时图。

从图中可以看到，澳柯玛在 2021 年 11 月 30 日这天以 9.34 元的价格开盘，在开盘后几分钟内就跌破了前日收盘价，随后在震荡中逐渐下跌，最终在 9.22 元的价位线附近止跌回升。

10:55 左右，成交量突然放出大量，推动股价斜线上冲，涨速极快。11:04 左右，股价创出 9.76 元的新高后再难上涨，开始在空方的压力下回落，最终在 9.49 元左右受到支撑再次上涨。数十分钟后，股价又一次在 9.66 元的价位线下方受阻回落，此时双重顶的雏形形成，9.49 元就是其支撑线。

13:30 左右，股价成功跌破支撑线，随后进行了小幅回抽，在确认上方压力后拐头下跌，此时双重顶形态成立，卖出信号出现。

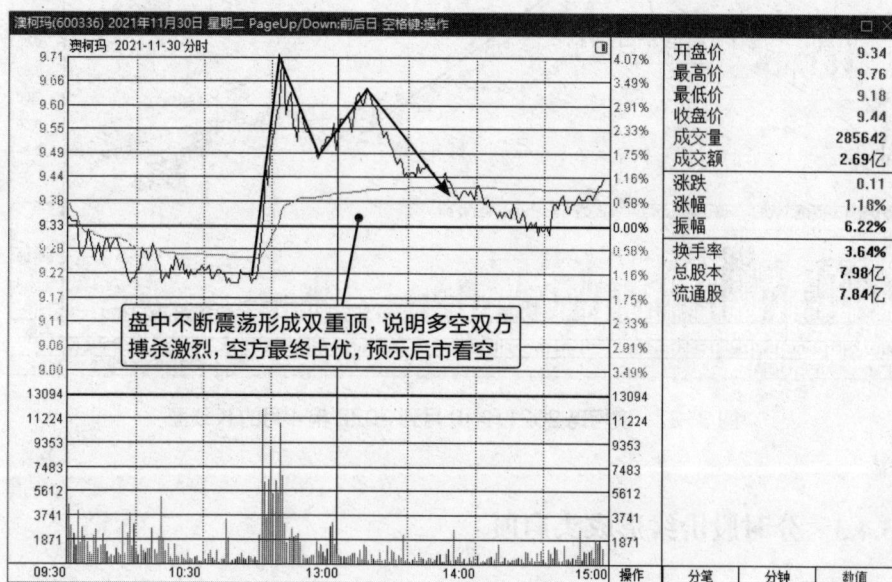

图 3-26　澳柯玛 2021 年 11 月 30 日的分时图

在多空双方竞争了一整个交易日后，股价最终还是冲高回落，并通过双重顶形态释放了强烈的卖出信号。那么此时的 K 线图中走势是如何发展的呢？下面来继续观察。

如图 3-27 所示是澳柯玛 2021 年 10 月到 2022 年 4 月的 K 线图。

从 K 线图中可以看到，澳柯玛正处于股价的高位。在 10 月到 11 月期间股价还在快速拉升，但在接近后期时成交量反而开始回缩，多方愈发难以支撑股价的上涨，导致其涨速减缓，最终在 11 月底创出 10.61 元的新高后冲高回落，开启了下跌行情。

而 11 月 30 日正是下跌行情开启后的一个交易日，这天出现的双重顶形态就是股价后市看跌的表现。因此，投资者在高位观察到双重顶时，就要立刻出局，不要犹豫。

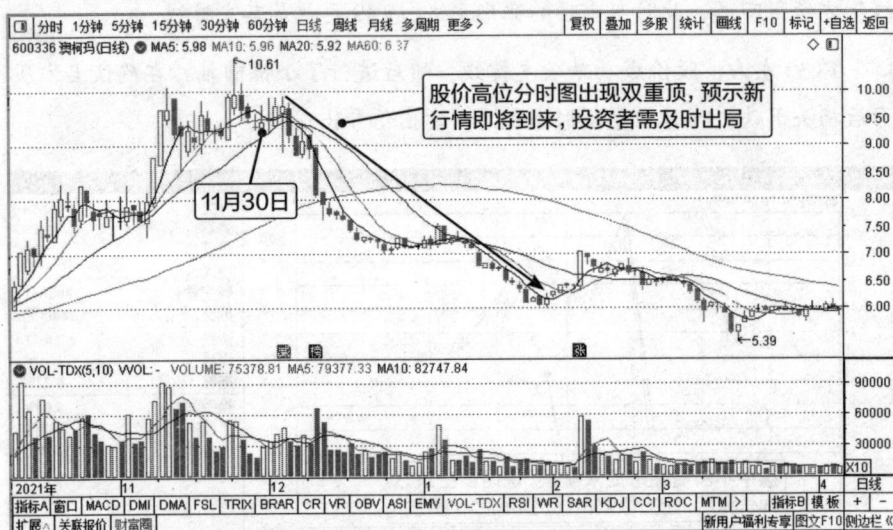

图 3-27　澳柯玛 2021 年 10 月到 2022 年 4 月的 K 线图

3.4.3　分时股价线形成头肩顶

分时图中的头肩顶指的是股价在盘中上涨至一定高度后跌回某位置，形成左肩；然后重新上涨超过左肩的高度，到达顶峰后回落形成头部，再度下跌回与前次低点相当的位置；经过整理后开始第三次上涨，当涨幅达到左肩的高度开始第三次下跌，形成右肩，这次下跌的幅度会较大，很快跌穿整个形态的底部并不再回头。

在前两次下跌时，止跌处基本持平，相连即形成形态的支撑线，第三次下跌一旦跌破这根支撑线，便可以宣告形态成立。

与前面两个形态类似，分时图中的头肩顶同样意味着强烈的卖出信号，出现位置也大多在行情顶部以及阶段顶部。投资者在观察到分时图头肩顶时，也同样需要及时卖出。

下面来看具体的案例。

示例讲解

硅宝科技（300019）价位线头肩顶形态解析

如图 3-28 所示是硅宝科技 2020 年 11 月 20 日的分时图。

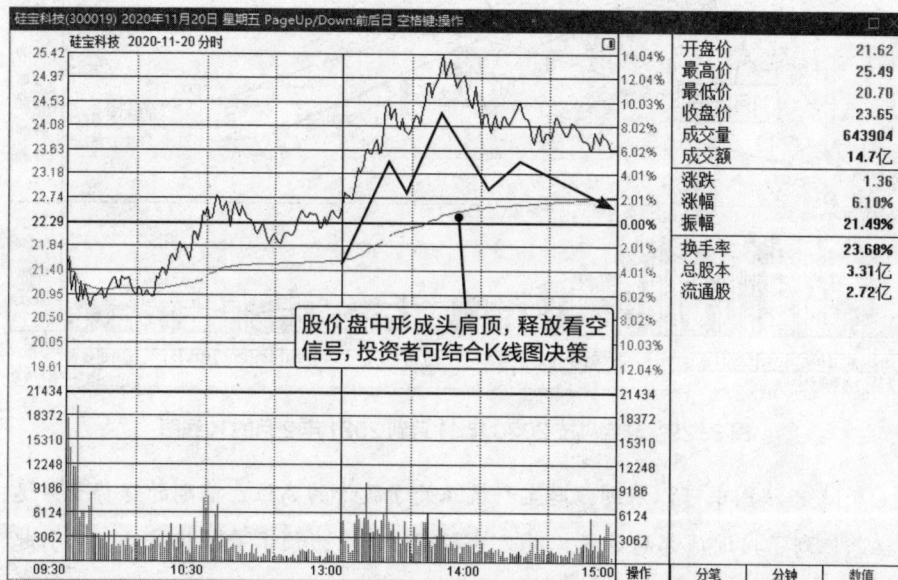

图 3-28　硅宝科技 2020 年 11 月 20 日的分时图

从图中可以看到，硅宝科技在 2020 年 11 月 20 日这天以低价开盘，在横盘震荡一段时间后逐渐上涨，运行到前日收盘价附近。在下午时段开盘后，股价涨势不减，迅速到达 24.53 元的位置，随后回落到 24.08 元附近，左肩形成。

回落受到支撑后股价再次上扬，很快便到达了 25.42 元附近并受阻下跌，低点同样位于 24.08 元附近，头部形成。随后，股价第三次上涨，到达 24.53 元的位置后迅速下跌，右肩形成。后续股价跌破了支撑线后短暂回抽，最终受空方打压继续下跌，头肩顶成立。

尽管当日收盘价处于前日收盘价上方，但这个头肩顶的形态十分清晰，依旧传递出了卖出信号，犹豫不决的投资者可以参考 K 线图中的走势。

如图 3-29 所示是硅宝科技 2020 年 11 月到 2021 年 2 月的 K 线图。

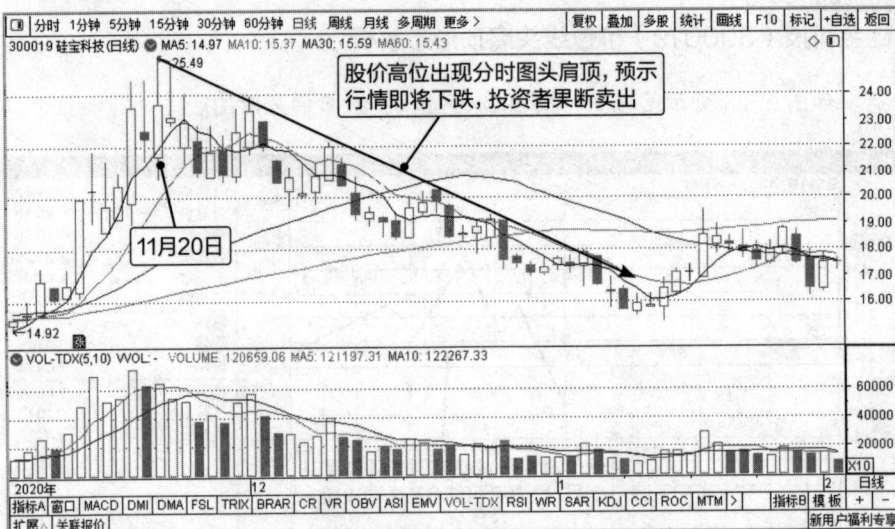

图 3-29　硅宝科技 2020 年 11 月到 2021 年 2 月的 K 线图

从 K 线图中可以看到，硅宝科技正处于股价的高位，前期的涨势十分迅猛。但到了接近顶部的位置，成交量却有所下滑，预示着涨势将尽，需引起投资者警惕。

11 月 20 日，股价在分时图中筑出头肩顶的顶部形态，意味着股价冲高回落，行情也即将向着新的方向运行。投资者只要在股价高位确定了分时图头肩顶的形成，就要果断卖出，将收益落袋为安。

第4章

分时涨跌停可实现短线扩收

　　由于证券交易所对上市交易的股票有着涨跌幅度的限制，因此股票在上涨或下跌到当日限制幅度时，就会出现涨停或跌停现象。在分时图中，股价的涨跌停也是很常见的。那么，投资者要如何利用分时图中的涨跌停现象来判断买卖点，扩大自己的收益呢？这就是本章要介绍的内容。

4.1 分时图涨停如何操作

涨跌停板制度是股票市场的管理机构为了防止股市的价格发生暴涨暴跌，进而影响市场的正常运行，对每日股票买卖价格涨跌的上下限做出规定的行为。

简单来说，即每天市场价格达到了上限或下限时，不允许再有涨跌，超过该范围的报价也将视为无效，这一范围就被称为"涨跌停板"。当天市价的最高上限叫"涨停板"，最低下限叫"跌停板"。

在主板市场和中小板市场中，规定了股价在一个交易日中的最大波动幅度为前一交易日收盘价的上下 10%。如果是 ST 和 ★ST 股，其涨跌幅度限制为上个交易日收盘价的上下 5%；而在创业板和科创板市场中，规定的股价在一个交易日中的最大波动幅度为前一交易日收盘价的上下 20%。

如图 4-1 所示分别为主板个股 10% 的跌停板分时图效果和创业板个股 20% 的涨停板分时图效果。

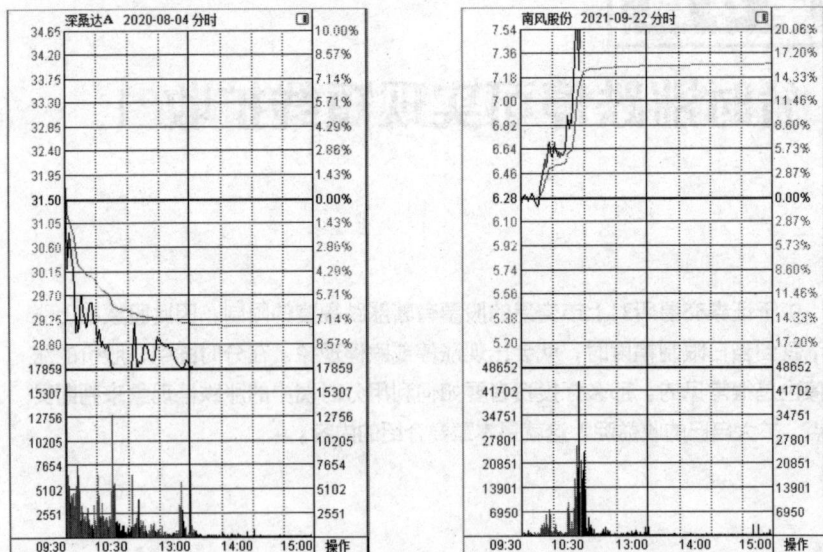

图 4-1　主板个股 10% 的跌停板效果（左）与创业板个股 20% 的涨停板效果（右）

在分时图中出现的不同涨跌停现象，能够为投资者提供大量的参考信息。市场是走牛还是走熊、场内是否有主力参与操盘、投资者是否应该跟进或卖出等，都可以从涨跌停形态中分析出来。因此，对于涨跌停现象的分析也是投资者需要掌握的。

4.1.1 开盘推高涨停解析

开盘推高涨停指的是股票在开盘后半小时内，价格被一波一波向上推高，整体呈现锯齿状或是稳定的斜线上涨，最终在某一时刻到达涨停板。

这样的走势是市场强势的表现，多方推涨力量持续且稳定，市场预期基本一致。同时，股价被封在涨停板上的时间越长，说明市场的做多意愿越强烈，后市上涨空间越大；反之，市场可能产生分歧，后市看多信号并不是太可靠。

开盘推高涨停出现的位置不同，其表示的含义也不同。

- ◆ **在上涨阶段出现开盘推高涨停：**意味着市场积蓄的多方力量开始进攻，股价的拉升即将开始或是已经开始，后市高度看好，投资者可趁机在整理期或是回踩期入场。

- ◆ **在股价高位出现开盘推高涨停：**可能是主力出货时的诱多行为，通过股价高位再次拉升，营造出上涨空间巨大的假象，诱导投资者追涨达到出货目的。场外投资者在高位遇到这样的走势一定要警惕，避免入场被套，场内的投资者也可以借机跟随主力出货。

- ◆ **在下跌阶段出现开盘推高涨停：**意味着多方力量开始反攻，大幅反弹可能即将到来，投资者可以抓紧机会抢筹入场，将这一段反弹的涨幅收入囊中。

下面来看具体的案例。

示例讲解

宇晶股份（002943）上涨高位开盘推高涨停形态解析

如图 4-2 所示是宇晶股份 2021 年 12 月 31 日的分时图。

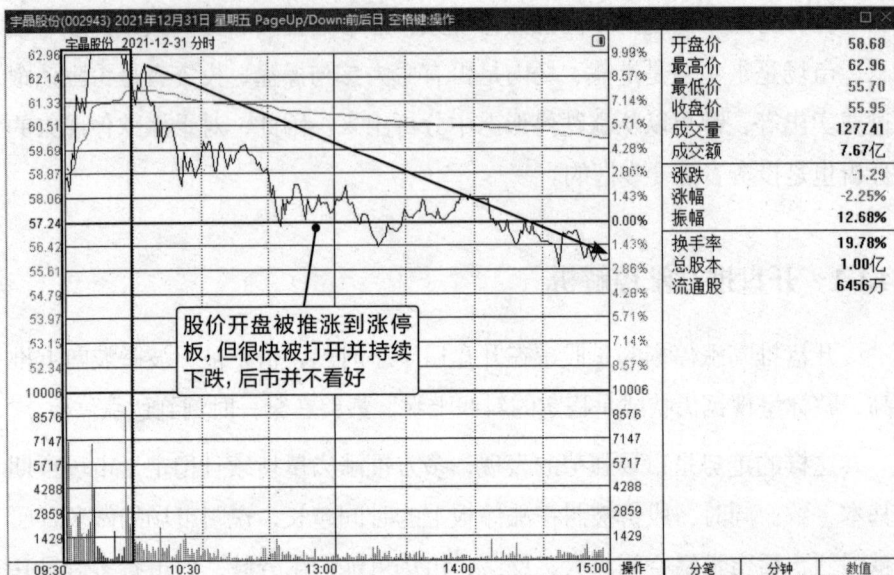

图 4-2　宇晶股份 2021 年 12 月 31 日的分时图

从图中可以看到，宇晶股份在 2021 年 12 月 31 日这一天是以高价开盘，并且在开盘后就被大单向上推涨，股价呈锯齿状攀升，很快便到达涨停板的位置，随后被封住。

不过好景不长，在 9:56 左右成交量出现一笔天量大单，直接将涨停板砸开。股价在回落到 61.33 元左右反弹了数分钟，但最终还是向下滑落，进入了长时间的下跌。

股价在开盘被快速推涨到涨停板是典型的开盘推高涨停形态，但之后又被大单砸开形成了快速下跌，这样的走势看起来并不像后市看好的信号，那么投资者此时就要结合 K 线图来进一步判断。

如图 4-3 所示是宇晶股份 2021 年 11 月到 2022 年 3 月的 K 线图。

从 K 线图中可以看到，宇晶股份正处于行情的高位处。在 2021 年 11 月到 12 月期间，股价的涨势表现得十分迅猛，但成交量却在走下坡路，与价格之间无法形成配合。股价在失去成交量支撑的情况下，上涨空间十分有限。

因此，在 12 月底出现的股价滞涨就显得非常危险，该股随时可能反转下跌。而 12 月 31 日，股价开盘出现了推高涨停形态，这无疑是主力的出货手段，试图带动市场追涨情绪，以达到拉高出货的目的。

但机警的投资者在观察到量缩价涨的背离状态时，就已经有所准备，因此这部分投资者就能够在主力拉出涨停时趁机抛货，以赚取更大幅度的收益。而警惕的场外投资者也不会盲目追涨，由此可见对涨跌停形态分析的重要性。

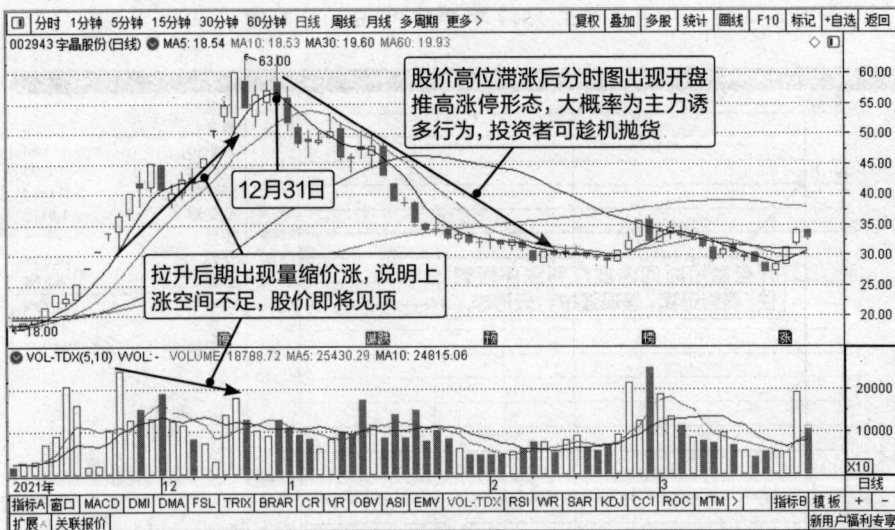

图 4-3　宇晶股份 2021 年 11 月到 2022 年 3 月的 K 线图

4.1.2　开盘强拉封板解析

开盘强拉封板指的是股票在开盘后很短时间内就被大单拉到了涨停板上封住，整体走势非常陡峭，几乎没有停顿或是震荡，后续也不会再开板。

开盘强拉封板形态与开盘推高涨停形态非常相似，其预示意义和出现位置也大致相同，只是强拉封板形态的看多信号更为强烈，出现在上涨过程中的可能性更大。

同时，开盘强拉封板形态也有可能是基本面消息的刺激导致的，比如上市公司突然曝光资产重组计划、优秀财报预告等利好消息时，在技术面上就会以强拉封板形态体现出来。

下面来看具体的案例。

示例讲解

中信重工（601608）上涨初期开盘强拉封板形态解析

如图4-4所示是中信重工2019年2月25日的分时图。

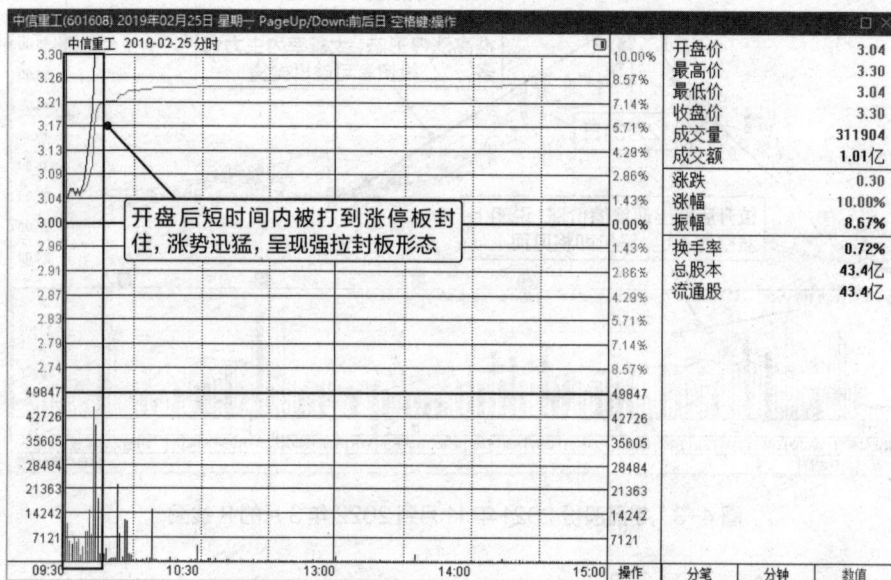

图4-4　中信重工2019年2月25日的分时图

从图中可以看到，中信重工在2019年2月25日这天是以高价开盘，开盘最初几分钟成交量并不活跃，股价围绕开盘价横盘运行。9:35左右，成交量开始逐步放量，推动股价迅速呈斜线上冲，9:42时成交量量能急剧放大，直接将股价打到了涨停板上，并彻底封板。

股价从开始上涨到接触到涨停板用时只有几分钟，整体上冲势头非常迅猛，几乎没有停顿或是整理。并且在整个交易日内都没有再开板，这是比较标准的开盘强拉封板形态，发出的买入信号强烈。

那么此时再结合 K 线图来看是否应该买进。

如图 4-5 所示是中信重工 2019 年 1 月到 4 月的 K 线图。

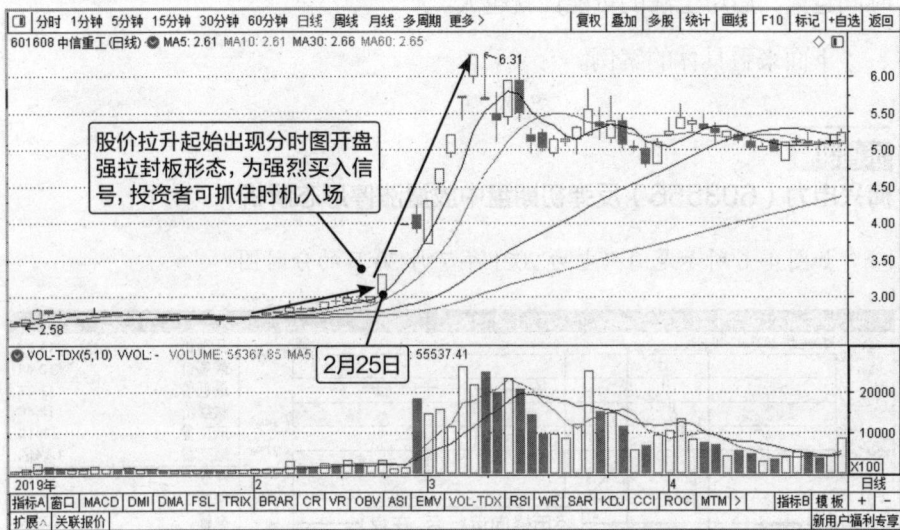

图 4-5　中信重工 2019 年 1 月到 4 月的 K 线图

从 K 线图中可以看到，中信重工正处于上涨阶段，并且在 2 月迎来一波大幅拉升。而 2 月 25 日正处于这一段拉升的初始位置，在此之前股价已经开始缓慢上涨。

结合 K 线图中的位置来看，投资者在股价开始上涨的时候就应该引起关注了。一旦分时图走势出现开盘强拉封板的形态，意味着拉升即将开始，投资者要抓住机会迅速在封板之前买进。

没来得及进场的投资者也不必懊恼，只要时刻关注该股，在回调或是开板时趁机入场，也可以获得不错的收益。

4.1.3　盘中放量涨停解析

盘中放量涨停指的是股票在盘中被不断放大的成交量推高，最终打到涨停板并封住的形态。在此之前，股价可能呈现为横盘、震荡或缓慢上涨的走势。

这样的形态意味着场内多空双方在经过斗争之后，空方力量被消耗殆尽，多方力量占据绝对优势，市场预期基本朝着看涨方向倾斜。并且封板时间越久，后市上涨的可能性就越大。

下面来看具体的案例。

示例讲解
海兴电力（603556）反弹初期盘中放量涨停形态解析

如图 4-6 所示是海兴电力 2021 年 7 月 30 日的分时图。

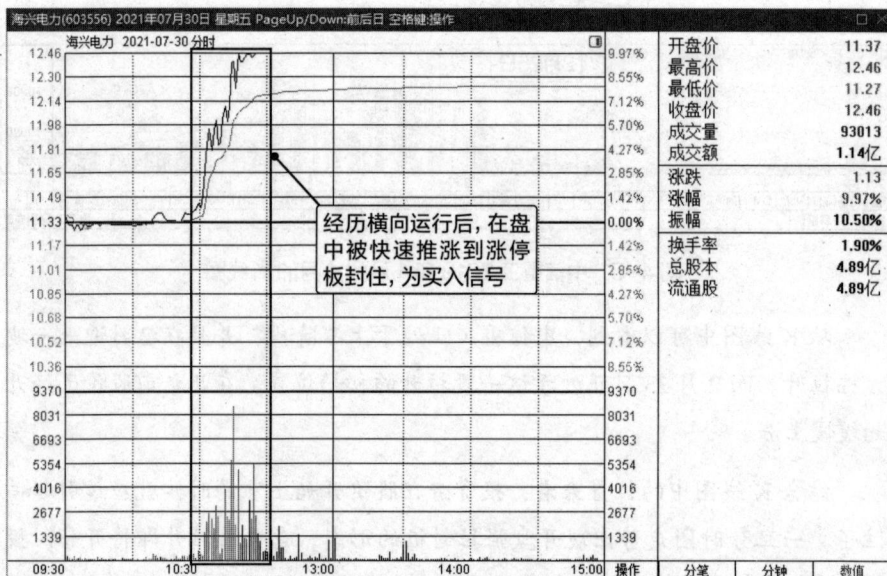

图 4-6　海兴电力 2021 年 7 月 30 日的分时图

从图中可以看到，海兴电力在 2021 年 7 月 30 日几乎是以平价开盘，开盘后成交量表现非常萎靡，股价失去动力，也只能围绕前日收盘价横向运行。

10:30 之后，成交量开始呈阶梯式放大，并且速度越来越快，而股价也在突然增加的推动力下快速上冲，经过一系列震荡和回踩后，最终在 10:47 左右接触到了涨停板。股价在后面几分钟虽有震荡开板交易，但很快就被重新封住，直至收盘。

股价在这一天的分时图中呈现出了盘中放量涨停的形态，并且封板时间较长，后市大概率会上涨，投资者可以结合 K 线图来判断入场时机。

如图 4-7 所示是海兴电力 2021 年 6 月到 9 月的 K 线图。

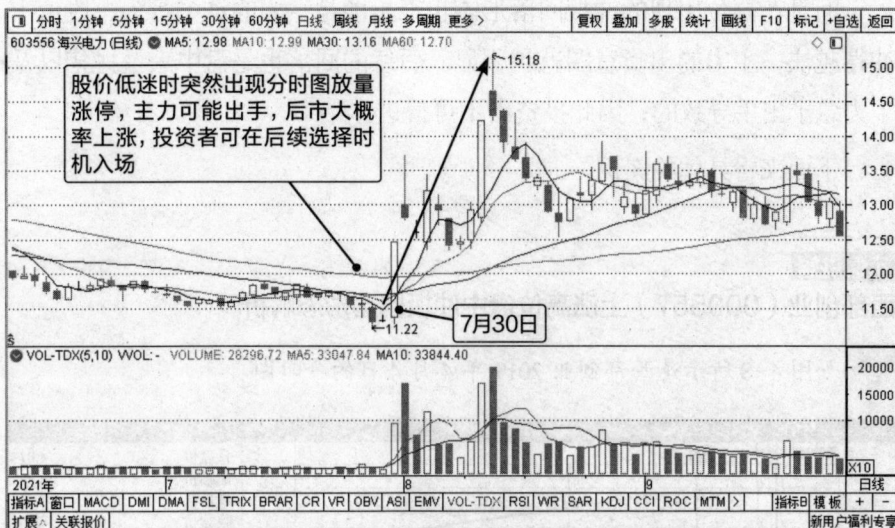

图 4-7　海兴电力 2021 年 6 月到 9 月的 K 线图

从 K 线图中可以看到，海兴电力在 6 月到 7 月期间是处于下跌行情的，而这段时间的成交量也表现萎靡。因此，在市场失去热情的情况下，7 月 30 日当天前期出现的交投冷淡现象也是正常的。

在没有任何预兆的情况下，7 月 30 日股价突然在盘中出现放量涨停的形态，就很有可能是主力出手，那么后市大概率是会上涨的。投资者遇到这样的情况时往往来不及反应，但可以在第二个交易日开板后再买进，抓住这一段反弹涨幅。

4.1.4　盘中冲板回落解析

盘中冲板回落指的是股价在盘中被成交量推到涨停板上后并未封住，或是只封住了很短的时间，便出现回落或被大单砸开，整体呈现冲高回落的状态。

这样的形态常出现在行情的高位或是阶段的高位，与分时图中的顶部形态如倒 V 形顶的预示含义有些类似，但盘中冲板回落的形态更为极端和剧烈，成交量也可能会更加活跃。

而且在高位出现的冲板回落形态也很可能是主力的诱多行为，股价上冲得越快，主力的出货意图就越明显。后续的回落也是盘中大量抛售以及主力急于出手导致的，因此投资者不可冒进。

下面来看具体的案例。

示例讲解

西部创业（000557）上涨高位盘中冲板回落形态解析

如图 4-8 所示是西部创业 2019 年 4 月 4 日的分时图。

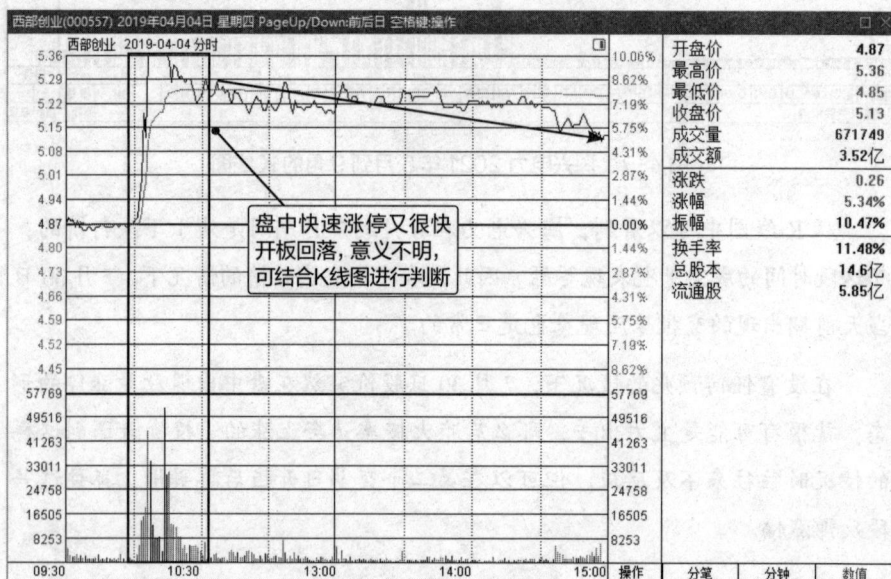

图 4-8　西部创业 2019 年 4 月 4 日的分时图

从图中可以看到，西部创业在 2019 年 4 月 4 日这一天以标准的平价开盘，开盘后成交量并未出现大幅度的放量，股价在近半个小时的时间内都围绕前日收盘价横盘。

　　10:00 之后，成交量开始迅速放出大量，股价急速上冲，几分钟内就接触到了涨停板并封住。但此次封板的时间并不长，在 10:13 左右，股价就被成交量的大单从涨停板上砸下来，回落到 5.22 元附近开始震荡，最终以 5.13 元的价格收盘。

　　股价在分时图中呈现了盘中冲板回落形态，其预示意义还需要结合 K 线图中的表现来判断。

　　如图 4-9 所示是西部创业 2019 年 2 月到 7 月的 K 线图。

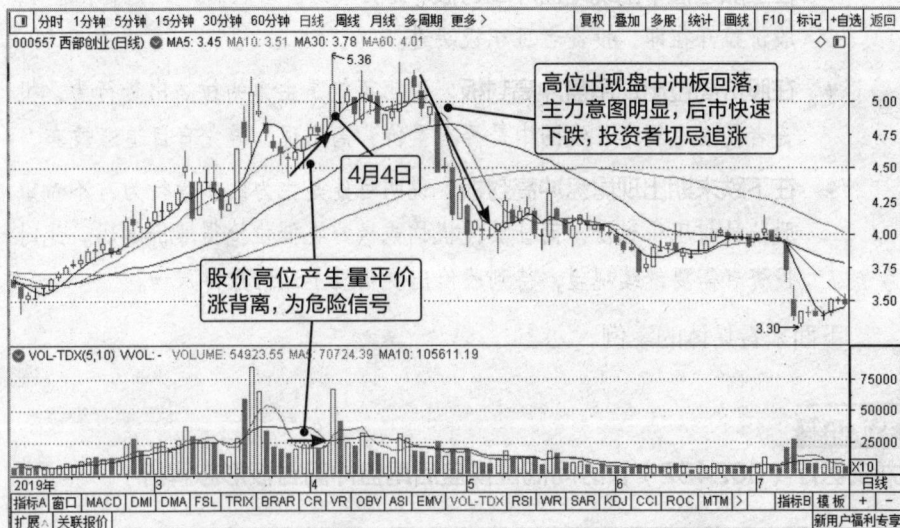

图 4-9　西部创业 2019 年 2 月到 7 月的 K 线图

　　从 K 线图中可以看到，西部创业正处于股价的相对高位，在 2 月到 3 月期间一直在稳定上涨，成交量也在不断放量。

　　不过在 3 月中下旬出现一次快速下跌之后，成交量就再没有恢复到之前的高度，但股价依旧在上涨，与成交量之间产生了量平价涨的背离，这在股价高位是非常危险的。

　　那么在 4 月 4 日出现的盘中冲板回落形态代表的就是股价见顶的含义，主力出货意图比较明显。投资者只要注意到股价高位的量价背离状态，就应该明白此时的情形，切忌追涨。

4.1.5 尾盘冲高封板解析

尾盘冲高封板指的是股价在盘中走势平平或是小幅震荡，但在接近收盘的 30 分钟内，成交量骤然放出大量，将股价迅速推到涨停板上封住，直至收盘。

这样的走势出现在不同的位置，其含义也不尽相同，对应的操作策略也不同，具体如下。

- ◆ **在上涨过程中出现尾盘冲高封板：** 说明市场情绪热烈，多方开始进攻，股价拉升在即，投资者可积极买进。

- ◆ **在股价高位出现尾盘冲高封板：** 说明可能是主力的拉高出货行为，投资者需注意观察 K 线图中是否有量价背离出现，避免盲目追涨被套。

- ◆ **在下跌末期出现尾盘冲高封板：** 说明可能是主力的护盘行为，不希望股价被打压得过低，而让其他机构或散户在低位抢得廉价筹码。此时投资者需要继续观望，待到股价出现明显上涨信号再入场。

下面来看具体的案例。

示例讲解

九安医疗（002432）长时间低位横盘后尾盘冲高封板形态解析

如图 4-10 所示是九安医疗 2021 年 11 月 15 日的分时图。

从图中可以看到，九安医疗在 2021 年 11 月 15 日这一天是以高价开盘，股价在开盘后有所上涨，之后股价在 6.99 元到 7.09 元的价格区间内长时间横盘震荡。

下午时段开盘后，成交量活跃度提升，股价开始上扬并突破了盘整区间的压制线，整体呈阶梯状一波一波上涨。进入尾盘几分钟后，成交量突然放出一波巨大的量能，直接将股价一举打到了涨停板上封住，直至收盘。

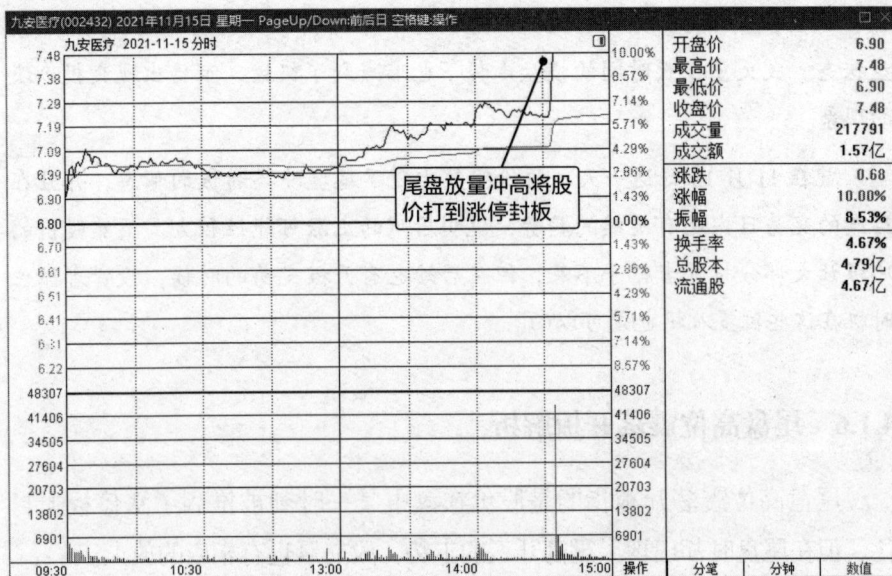

图 4-10 九安医疗 2021 年 11 月 15 日的分时图

这是比较典型的尾盘冲高封板形态，从成交量来看，市场还未做出及时的反应，投资者游移不定，此时就要借助 K 线图来分析。

如图 4-11 所示是九安医疗 2021 年 9 月到 12 月的 K 线图。

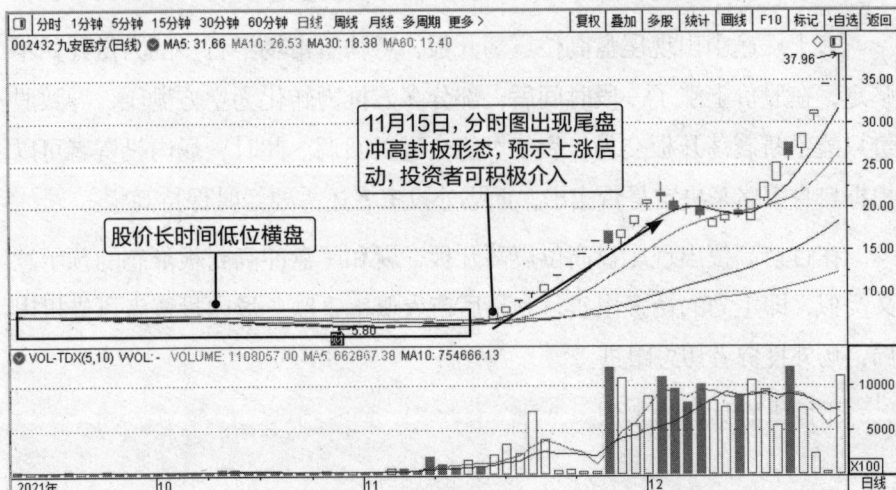

图 4-11 九安医疗 2021 年 9 月到 12 月的 K 线图

从 K 线图中可以看到，九安医疗在 9 月到 11 月中旬之前都处于低位的横盘状态。成交量在长时间的横盘走势下也缩减到了极致，市场出现交投冷淡的现象。

就在 11 月 15 日这一天，股价突然出现了尾盘冲高封板的形态，并且在后续的交易日内还有延续的趋势，说明后市的上涨可能性较大。虽然股价的冲板让大部分投资者措手不及，但在后续也有开板交易的时候，投资者抓住时机在这些位置入场也是可以的。

4.1.6 尾盘高位震荡开板解析

尾盘高位震荡开板指的是股价在盘中某一时刻被推到了涨停板上封住，但在尾盘时却出现了震荡开板的走势，成交量也有相应的放大。

这样的走势常出现在上涨阶段和行情高位，不同位置，其市场意义和操作策略不同。

如果在上涨初期出现尾盘高位震荡开板，意味着主力可能在拉高吸筹，不断打开又封住的手法正是为了防止其他机构和散户抢筹。在其蓄势完毕后，股价可能很快进入拉升阶段，投资者可积极参与。

在上涨途中出现尾盘高位震荡开板，意味着市场中看多的力量开始不坚定，在股价上涨了一段时间后，部分多方推力转化为空方抛压，导致股价只能不断震荡开板交易，后续可能会进入回调。此时，场内投资者可以根据自身策略来决定是否卖出，而场外投资者还需要暂时保持观望。

在行情高位出现尾盘高位震荡开板，就和尾盘冲高封板形态的预示意义类似，即主力的诱多出货行为，后市大概率下跌。场内投资者可借机出局，场外投资者切忌跟进。

下面来看具体的案例。

示例讲解

海洋王（002724）上涨途中尾盘高位震荡开板形态解析

如图 4-12 所示是海洋王 2021 年 7 月 12 日的分时图。

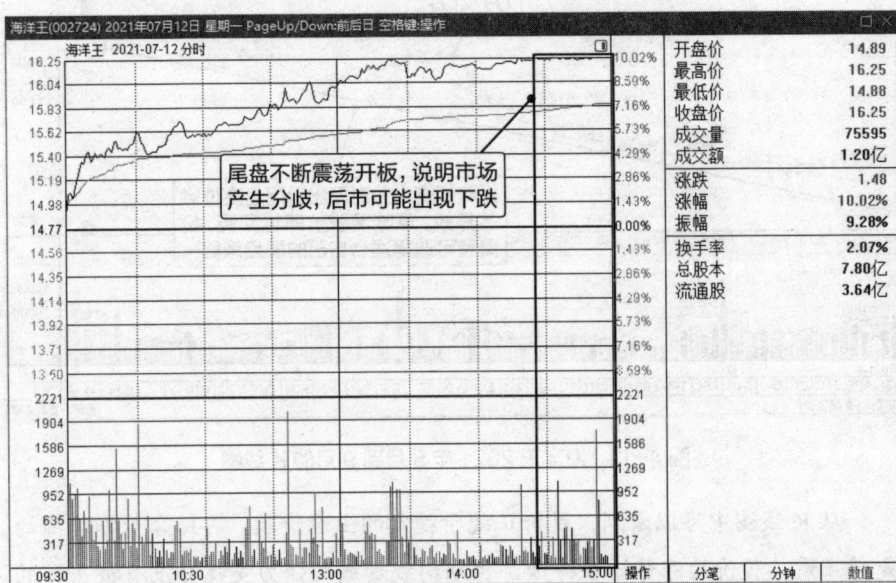

图 4-12　海洋王 2021 年 7 月 12 日的分时图

从图中可以看到，海洋王在 2021 年 7 月 12 日是以高价开盘，在开盘后就被活跃的成交量不断向上推涨。股价在盘中呈现出稳定且持续的上涨走势，表现出市场的积极氛围。

在下午时段开盘后不久，股价就接触到了涨停板，但并未停留太长时间就开始回落，随后在涨停板附近徘徊震荡。

接近尾盘时，股价的震荡幅度变小，但开板频率更为密集。可以看出，股价一直试图封板，但不断涌现的成交大单却在不断将其砸开，可见市场中的抛压还是比较重的。

虽然股价最终还是成功封板收盘，但场内已经积累了不少浮筹，后续可能会下跌，投资者需要根据 K 线图的走势来确定是否离场。

如图 4-13 所示是海洋王 2021 年 5 月到 9 月的 K 线图。

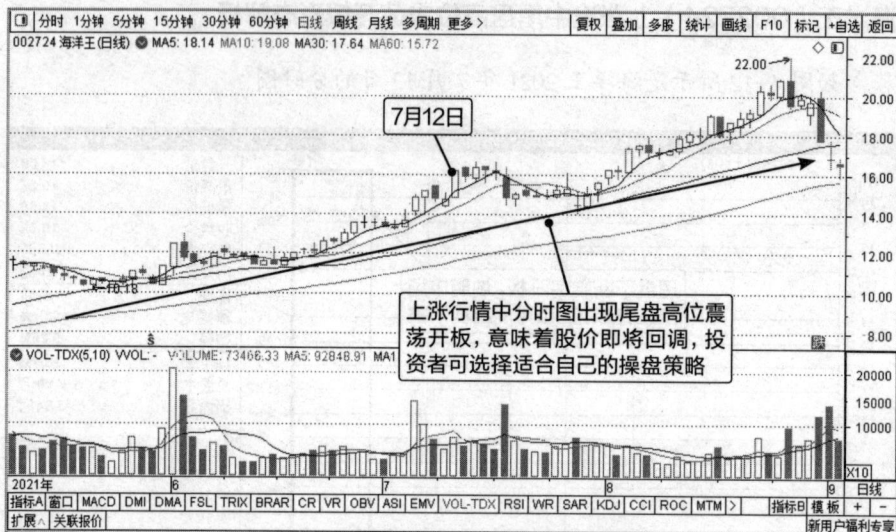

图 4-13　海洋王 2021 年 5 月到 9 月的 K 线图

从 K 线图中可以看到，股价正处于稳定的上涨阶段，再结合长期均线的走势来看，股价的涨势还在持续，长期均线形成的强力支撑并没有被击穿的迹象。

因此投资者基本可以判断，股价还存在上涨空间。那么在 7 月 12 日出现的尾盘高位震荡开盘形态，就意味着股价可能出现回调，但大概率不会跌破长期均线的支撑。投资者可以继续持有，也可以止盈出局。

4.2　分时图跌停如何决策

在分时图中，不仅涨停形态能够为投资者传递大量信息，跌停形态同样包含了不少内容。

通常情况下，跌停形态的出现都伴随着市场的剧烈波动，有时是受基本面利空消息影响导致的崩盘，有时是股价估值过高导致的估值修复，有时又是主力介入的表现。

由于不同的因素导致的跌停现象代表的含义可能大相径庭，对应的操作策略也不一样。因此，投资者需要对股价的跌停现象进行详细了解。

4.2.1　开盘滑坡跌停解析

开盘滑坡跌停指的是股价在开盘后受成交量打压，呈阶梯式或锯齿状下跌，最终在 30 分钟内被拉到跌停板上。

在开盘就出现跌停的走势，说明股价整体处于弱势，市场在短时间内的预期集中在看空一方。股价被封在跌停板上的时间越长，说明越不被市场看好，那么后市下跌的可能性越大；反之，多方的力量也在反弹，后市情况暂不明朗，需要结合多项因素考量。

一般来说，开盘滑坡跌停形态出现的位置不同，对应的操作策略就不同，具体有以下 3 种情况。

①如果形态出现在拉升末期，说明很可能是比较极端的主力介入清理浮筹行为，跌幅难以判断，投资者暂时出局为佳。

②如果形态出现在行情高位，那么就预示着股价见顶，后市看空，投资者需果断出局。

③如果形态出现在下跌末期，就意味着可能是主力的卧底吸筹行为，投资者则要积极跟进。

下面来看具体的案例。

示例讲解
网宿科技（300017）上涨高位开盘滑坡跌停形态解析

如图 4-14 所示是网宿科技 2019 年 3 月 11 日的分时图。

从图中可以看到，网宿科技在 2019 年 3 月 11 日这天是以高价开盘，在开盘后便被大笔成交量直接拉低向下，在 16.30 元的价位线上方止跌回升后又再次下滑。股价的整体跌势呈锯齿状，最终在 10:00 左右被拉低到跌停板上封住，直至收盘都没有再打开。

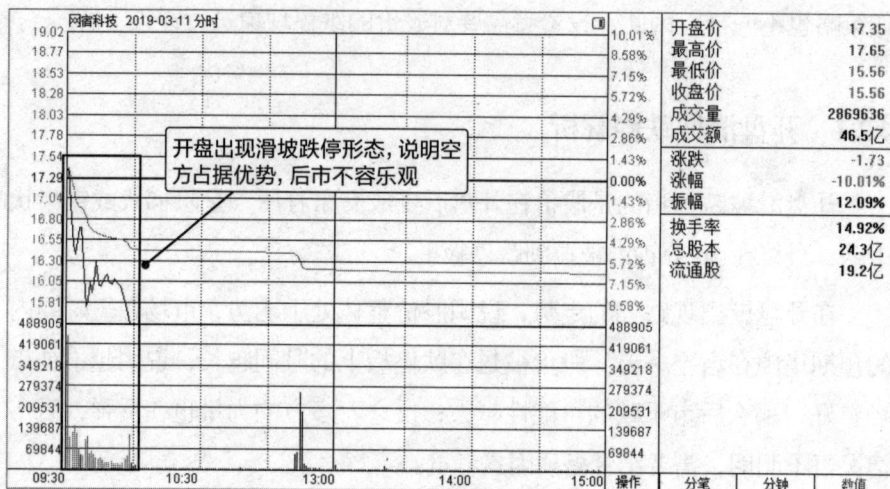

图 4-14　网宿科技 2019 年 3 月 11 日的分时图

　　如此长时间的封板走势代表了趋势的走弱，市场中空方的力量占据绝对优势，后市发展不容乐观，下面再来看 K 线图中的走势如何。

　　如图 4-15 所示是网宿科技 2019 年 1 月到 5 月的 K 线图。

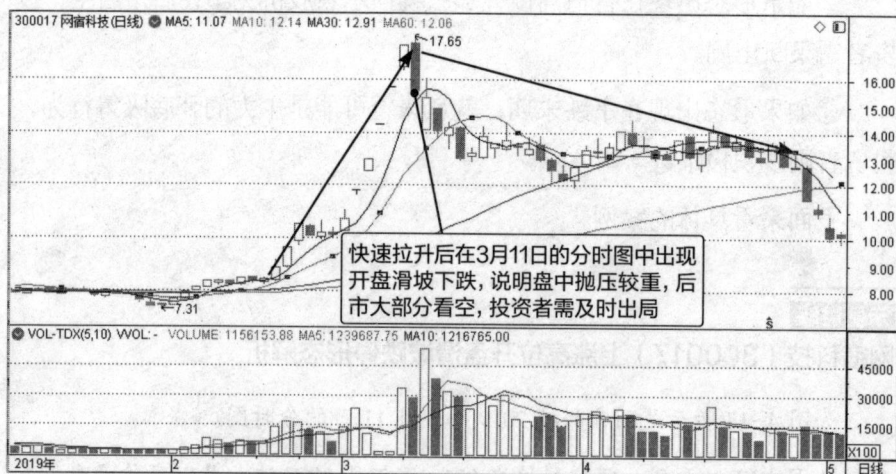

图 4-15　网宿科技 2019 年 1 月到 5 月的 K 线图

从 K 线图中可以看到，网宿科技正处于阶段高位处。其中 2 月到 3 月初这段时间内，股价的拉升非常迅猛，接连出现一字涨停，导致盘中积累了大量亟待抛出的筹码。

而 3 月 11 日正是连续涨停结束的第二个交易日，在此位置开盘就出现滑坡跌停的形态，已经充分说明了盘中抛压的强大，以及市场做空的决心。那么后市大概率会继续下跌，投资者无须犹豫，及早出局为佳。

4.2.2　开盘跳水跌停解析

开盘跳水跌停指的是股价在开盘后短时间内就被大单直接打压到了跌停板上封住。该形态的整体走势比较急促和短暂，股价跌势呈一条斜线或弧线下跌，并且后续都不会再开板。

开盘跳水跌停形态与开盘滑坡跌停形态比较相似，但是走势更为极端，对后市下跌的预示也更为鲜明，并且常常出现在股价连续下跌的过程中。

因此投资者在下跌阶段遇到这样的分时形态时，就不能有侥幸心理，尽早出局才能及时止损。

下面来看具体的案例。

示例讲解
金莱特（002723）下跌初期开盘跳水跌停形态解析

如图 4-16 所示是金莱特 2022 年 1 月 27 日的分时图。

从图中可以看到，金莱特在 2022 年 1 月 27 日这一天是以低价开盘。开盘后第一分钟就出现了成交量大单，将股价直线下拉砸到了跌停板上封住，直到收盘也没有再开板。

这样的走势在开盘跳水跌停形态中都是比较极端的，市场几乎没有给多方任何反攻的机会，空方掌握了牢固的主导权，后市下跌的可能性非常大。

图 4-16　金莱特 2022 年 1 月 27 日的分时图

在后市不被看好的情况下，投资者还需要看 K 线图中的走势如何。

如图 4-17 所示是金莱特 2021 年 12 月到 2022 年 4 月的 K 线图。

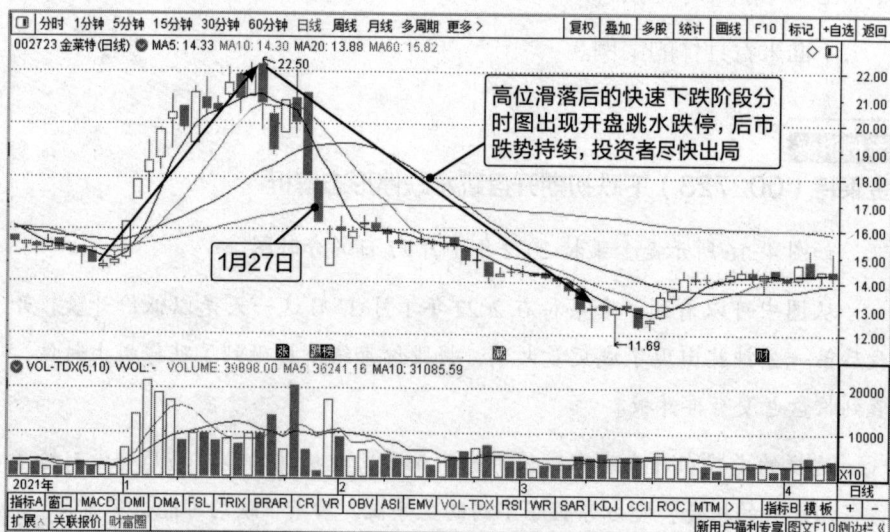

图 4-17　金莱特 2021 年 12 月到 2022 年 4 月的 K 线图

从 K 线图中可以看到，金莱特正处于股价的高位，在 2022 年 1 月中旬之前股价的拉升非常急促。但到了后期成交量难以支撑，股价开始滞涨，走势显得非常危险，最终在 1 月中旬开始下跌。

而 1 月 27 日正处于急速下跌的过程中，在此位置出现比较极端的开盘跳水跌停形态，预示的含义就非常明显了，即后市持续下跌，短时间内难以遏止。投资者需要尽快离场，及时止损。

4.2.3　盘中放量跌停解析

盘中放量跌停指的是股价在开盘后缓慢下跌或是震荡运行，直到盘中某一时刻成交量放量，将股价拉到跌停板上。

这样的形态意味着市场中的买卖双方在经过一段时间的较量和搏杀之后，卖方占据主动地位，不断增大的抛压导致股价加速下跌，最终跌停。而跌停板封住的时间长短，也从一定程度上反映了后市继续下跌的可能性，投资者也要注意甄别 K 线图中的位置。

下面来看具体的案例。

示例讲解
迪贝电气（603320）高位见顶回落盘中放量跌停形态解析

如图 4-18 所示是迪贝电气 2019 年 6 月 6 日的分时图。

从图中可以看到，迪贝电气在 2019 年 6 月 6 日这天是以高价开盘，开盘后便围绕着前日收盘价横盘震荡。

10:07 左右，成交量开始逐渐放量，股价受到影响出现加速下跌。10:13 成交量的量能达到峰值，拖动着股价几乎呈直线下坠，直接砸到了跌停板上，并且封住跌停板直至收盘。

这样的盘中放量跌停形态，走势显得比较急促，并且带有明显的主力介入痕迹，其意图很有可能是出货或者打压。

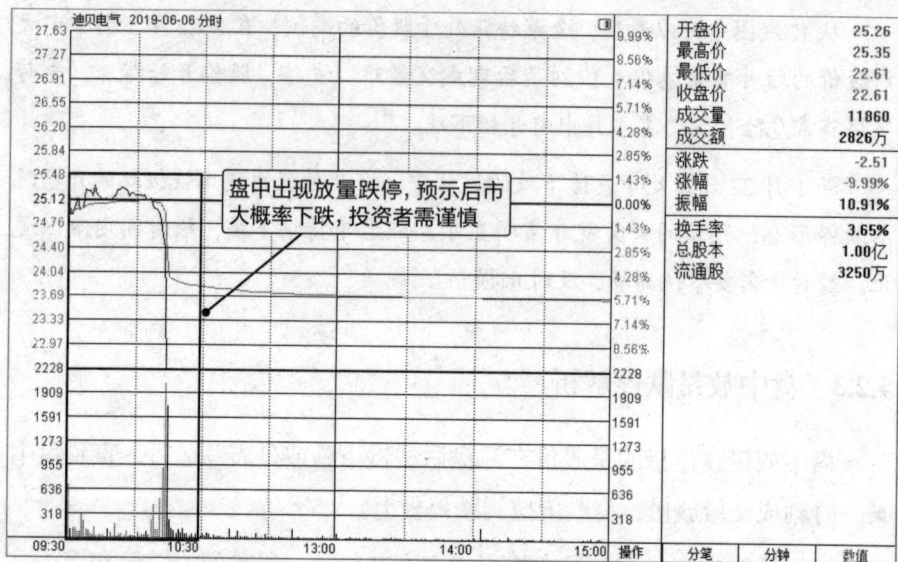

图 4-18 迪贝电气 2019 年 6 月 6 日的分时图

从封板的时间来看，后市不容乐观，投资者需结合 K 线图进行决策。

如图 4-19 所示是迪贝电气 2019 年 3 月到 8 月的 K 线图。

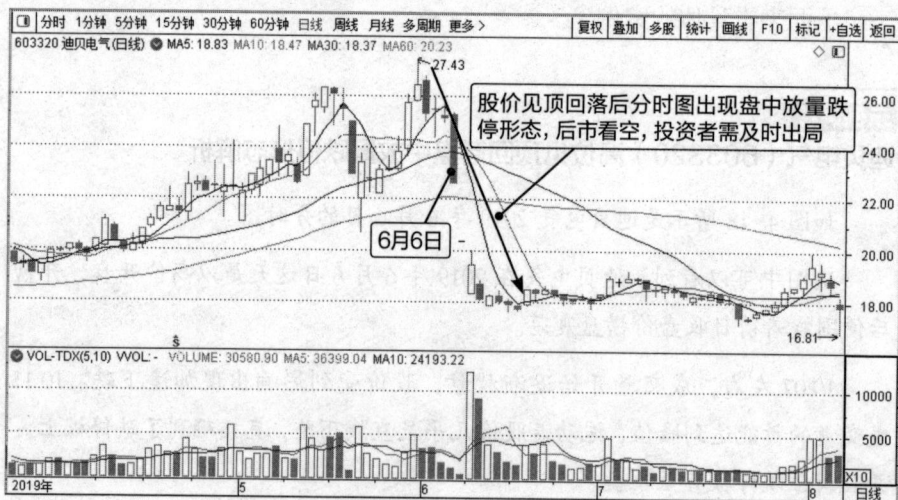

图 4-19 迪贝电气 2019 年 3 月到 8 月的 K 线图

从 K 线图中可以看到，迪贝电气正处于一个阶段的高位，股价在 4 月到

5 月期间都在上涨。但从成交量和整体走势可以看出，股价的涨势已经有些停滞，随时有下跌的可能。

而 6 月 6 日正处于股价再次下跌的过程中，从高位滑落后再出现盘中放量跌停，是非常危险的信号，后市大概率会继续下跌。因此，投资者在股价高位观察到这样的分时形态时，最好及时卖出。

4.2.4　盘中触板回升解析

盘中触板回升指的是股价在盘中某一时刻被拉到了跌停板上，但并未停留太久就再次开板交易，并且在后续出现了向上攀升的走势。

这样的走势说明多方出现了大幅度的反弹，空方不再占据绝对优势，股价难以维持连续的跌停。

如果股价在后续上涨超过了当日开盘价，那么后市上涨的可能性比较大；如果股价仅仅只是回升了一段距离后就横盘运行，收盘价依旧比较低，那么后市走势暂不明朗，投资者还需结合其他因素决策。

同样的，当盘中触板回升的形态出现在不同的位置，其含义和操作策略也不同，具体如下。

◆ **在上涨过程中出现盘中触板回升：**说明可能是主力的拉低清理浮筹行为，通过极端的跌停操作来震仓，洗掉不坚定的浮筹，减轻拉升压力；也可能是急速拉升之后，获利盘集中抛售产生的卖压导致的。投资者此时可以先行卖出观望，待到股价回升时再买进。

◆ **在下跌末期出现盘中触板回升：**说明可能是主力的吸筹行为，通过跌停快速将股价带到低成本区域，达到逢低吸纳的目的，为后续拉升做准备。投资者此时可以保持观望，在股价见底回升后积极入场。

下面来看具体的案例。

联络互动（002280）上涨途中盘中触板回升形态解析

如图 4-20 所示是联络互动 2021 年 6 月 4 日的分时图。

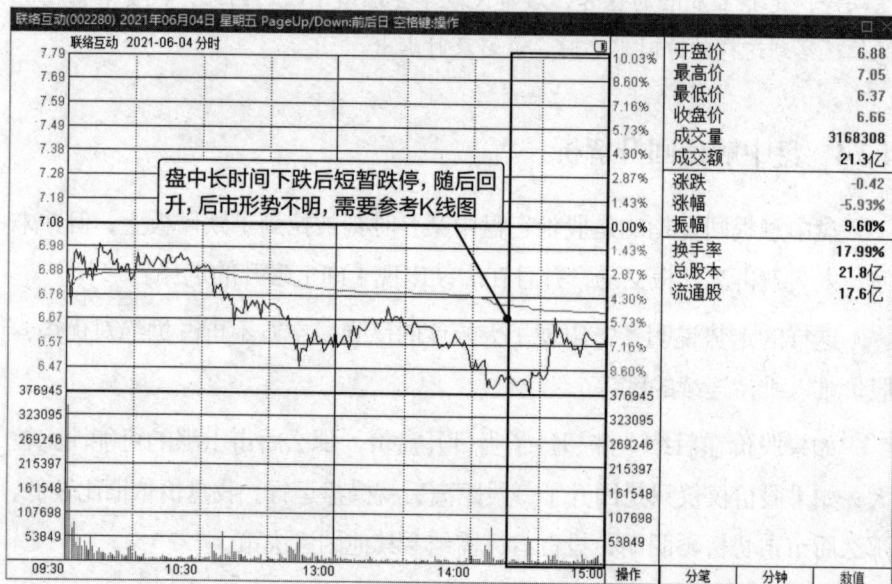

图 4-20　联络互动 2021 年 6 月 4 日的分时图

从图中可以看到，联络互动在 2021 年 6 月 4 日这一天是以低价开盘，股价开盘后就在 6.78 元到 6.98 元的价格区间内不断震荡。

10:30 之后，股价出现快速下跌，在接连震荡与整理之后，股价最终在 6.57 元左右的位置结束了早间的运行。下午时段开盘后，股价开始有所上升，但很快便在 6.67 元的价位线附近受到阻碍回落，呈锯齿状下跌。

14:25 股价已经跌停，但仅接触到了跌停板一分钟，随后便迅速回升，最终以 6.66 元，也就是 5.93% 的跌幅收盘，形成了触板回升的走势。

由于股价回升后并未上涨突破开盘价，因此后市的走势还暂不明朗，投资者需要结合 K 线图进行判断。

如图 4-21 所示是联络互动 2021 年 4 月到 7 月的 K 线图。

从 K 线图中可以看到，联络互动正处于拉升阶段，在 5 月中旬到 6 月初更是出现了连续的一字涨停走势，短时间内就使得股价连翻数倍，说明市场在这段时间内高度看好该股。

但在股价急速拉升的同时，场内的获利盘也在不断积累，部分看多的投资者也在准备开板后抛售。因此，当 6 月 4 日股价彻底开板后，骤增的抛压自然会使得股价一路下跌，甚至短暂跌停。

股价此时还未到达行情的顶部，上涨空间也还没有完全发掘，因此多方依旧有反弹的余力。该股在后续可能会出现一段回调，但上涨大趋势依旧存在，投资者可以先行卖出观望，待到拉升再次开始时就可以进场。

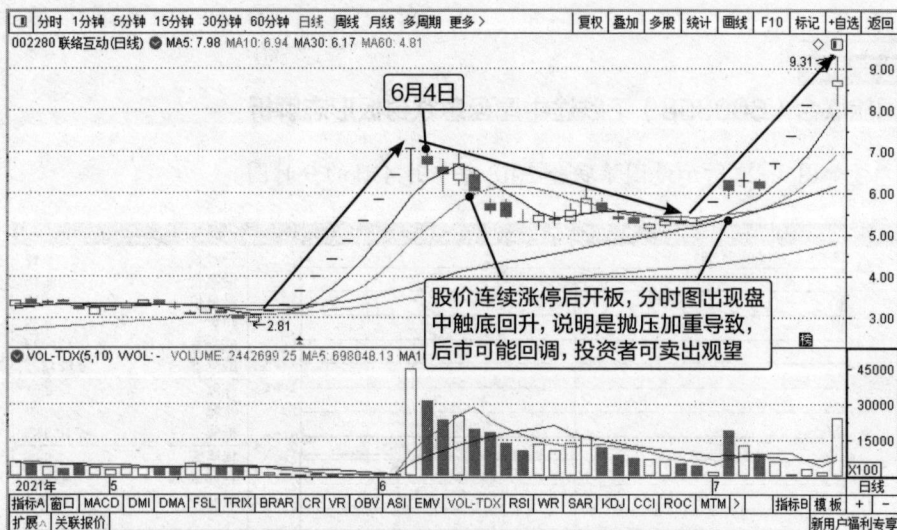

图 4-21　联络互动 2021 年 4 月到 7 月的 K 线图

4.2.5　尾盘急跌封板解析

尾盘急跌封板指的是股价在前期的走势呈缓慢下跌或是处于震荡，在进入尾盘后却被快速拉低至跌停板，并且封板直至收盘。尾盘急跌封板的走势是比较急促的，市场中大部分的投资者可能都来不及反应。

这样的形态往往出现在上涨初期的回调阶段以及股价高位，是比较有分析价值的形态。若形态出现在上涨初期的回调阶段，说明是主力的洗盘震仓行为，后续还有上升空间；若形态出现在股价高位，则代表了资金的大量撤出，主力可能正在出货，后续即将进入下跌。投资者在遇到这样的形态时也要仔细判断，谨慎决策，最好以避开风险为首要考虑因素，择时离场，以免损失加大。

而一旦尾盘急跌封板出现在连续的下跌过程中，就说明市场几乎已经对该股失去信心，产生了集体性杀跌，下跌空间非常大。此时投资者就不能再犹豫，尽快出局为佳。

下面来看具体的案例。

示例讲解
国旅联合（600358）下跌途中尾盘急跌封板形态解析

如图 4-22 所示是国旅联合 2018 年 7 月 4 日的分时图。

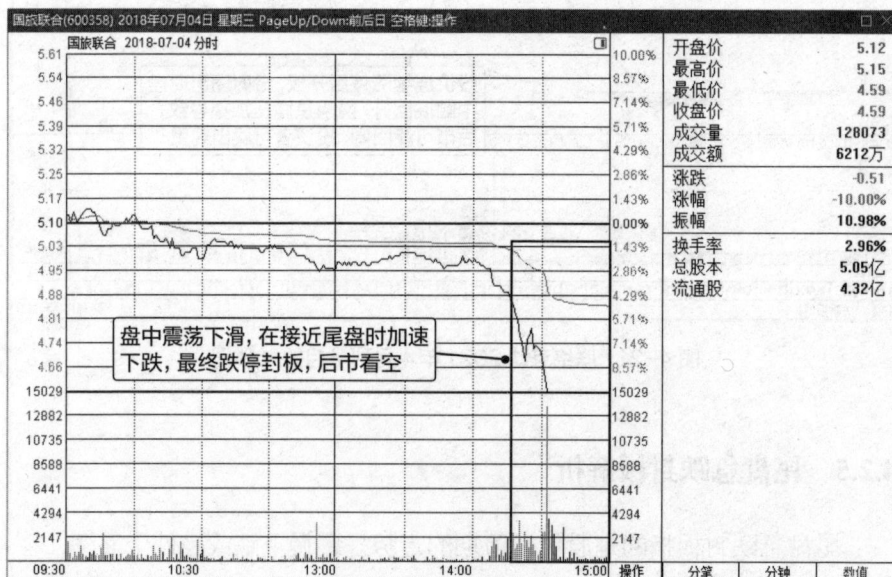

图 4-22　国旅联合 2018 年 7 月 4 日的分时图

从图中可以看到，国旅联合在 2018 年 7 月 4 日这天几乎是以平价开盘，在开盘后，股价便围绕着前日收盘价上下震荡，这样的走势持续了近半个小时。在 10:00 之后，股价出现下跌，逐渐运行到 4.95 元到 5.03 元的价格区间内横盘运行，一直持续到收盘前一个小时。

14:00 之后，成交量开始呈阶梯式放量，不断将股价向下拉低，呈现出急速下跌的走势。在进入尾盘后，成交量再次放出翻倍的大量能，再次加速下拉股价，使其呈直线跌停状态，并且在跌停后就封板，直至收盘。

此时尾盘急跌封板的形态出现，后市大概率会继续下跌，但具体的操作策略还需要投资者结合 K 线图判断。

如图 4-23 所示是国旅联合 2018 年 5 月到 10 月的 K 线图。

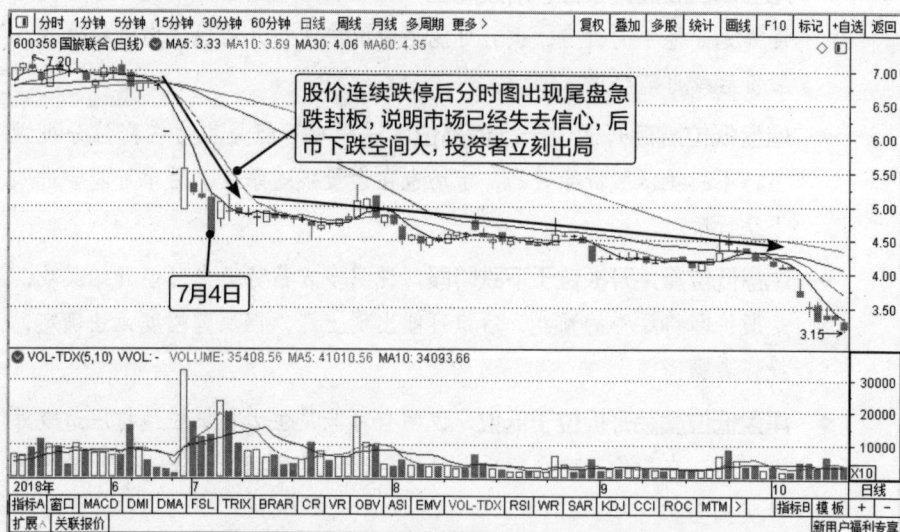

图 4-23 国旅联合 2018 年 5 月到 10 月的 K 线图

从 K 线图中可以看到，国旅联合正处于连续的下跌阶段，并且在 6 月期间股价连续一字跌停，跌势比较凶猛，市场开始失去信心。

而 7 月 4 日正位于跌停板打开后的第 4 个交易日，在股价急速下跌后分时图出现的尾盘急跌封板形态，说明市场预期已经倒向看空一方，短时间内股价难以翻盘。

因此，场内的投资者在此位置观察到这样的分时形态出现时，就需要第一时间离场；而场外的投资者也切忌在此时接盘。

4.2.6　尾盘低位震荡开板解析

尾盘低位震荡开板指的是股价在盘中缓慢下跌或是震荡下跌，在尾盘或是接近尾盘处跌停，但并未彻底封板，而是不断震荡开板交易。

这样的走势说明市场中的预期产生了比较大的分歧，多空双方搏杀激烈，股价不断在接近跌停的位置震荡。如果单独分析尾盘低位震荡开板的走势，是比较难判断后续发展方向的，投资者还是需要结合 K 线图中的位置来考量，具体有以下 4 种情况。

- ◆ **尾盘低位震荡开板位于阶段高位：**说明有可能是主力清洗浮筹、促进浮筹充分换手的行为，也有可能是股价快速拉升后抛压增加导致的，股价后续可能会进入回调。

- ◆ **尾盘低位震荡开板位于行情高位：**说明有可能是主力在高位分批抛售，不断拉低股价导致的，市场也在大量跟随杀跌，后市可能会进入下跌行情。

- ◆ **尾盘低位震荡开板位于下跌阶段：**说明多方蓄势已久可能开始反攻，是股价即将反弹的预兆，后市可能出现上涨，但反弹幅度无法确定，投资者需谨慎。

- ◆ **尾盘低位震荡开板位于低位：**说明有可能是主力在低位边打压边吸筹造成的，在股价止跌企稳后，可能会很快见底回升，是一个比较好的抄底机会。

下面来看具体的案例。

`示例讲解`
世荣兆业（002016）下跌阶段尾盘低位震荡开板形态解析

如图 4-24 所示是世荣兆业 2018 年 7 月 5 日的分时图。

从图中可以看到，世荣兆业在 2018 年 7 月 5 日这一天是以低价开盘，股价在开盘后就开始下跌，盘中成交活跃，导致股价不断震荡，但整体走势一直在下滑。

股价在经历了长时间的下跌后进入了尾盘，而成交量量能在尾盘突然急剧放大，在几分钟内就将股价拉低至跌停板上。

但在后续的时间里，跌停板并未彻底封住，而是在不断起伏的成交量影响下反复开板交易，呈现尾盘低位震荡开板的形态。

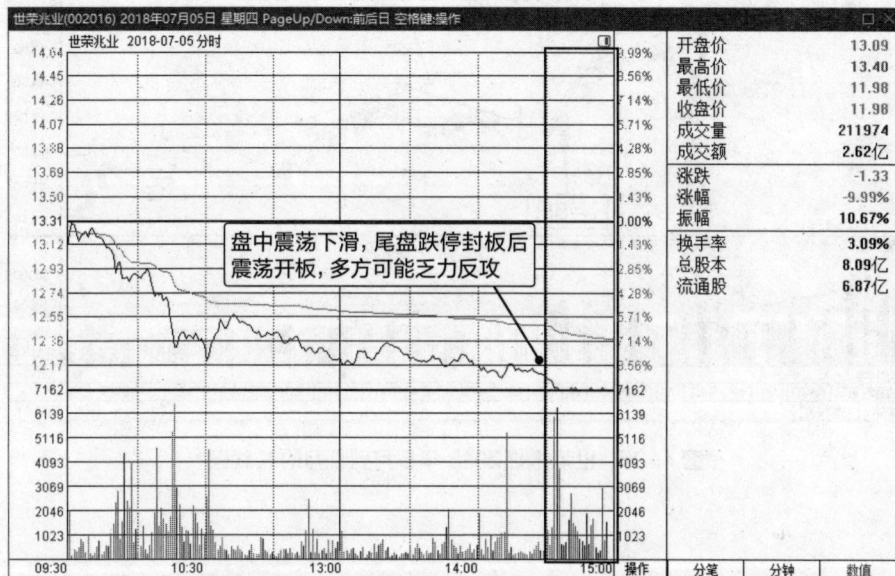

图 4-24　世荣兆业 2018 年 7 月 5 日的分时图

从震荡开板过程中成交量的活跃度来看，多方可能出现反攻，此时投资者就可以结合 K 线图的走势来观察。

如图 4-25 所示是世荣兆业 2018 年 5 月到 9 月的 K 线图。

从 K 线图中可以看到，世荣兆业正处于下跌阶段，而 7 月 5 日是在股价加速下跌的过程中。在此位置出现尾盘低位震荡开板形态，说明股价在后续有反弹的可能，经验丰富的投资者可以轻仓买进。

对于短线投资者来说，抢下跌行情中的反弹涨幅是有可操作性的，但无论是买卖时机还是止盈点止损点的把握，都很难做到精准。

从后市的反弹走势来看，这一波反弹走势比较平淡，涨幅也不大，投资者在这一波抢反弹操作中比较容易被套。由此更加说明了投资者在下跌途中的抢反弹操作一定要轻仓和谨慎，以免遭受损失。

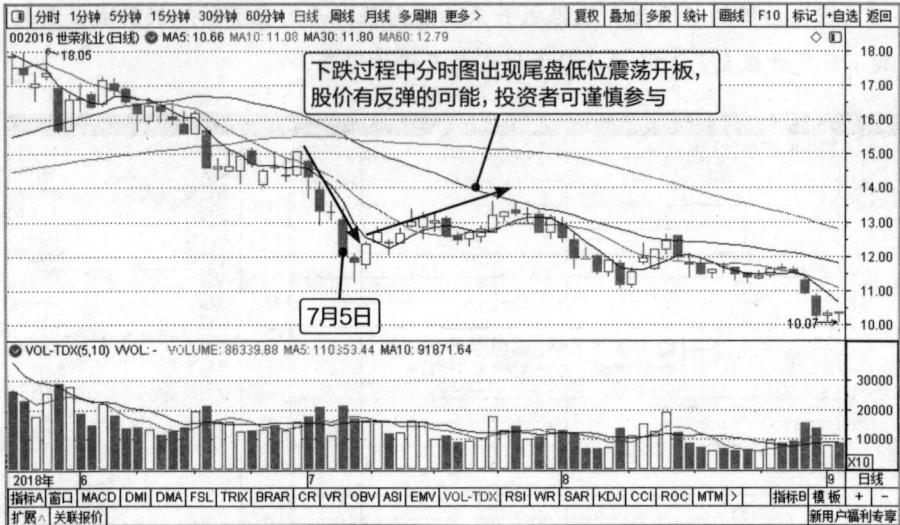

图4-25　世荣兆业2018年5月到9月的K线图

第 5 章

依据分时图做T+0超短线

在A股中有一项交易规则，即在当日买进的股票第二个交易日才能卖出，也就是T+1规则。那么T+0操作是如何实现的呢？短线投资者又该如何利用T+0操作赚取收益呢？本章将进行详细的介绍。

+ ▯ +
  ▯   ○ +
                                                     +

5.1 T+0 超短线操作须知

为了保证 A 股市场的稳定，防止过度投机的行为，从 1995 年开始，A 股开始实行 T+1 交易制度，即当日买进的股票，要到下一个交易日才能卖出。

但是有一部分投资者还是希望做当天买进当天卖出的超短线操作，因此就衍生出了 T+0 操作。

T+0 是一种股票交易手法，指的是在股票成交当天完成股票和价款清算交割手续的操作，也被称为 T+0 回转交易。其中的"T"为 Trade 的英文缩写，意为交易，后面跟随的数字就是在当天买进股票后，最快能够交易的日期。T+0 操作合法合规，并且是从 T+1 规则演化而来，适用于短线投资者。

下面就来了解如何通过 T+1 制度来实现 T+0 操作。

5.1.1 如何实现 T+0

要实现 T+0，首先就需要投资者手中已经持有一只目标股，并且持有期超过了一个交易日，这是一个必要条件。

接下来，投资者就可以在某一个交易日内再次买进一批目标股，待股价上涨到投资者想要抛售时，就可以将已经持有超过一天的那一批筹码卖出，而当日买进的筹码依旧保持持有，如此就完成了 T+0 操作。

下面来看具体的案例。

示例讲解

沙河股份（000014）如何实现 T+0 操作

如图 5-1 所示是沙河股份 2022 年 3 月 18 日和 2022 年 3 月 22 日的分时图。

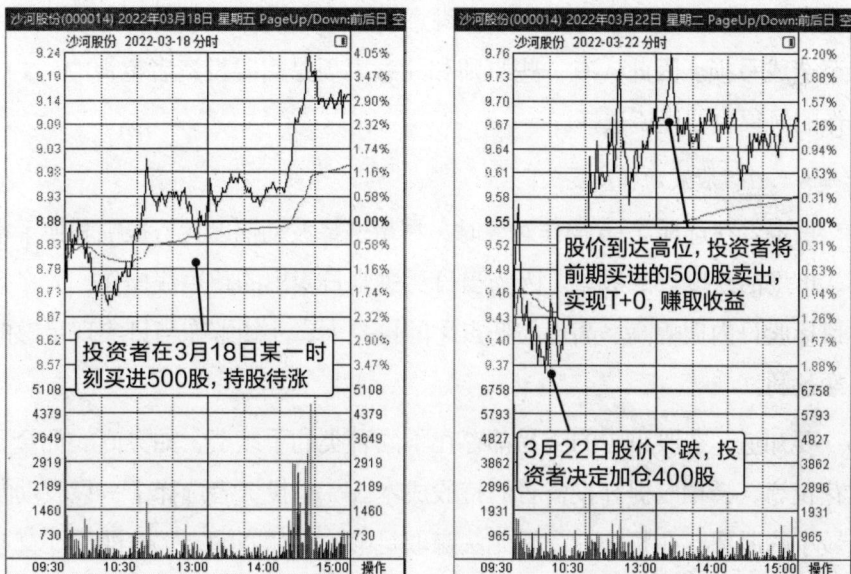

图 5-1 沙河股份 2022 年 3 月 18 日（左）和 2022 年 3 月 22 日（右）的分时图

在 2022 年 3 月 18 日，投资者于低位买进了沙河股份共 500 股，第二个交易日股价上涨，投资者选择继续持有。

到了 3 月 22 日时股价开盘出现下跌，于是投资者决定在低位再次加仓 400 股。随后股价逐渐震荡向上，很快便到达高位，此时投资者认为收益达到了预期，于是在高位处将 3 月 18 日买进的 500 股全部卖出，实现了当日买进当日卖出的超短线操作，赚取了不菲收益。

从案例中可以看到，由于 T+0 操作具有交易速度较快、资金流动迅速、仓位控制灵活和投机性强等特点，因此能够有效降低投资者的持仓风险，提高交易效率，盘中出现大幅变动时也能够及时做出决策。

但 T+0 操作在实施时也需要注意一些原则，避免风险加大。

5.1.2 T+0 的操作原则及适用对象

部分投资者在执行 T+0 时，有时候会因为操作不当、选股错误或者存有侥幸心理，不但没有赚取到令人满意的收益，反而承担了不小的风险，甚至造成亏损。因此，有一些原则和注意事项是需要投资者重视的，T+0操作的对象也要谨慎选择。

◆ 目标股波动幅度要大

投资者在选择 T+0 操作对象时，尽量选择波动幅度大、振幅和换手率高、市场活跃度好的股票。因为当日买进当日卖出的超短线操作，大多需要目标股日内振幅高、高点与低点之间价差大，才能够在当日实现足够的差额盈利。

要知道，在股市中的交易都存在不同种类的手续费，如券商的佣金、印花税等，会相应提高投资者的持股成本。一旦投资者选择了一只波动幅度较小的股票，在频繁交易后无法赚取足够的差额利润，那么即便在交易中没有产生亏损，也有可能无法弥补手续费部分的额外成本。

◆ 尽量选择单边上涨行情

股票在运行过程中会产生下跌、盘整、震荡和上涨等多种走势，而T+0 操作的目的在于单日盈利，那么在上涨行情中的机会显然会更大，风险也会更低。

当然，在下跌行情和震荡行情中也存在不少的盈利机会，只要抓住反弹时机，T+0 产生的效果也和上涨行情差不多。但在这些走势中做 T+0 的风险会相对较大，毕竟在大趋势中空方是占据主动的，投资者在大部分时候都无法准确判断再次下跌的位置，一旦操作失误未能及时离场，那么就有陷入被套旋涡的可能。

因此，投资者在操作 T+0 时不单单需要考虑分时图中的波动，也要仔细观察 K 线图的趋势是如何发展的。风险厌恶型的投资者尽量选择稳定的上涨行情介入，而风险偏好高的投资者还可以尝试在反弹中寻觅机会。

◆ 及时止盈止损很重要

对于短线投资者来说，尤其是在做超短线操作时，止盈止损是极其重要的原则之一，但这也是投资者很难绝对遵守的原则。

在买卖时间相隔比较近的情况下，仅仅 0.5% 的涨跌幅可能都会对收益产生极大的影响。这也导致了部分短线投资者对抄底和卖顶有着非同一般的执念，总是希望自己能将收益最大化，在股价到达高位时依旧紧抓筹码不肯止盈，而在见顶下跌后又抱有侥幸心理不肯止损，最终消耗了时间，花费了精力，却迎来了亏损，得不偿失。

尽管向往更大的利润是人之常情，但在股市中，投资者一定要学会理性，为自己设置合适的止盈点和止损点。就算可能会损失部分涨幅，但已得的收益已经落袋为安，追高的风险也不必承担，这样稳健的操作才能保证收益的稳定。

◆　决策要果断

T+0 操作的本质就是超短线快速买卖，投资者不能如一般的短线操作那样反复考量，犹豫观望。因为分时走势是以分钟计时，机会可能转瞬即逝，有时候投资者在大好机会面前稍有犹豫，就可能直接错过绝佳的卖出或者买进时机。

因此，在做 T+0 时投资者不仅要快速分析，更要果断决策，认准时机就立刻执行，以免错过可能的大段涨幅。

5.2　T+0 的不同操作方向

T+0 操作根据执行的方向可以分为顺向的 T+0 操作和逆向的 T+0 操作，投资者可以选取适合自己的方式。

5.2.1　顺向 T+0 操作

顺向 T+0 指的是投资者在持有某只股票后，在某一个交易日内该股出现下跌后回升的走势，投资者可以在低位买进一定数量的股票，待到股价上涨后再在高位抛出先前持有的筹码，赚取差价收益。

这样低买高卖的 T+0 操作方式是比较常见的，一般在上涨行情中操作更有效。

下面来看具体的案例。

示例讲解

东宝生物（300239）上涨行情中顺向 T+0 操作解析

如图 5-2 所示是东宝生物 2020 年 7 月到 9 月的 K 线图。

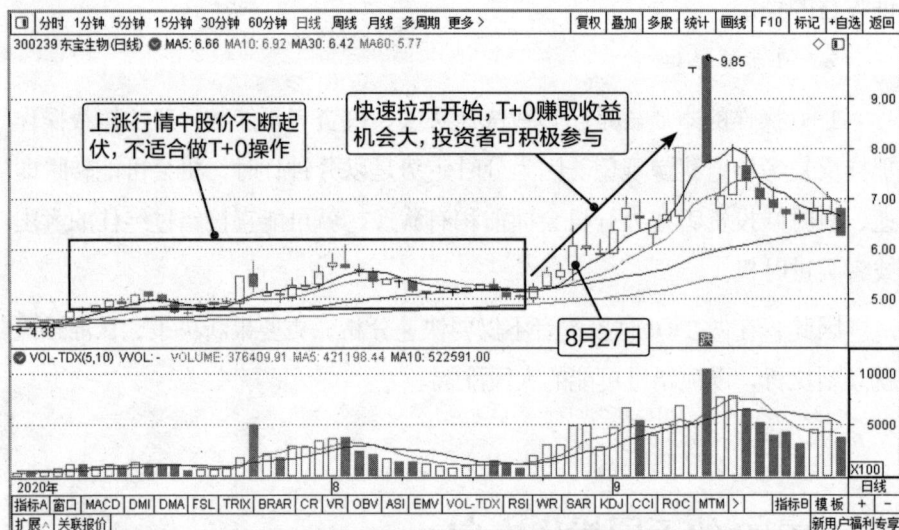

图 5-2　东宝生物 2020 年 7 月到 9 月的 K 线图

从 K 线图中可以看到，东宝生物正处于上涨行情中。但在 7 月到 8 月中旬期间，股价在上涨与回调之间不断变换，阴阳线交错，走势并不稳定，因此不适合做 T+0 操作。

8 月中下旬，股价的回调到达低位后重新开始上涨，成交量变得活跃，股价出现了快速拉升的迹象。那么在此期间股价的上涨就会非常稳定，投资者完全可以趁机做 T+0 操作。

如图 5-3 所示是东宝生物 2020 年 8 月 27 日的分时图。

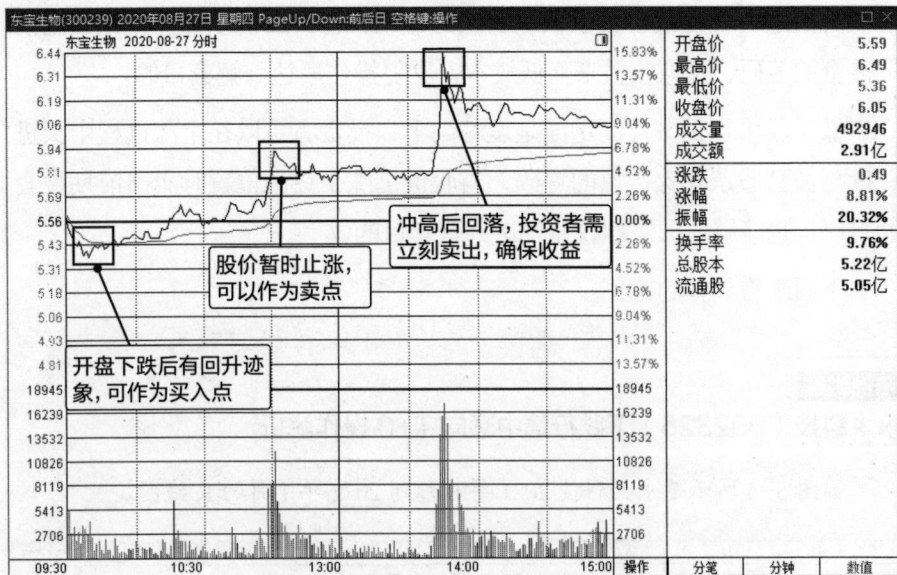

图 5-3　东宝生物 2020 年 8 月 27 日的分时图

8 月 27 日是股价开始拉升的第 4 个交易日，从分时图中可以看到，东宝生物在开盘后就出现了下跌，但时间非常短，在 9:40 左右就出现了回升并向上突破均价线的趋势，那么投资者就可以趁机在此位置买进一批筹码。

随后股价很快突破了均价线，迅速向上攀升，在 5.94 元的位置暂时受阻横盘，此处相较于当日买进的价格来说已经有了超过 6.78% 的涨幅，也是一个比较好的卖点。下午时段开盘后，股价依旧保持横盘，但在 13:40 左右成交量突然大波放量，股价斜线上冲，一举冲到了 6.49 元，达到了当日 15.83% 的涨幅位，随后回落。

当股价出现回落趋势时，投资者不能犹豫，应立刻卖出。因为这样的高位很有可能就是当天的最高价了，后续很难再有更高的涨幅，此时卖出就能够保证至少 15% 的当日涨幅收益。

当投资者持有的股票在下跌行情或是大幅回调中被套时，也可以通过顺向 T+0 的操作方式来解套。

①当股价当日低开或是下跌，但后续有上涨迹象时，投资者可以趁机

在低位买进一批与被套股票相等数量的筹码，待到股价上涨后立刻卖出前期被套的筹码，赚取收益来降低成本，反复操作后达到解套目的。

②当股价当日平开高走或是震荡向上，投资者可以在上涨过程中买进一批与被套股票相等数量的筹码，当股价上涨至更高位置时卖出前期被套的筹码，也能够获取差额收益，达到解套目的。

下面来看具体的案例。

示例讲解

永太科技（002326）下跌行情中顺向 T+0 操作解析

如图 5-4 所示是永太科技 2021 年 8 月到 2022 年 1 月的 K 线图。

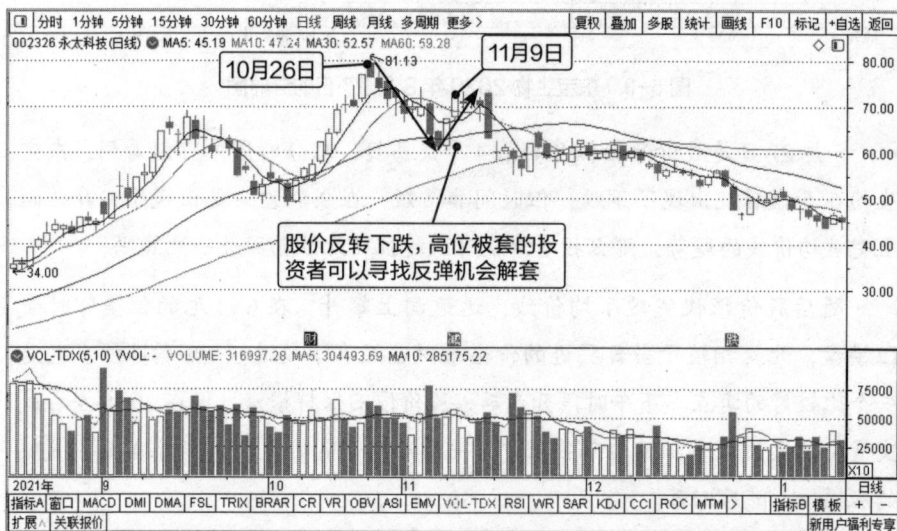

图 5-4　永太科技 2021 年 8 月到 2022 年 1 月的 K 线图

从 K 线图中可以看到，永太科技正处于股价的高位。在 8 月到 10 月中旬期间，股价一直维持着上涨状态，大量投资者在此期间买进，希望股价继续上涨以获得高额收益。

但在 10 月 26 日，股价开盘后冲高，创出 81.13 元的最高价后开始回落，随后数个交易日连续收阴下跌，场内损失惨重。部分高位追进的投资者已经被套，开始寻找解套的时机。

11 月初，股价暂时止跌，并在后续有所回升，出现了反弹迹象，此时投资者就可以趁机利用顺向 T+0 操作，帮助自己尽快完成解套。

如图 5-5 所示是永太科技 2021 年 11 月 9 日的分时图。

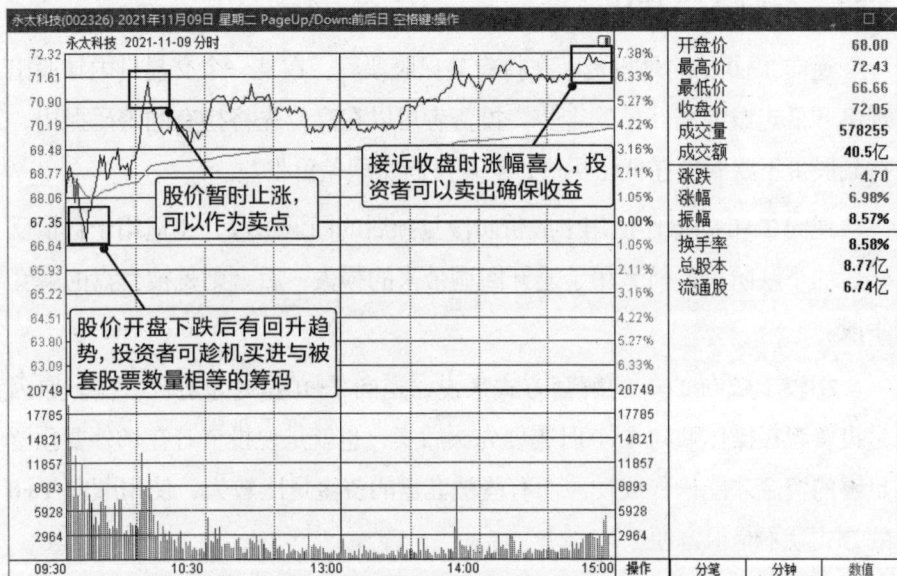

图 5-5 永太科技 2021 年 11 月 9 日的分时图

11 月 9 日是股价开始反弹的第 2 个交易日，在此位置入场比较安全。从分时图中可以看到，永太科技在这一天是以高价开盘，但股价在开盘几分钟后就开始下跌，很快便跌到了前日收盘价下方。

在接近 66.64 元的价位线时，股价迅速止跌回升，速度非常快，明显有了后续上涨的趋势，此时投资者就可以迅速买进与被套股票数量相等的筹码，准备在股价上涨后卖出。

10:05 左右，股价已经上涨至接近 71.61 元的位置，随后回落，这一位置就可以成为一个卖点。很快，股价的下跌在 69.48 元附近受到支撑，开始了震荡上扬，并一直持续到尾盘。

股价在进入尾盘后，当日已经有了近 6.33% 的涨幅，并且还在缓慢增长中。

此时投资者已经可以卖出前期持有的被套股票了，股价在接近收盘的时间里很难再上冲多少，及时卖出也能确保 6% 以上的涨幅，也相当于收回了一部分损失，如此反复操作几次，就能够顺利解套。

5.2.2　逆向 T+0 操作

逆向 T+0 指的是投资者在持有某只股票后，在某一个交易日内该股出现高开低走或冲高回落的走势，投资者可以在高位先将持有的筹码抛出，待到股价下跌后再在低位买进，实现反向赚取差价收益。

逆向 T+0 的操作适用于股价阶段见顶后的回调阶段，也适用于行情反转后的下跌阶段。前者用于避开回调带来的损失，后者则是被套盘的解套手段。

相较于顺向 T+0 的解套方式来说，逆向 T+0 要更为适合一些。原因是投资者在操作顺向 T+0 时需要先买后卖，也就是说投资者在场外要预留足够的资金才能操作成功。而有些被套盘的资金量比较大，使用顺向 T+0 的方式就不是很方便。

但逆向 T+0 的操作是先卖后买，也就是说，投资者可以先将被套盘卖出，当日资金回笼后，就可以利用这部分资金再次买进更低位置的股票，而无须预留场外资金，这样不仅操作更方便，风险也会降低许多。

当然，如果存在其他因素影响投资者的操作，还是以适合自己的方式为最佳选项。有时候急于解套，两种方式交替使用也是可以的，只要注意把控风险。

下面来看具体的案例。

示例讲解
科华数据（002335）上涨行情中逆向 T+0 操作解析

如图 5-6 所示是科华数据 2021 年 5 月到 8 月的 K 线图。

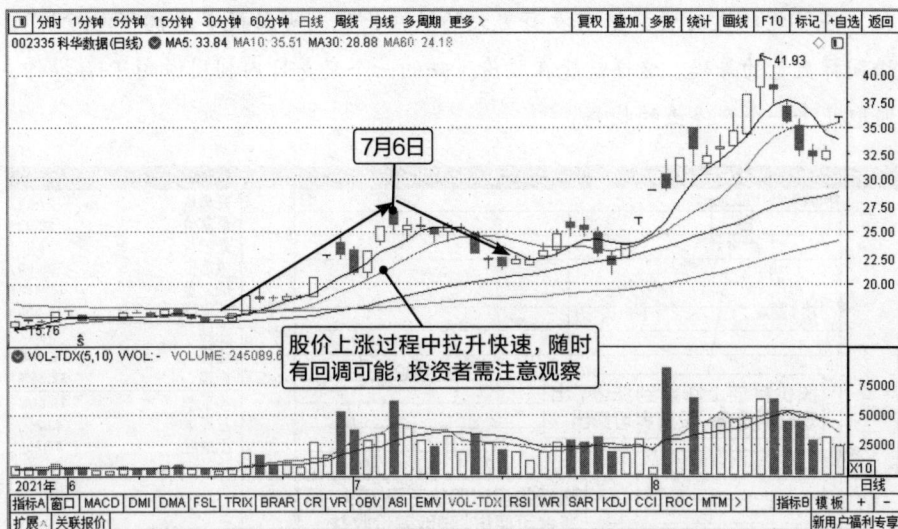

图 5-6 科华数据 2021 年 5 月到 8 月的 K 线图

从 K 线图中可以看到，科华数据正处于上涨阶段。股价在 6 月中下旬出现了一次拉升，由于涨停和阳线的接连出现，股价拉升速度较快，盘中的抛压在不断增强，股价随时有回调的可能。

因此，投资者就需要对其保持高度关注，一旦股价出现下跌迹象，就可以使用逆向 T+0 来避开下跌。

如图 5-7 所示是科华数据 2021 年 7 月 6 日的分时图。

从图中可以看到，科华数据在 2021 年 7 月 6 日这一天是以高价开盘，但在开盘后第二分钟就被大单拉低到了前日收盘价以下，不过后续并未继续下跌，而是开始了快速回升。

接下来近 50 分钟的时间内，股价呈锯齿状急速上涨，并于 10:20 到达了涨停板，创出当日最高价 28.03 元后便有回落迹象。在股价已经涨无可涨的位置出现回落迹象，那么后市很有可能会下跌，投资者应果断在此位置卖出，将资金收回。

果然，在当日后续的时间内股价不断下跌，一路跌破了均价线后，在前日收盘价处受到支撑止跌，开始在其附近横盘震荡，直到进入尾盘。

在临近收盘时股价依旧没有更大的跌幅出现，那么投资者就可以趁机买进同样数量的筹码。这样就能在股价下跌的一个交易日内利用逆向 T+0 操作，赚取几乎一个涨停板的收益。

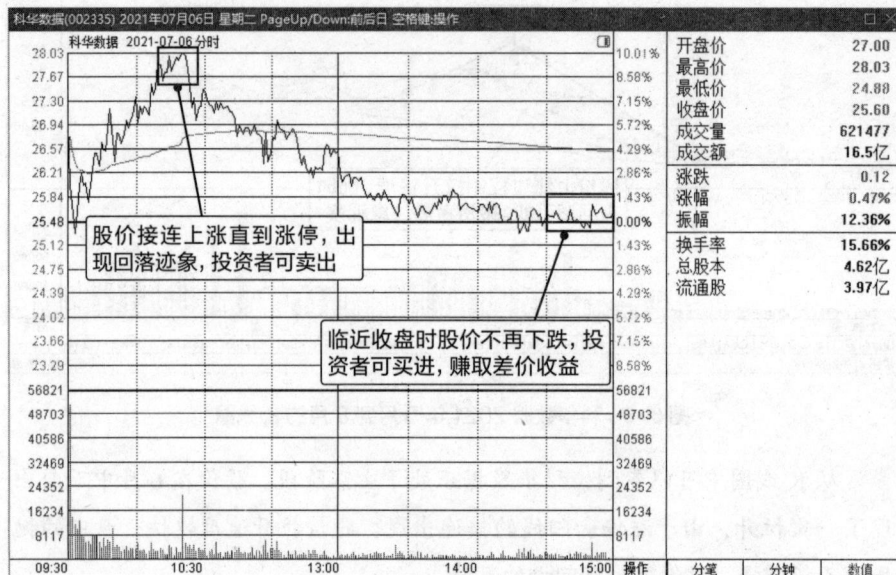

图 5-7　科华数据 2021 年 7 月 6 日的分时图

5.3　T+0 的买卖时机把握

投资者在操作 T+0 时，无论是顺向还是逆向，对于买卖点的把握都是非常重要的。大多数情况下，只要时机正确，不管投资者是否实现了抄底或是卖顶，至少能够保证收益为正。

很多时候，投资者并不能准确地判断当日的最佳买点和最佳卖点，那么此时就要依靠分时图中出现的各种看多或看空信号，辅助自己做出尽可能正确的决策。

5.3.1 股价线突破压力位

股价线可以突破的压力位有很多种，包括压制在价格上方的均价线、长时间盘整区间的上边线、底部形态的压力线以及长期震荡的高点连线等。

这些压力位往往也是走势的分界点，一旦股价成功突破压力位，并且在后续回踩确认后，那么后市看多的可能性就比较大。因此，股价突破压力位的时候，就是 T+0 的买入时机。

下面来看具体的案例。

示例讲解
人人乐（002336）股价线突破压力位的 T+0 操作解析

如图 5-8 所示是人人乐 2021 年 12 月 2 日的分时图。

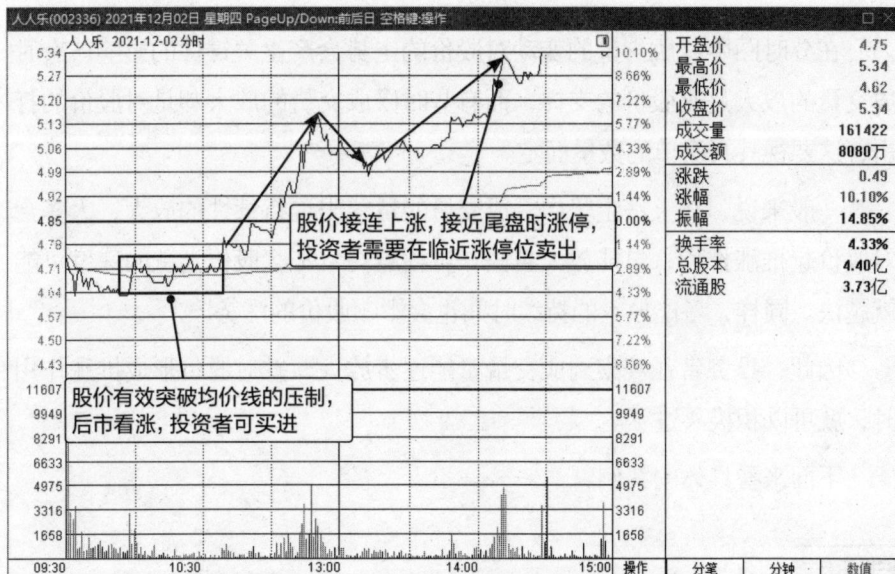

图 5-8 人人乐 2021 年 12 月 2 日的分时图

从图中可以看到，人人乐在 2021 年 12 月 2 日这一天是以低价开盘，并且在开盘后就出现了下跌，运行到均价线下方。

9:57 左右，成交量突然放出巨量，股价迅速向上突破了均价线，但几分钟后便再次回落到均价线下方，呈现为无效突破。

10:15 左右，股价再次上涨突破了均价线，几分钟后开始回落，但受到了均价线的支撑，在后续反复回踩数次后终于确定了支撑力，开始快速向上攀升。此时股价线对压力位的突破已经确定有效，那么投资者就可以在此位置果断买进。

在接下来的交易时间内，股价不断上涨，在临近早间收盘时有一些回落，但在下午时段开盘后很快再次上涨，并在接近尾盘时涨停。而股价一旦涨停，场内的投资者是无法挂出卖单的，因此，为了保证 T+0 的时效性，在股价接近涨停时，投资者就要择时卖出了。

5.3.2 成交量能持续放大

在分时图中，成交量的变动对股价的走势会产生关键性的影响。有时成交量的放大是对股价的支撑，而有些时候成交量的放大却是对股价的打击，这要视其买卖单的数量而定。

一般来说，在上涨走势中，成交量的量能出现持续性的放大，大多会对股价起推涨作用，量能放大越快，量柱越高，那么股价上涨的速度可能就越快。同样，量能放大的持续时间也会影响股价的涨势。

因此，投资者在观察到成交量量能逐步放大，并对股价形成推涨作用时，就可以积极买进了。

下面来看具体的案例。

示例讲解
奥普光电（002338）成交量能持续放大的 T+0 操作解析

如图 5-9 所示是奥普光电 2020 年 6 月 5 日的分时图。

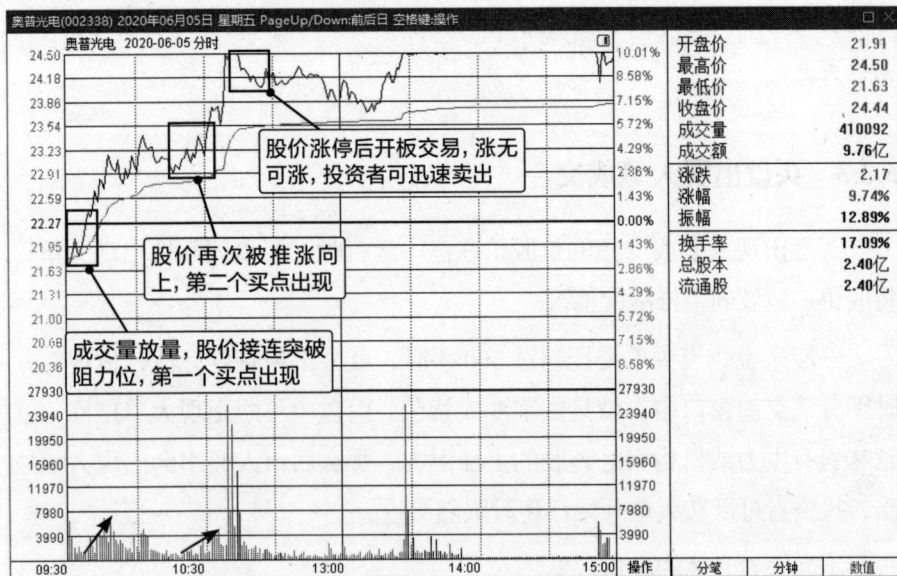

图 5-9 奥普光电 2020 年 6 月 5 日的分时图

从图中可以看到，奥普光电在 2020 年 6 月 5 日这一天是以低价开盘，成交量在最开始有所缩减，股价回落到 21.63 元上方。

几分钟后，量能逐渐放大，股价受其推动很快上涨，接连突破均价线和前日收盘价，第一个买点出现。很快股价运行到 23.23 元的位置止涨，成交量量能暂时达到峰值，出现回缩，股价自然下跌。

9:58 左右，成交量再度放量，股价止跌回升，并迅速向上突破了 23.23 元的压制。但这一波的量能推涨力度不强，无法支撑股价大幅度上涨，因此股价再次回落。

10:18 之后，回缩的成交量又一次放大，股价开始上涨，很快越过了前期高点向上攀升，第二个买点出现。

10:39 时，成交量量能突然放大数倍，直接将股价打到了涨停板上封住，但几分钟后就开板交易了，此时股价已经涨无可涨，投资者可以果断卖出。

在后续股价回落后，虽然还有买入的机会，但此时股价已经接近涨停，在这样的高位买进所能获得的差额收益有限。而且股价一旦再次封板，就有可能会破坏 T+0 当日买当日卖的操作原则，因此不建议投资者在接近涨停的高位买进。

5.3.3 买盘出现大笔成交

买盘出现大笔成交指的是股价在盘中运行时，买盘间断性出现大单，将股价一波波向上推涨的情况。

一般来说，当买单委托超过 500 手时，就会出现特殊标注，体现在分时图分笔交易窗口中，就是数字变成紫色。而盘中不断出现大单推涨，就意味着有主力或机构看好该股的上涨潜力，那么后市大概率会出现大幅拉涨，投资者可以在大单开始浮现时跟随买进。

下面来看具体的案例。

示例讲解

积成电子（002339）买盘出现大笔成交的 T+0 操作解析

如图 5-10 所示是积成电子 2021 年 11 月 24 日的分时图。

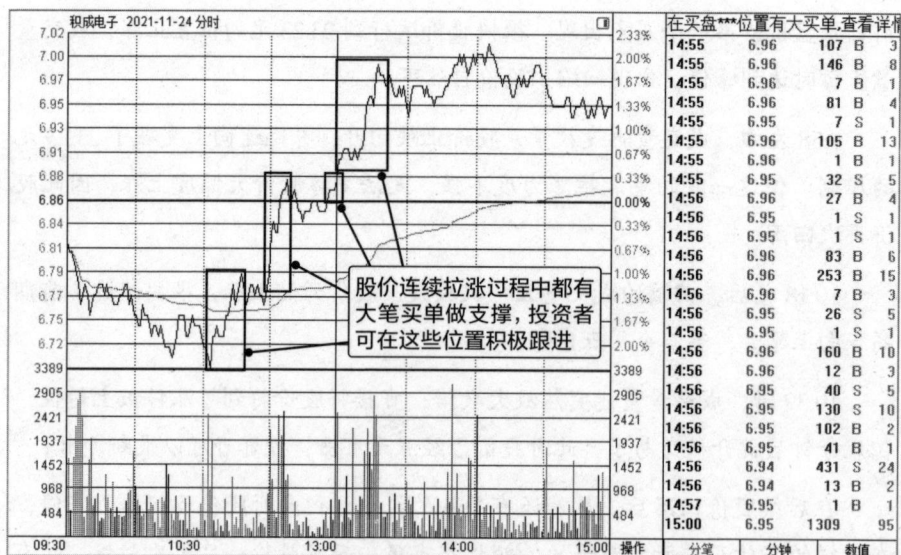

图 5-10　积成电子 2021 年 11 月 24 日的分时图

从图中可以看到，积成电子在 11 月 24 日这一天是以低价开盘，在开盘后便开始震荡下跌，在 10:33 左右创出了当日最低价 6.70 元。而买盘大单的频繁出现正是在股价止跌回升之后，下面就通过分时重播来回溯大单的位置。

如图 5-11 所示是积成电子 2021 年 11 月 24 日的部分买盘大单明细。

10:34	6.71	690 B 25	10:43	6.77	810 B 23	11:00	6.81	1006 B 96
11:04	6.84	599 B 42	11:05	6.85	1029 B 24	11:29	6.87	798 B 29
13:00	6.88	519 B 26	13:07	6.91	915 B 100	13:12	6.92	557 B 33
13:14	6.96	506 B 36	13:16	6.98	1386 B 99	13:17	6.99	640 B 14

图 5-11　积成电子 2021 年 11 月 24 日的部分买盘大单明细

从分笔大单可以看出，大笔买单主要集中在 10:30 之后 15 分钟、11:00 之后 5 分钟、早间收盘前 1 分钟以及下午时段开盘后 20 分钟内。

再结合分时走势图中的股价线走势，就可以非常清晰地看到，股价在 10:30 之后 15 分钟内出现了第一波快速拉涨，形成一个买点；11:00 之后 5 分钟内，股价呈几乎直线上冲，第二波拉升出现，形成又一个买点；早间收盘前 1 分钟，股价再次被推涨，再次形成买点；下午时段开盘后 20 分钟内，股价继续保持上扬，又一次出现买点。

可以看到，在股价连续拉涨的过程中都有大笔买单成交作为支撑。因此，投资者就可以在频繁出现大单推涨的位置积极跟进，在股价进入相对高位时再卖出，就能赚取不错的收益。但相对来说，在这种持续大单买入推涨阶段，越早买进，做 T+0 操作获益越多。

5.3.4　盘中形成底部回升

盘中形成底部回升指的是股价在前期走势可能缓慢下跌或者快速下跌，不断创出新低，但在盘中某一位置受到支撑，开始止跌回升的走势。

盘中形成底部回升的走势有可能是在构筑底部形态，如 V 形底、双重底和头肩底等具有辨识度的特殊形态，也有可能是触到跌停板后的反弹开板，或是底部横盘后的上涨。

但无论是哪种形态，只要后续有继续上涨的趋势，那么股价从底部回升的位置都是不错的买点，投资者可以积极跟进。

下面来看具体的案例。

示例讲解

柘中股份（002346）盘中形成底部回升的 T+0 操作解析

如图 5-12 所示是柘中股份 2021 年 7 月 28 日的分时图。

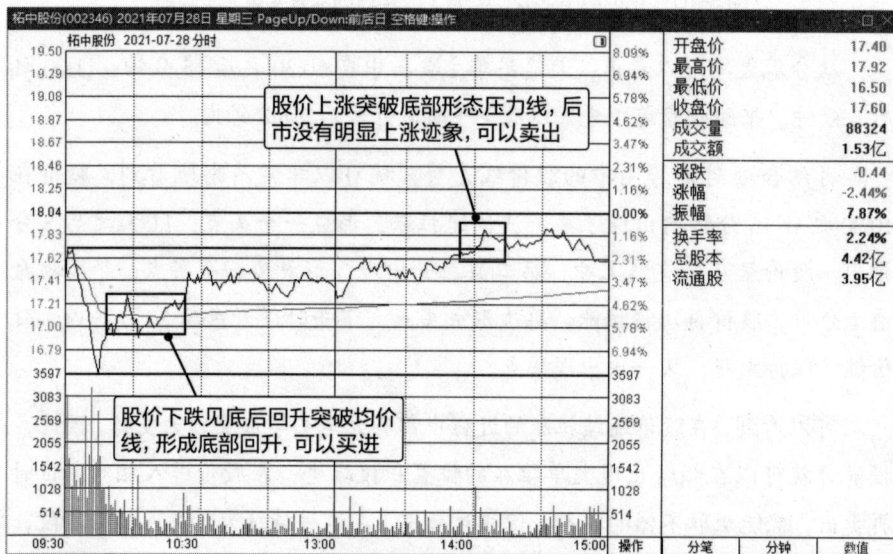

图 5-12　柘中股份 2021 年 7 月 28 日的分时图

从图中可以看到，柘中股份在 2021 年 7 月 28 日这一天是以低价开盘。开盘后股价迅速下跌，在几乎没有停顿地击穿了均价线后一路下滑，于 9:44 左右止跌回升，创出了当日最低价 16.50 元。

股价止跌后迅速回升，很快便越过了均价线。虽然第一次上穿没有形成有效突破，但股价很快便再次上攻，成功突破均价线后接连上涨，形成了盘中底部回升的走势，并且后市还有继续上涨的趋势。

那么在股价回踩均价线的位置，投资者就可以积极买进了。从股价线的走势也可以看到，这一次的底部回升正是构筑了一个 V 形底形态，其压力线可以视作股价开始下跌的位置，即 17.62 元附近。

而股价在 13:50 左右也成功突破了压力线，并且还在缓慢上涨。但在接近收盘时，股价也没有明显的拉升迹象，后续涨幅不会太大，那么此时投资者就可以卖出了。

5.3.5　尾盘冲高次日回落

尾盘冲高次日回落指的是股价在前一个交易日连续上涨或是保持震荡，在进入尾盘时再次拉高甚至涨停，盘中可能会积累大量的卖盘，在第二日开盘时集中抛出，导致股价在次日形成连续下跌的走势。

这样的走势往往出现在阶段高位和行情高位，由于股价在盘中长时间处于下跌，因此在这种情况下常采用逆向 T+0 的方式操作，用于解套或是保住收益。

所以，投资者就需要在股价出现快速下跌趋势时果断卖出，待到股价连续下跌之后，再寻找低位买进同样数量的筹码，达到尽量减少损失或是解套的目的。

下面来看具体的案例。

`示例讲解`
泰尔股份（002347）尾盘冲高次日回落的 T+0 操作解析

如图 5-13 所示是泰尔股份 2019 年 4 月 26 日的分时图。

从图中可以看到，泰尔股份在 2019 年 4 月 26 日这天的走势并不稳定，股价在开盘后就出现了快速下跌，创出 5.53 元的最低价后又急速被拉起，开始围绕均价线震荡。

在后续的时间里，股价重复着拉升与回落的过程，直到进入尾盘时，股价已经回升至前日收盘价附近。14:46 左右，成交量突然开始大批放量，股价直接从前日收盘价附近被拉升至 4.69% 左右的涨幅位置，随后稍微回落，最终以 3.70% 的涨幅收盘。

在 4 月 26 日这天股价出现了尾盘冲高的走势，那么盘中积累的抛压就有可能在第二个交易日释放。因此，投资者需要对该股保持高度关注，做好操作逆向 T+0 的准备。

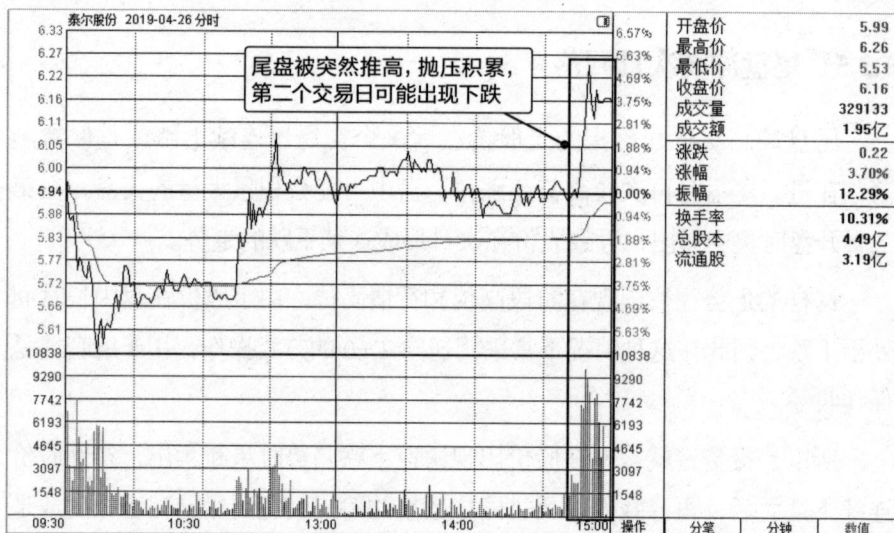

图 5-13　泰尔股份 2019 年 4 月 26 日的分时图

如图 5-14 所示是泰尔股份 2019 年 4 月 29 日的分时图。

这是泰尔股份第二个交易日的分时图，从图中可以看到，股价在这天是以平价开盘。开盘后股价有所上涨，但很快就被大笔成交量拉低，出现了震荡下跌的走势。

观察均价线与股价线之间的关系可以看到，股价在第一次回落到均价线下方后，始终未能成功突破其压制，后续大概率会继续下跌。因此，投资者可以在股价暂时冲高的位置卖出，随后持币观望。

在后续的交易时间内，股价确实一直保持着被压制的状态。在进入尾盘后，成交量放出大量，股价被打压快速下跌，很快便跌到了 6.96% 的跌幅以下，此时已经临近收盘，投资者可以迅速买进，保证当日近 6% 的收益。

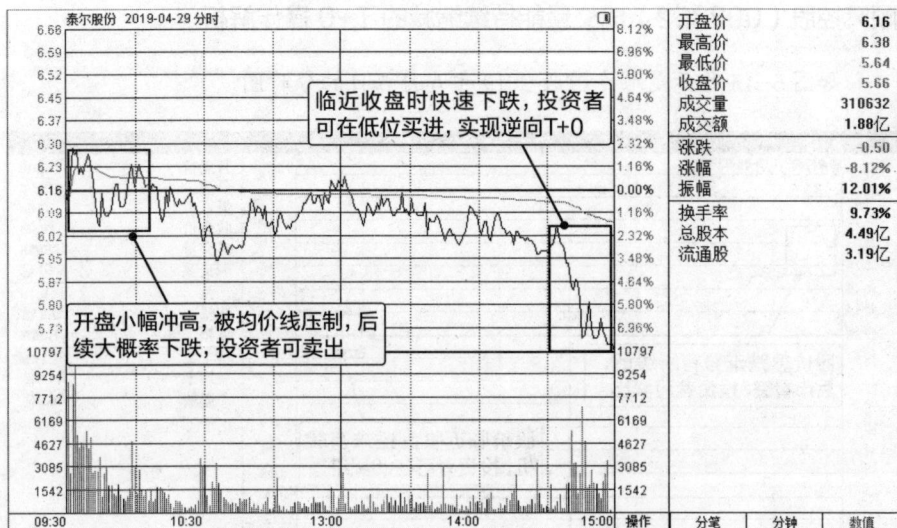

图 5-14　泰尔股份 2019 年 4 月 29 日的分时图

5.3.6　成交量能持续缩减

成交量能持续缩减指的是股价在盘中运行时，成交量在某一时刻从顶峰滑落，量能不断缩减，股价失去支撑开始下跌的走势。

一般来说，成交量的量能缩减导致的下跌，是市场失去信心、交投冷淡的表现，在没有外界利好消息刺激或是主力推动的情况下，短时间内目标股的下跌趋势难以改变。

所以，这样的走势也比较适合做逆向 T+0，投资者可以在股价高开或平开，并且后续有下跌迹象的时候卖出，持币等待其下跌到低位再买进。

下面来看具体的案例。

示例讲解

顺风控股（002352）成交量能持续缩减的 T+0 操作解析

如图 5-15 所示是顺丰控股 2019 年 6 月 3 日的分时图。

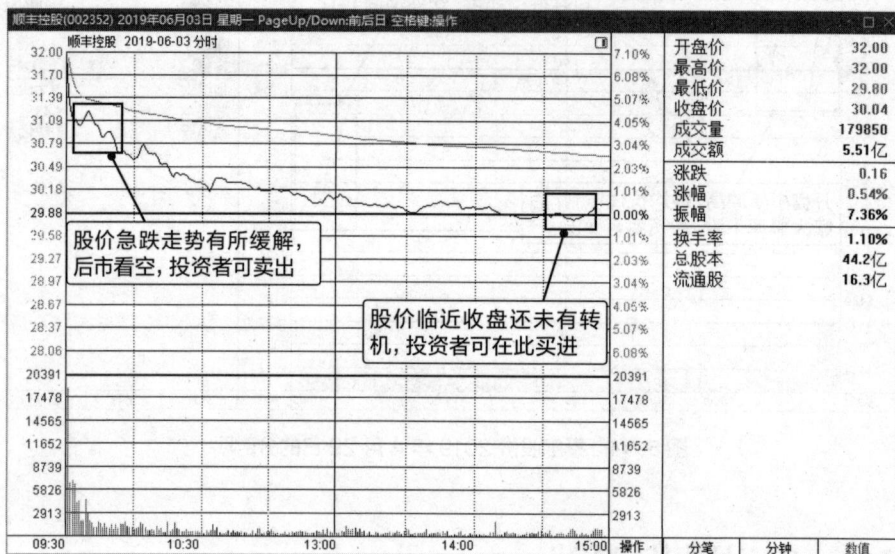

图 5-15　顺丰控股 2019 年 6 月 3 日的分时图

从图中可以看到，顺丰控股在 2019 年 6 月 3 日这天是以高价开盘，开盘后就有大笔成交量能放出，拉低股价，使其出现急速下跌的走势。

在此之后，成交量量能便开始持续缩减，股价减缓了最初的急跌走势，但整体还是在不断下滑。此时投资者可以发现，成交量缩减速度比较快，股价的跌势也很稳定，那么后市继续下跌的概率较大，所以在此位置就可以果断卖出。

在接下来的交易时间内，均价线都一直压制在股价上方，并且距离较远，说明股价在短时间内很难有所突破。而从整体的成交量来看，市场的交投是比较冷淡的，股价的下跌空间暂时不明，投资者可以持币观望。

股价在运行进入尾盘时，已经从高位下跌到了前日收盘价附近，并围绕其横盘运行。在进入尾盘一段时间后，依旧没有拉高或者跳水下跌的趋势，那么投资者就可以买进了，当日就能实现近 4% 的收益。

5.3.7　卖盘出现连续大单

卖盘出现连续大单指的是股价在盘中运行时，卖盘间断性出现大单成交，不断拉低股价，使其出现震荡式或锯齿状下跌的情况。

这样的走势一般会出现在股价的低位、阶段的高位或是行情的高位，是主力吸筹、清理浮筹和出货的表现。但无论在行情的何处出现，卖盘出现连续大单就意味着当日的下跌走势比较确定，并且振幅也可能比较大，是逆向 T+0 非常理想的操作对象。

下面来看具体的案例。

示例讲解

神剑股份（002361）卖盘出现连续大单的 T+0 操作解析

如图 5-16 所示是神剑股份 2021 年 12 月 10 日的分时图。

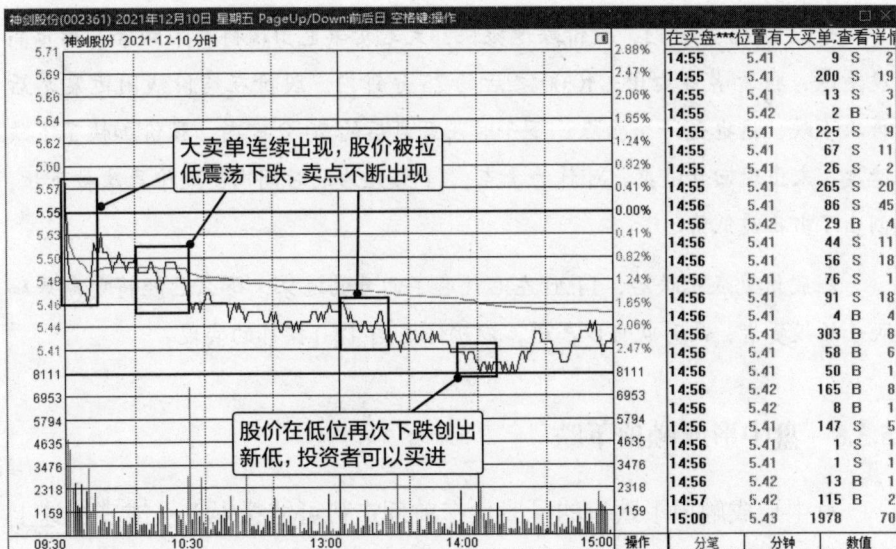

图 5-16　神剑股份 2021 年 12 月 10 日的分时图

从图中可以看到，神剑股份在 2021 年 12 月 10 日这天是以高价开盘，在开盘后就出现急速下跌的走势，而在后续的时间内，股价也不断出现震荡下跌。这些急促下跌的位置也是卖盘大单频繁出现的位置，下面就通过分时重播来回溯部分卖盘大单出现的时间。

如图 5-17 所示是神剑股份 2021 年 12 月 10 日的部分卖盘大单明细。

09:31	5.50	1018 S 88	09:32	5.48	719 S 92	09:33	5.47	1089 S 69
09:36	5.48	741 S 70	09:38	5.47	794 S 70	09:39	5.47	735 S 72
09:39	5.46	1235 S 46	09:42	5.49	1146 S 45	10:07	5.50	533 S 120
10:11	5.47	585 S 55	10:17	5.49	898 S 72	10:20	5.47	860 S 93
10:22	5.47	1947 S 160	13:07	5.44	550 S 30	13:10	5.42	1002 S 109
13:20	5.42	530 S 23	13:52	5.40	1337 S 153	14:00	5.40	1890 S 100

图 5-17　神剑股份 2021 年 12 月 10 日的部分卖盘大单明细

从分笔大单可以看出，大笔卖单主要集中在开盘后 15 分钟、10:00 之后的 25 分钟、下午时段开盘后的 20 分钟内以及 14:00 左右的时间内，再结合股价线的走势，就能判断出数个卖点。

开盘后 15 分钟内，股价跌速极快，大笔卖单也出现得非常频繁，后市高度看跌，投资者可卖出；10:00 之后的 25 分钟内，股价在均价线附近震荡后再次下跌，这也是一个卖点；下午时段开盘后的 20 分钟内，股价加快了下跌速度，未出现回升迹象，可作为卖点；14:00 左右的时间内，股价再次被下拉，创出了当日最低价。

在股价见底止跌后，14:20 左右就有了回升的迹象，那么已经将前期筹码脱手的投资者，此时就可以买进，以确保逆向 T+0 操作的实现。

5.3.8　盘中形成触顶下跌

盘中形成触顶下跌指的是股价在前期走势可能缓慢上涨或者快速上涨，但在某条价位线附近受到阻碍，出现冲高回落的走势。

股价形成这样的走势，可能是构筑了包括倒 V 形顶、双重顶和头肩顶在内的顶部形态，也可能是被拉到涨停板封住后在短时间内再次开板交易，或者在高位横盘后失去支撑自然下跌。

这样的走势比较常出现在行情的高位、拉升的末期以及反弹的末期。在这些位置出现盘中触顶下跌的走势，说明多方拉升力度不足，多空双方位置发生变换，股价在后续有下跌的趋势。

因此，当投资者在分时图中观察到股价有冲高回落的迹象时，就要准备好操作逆向 T+0，以尽量减少自己的损失。

下面来看具体的案例。

示例讲解

汉王科技（002362）盘中形成触顶下跌的 T+0 操作解析

如图 5-18 所示是汉王科技 2020 年 9 月 3 日的分时图。

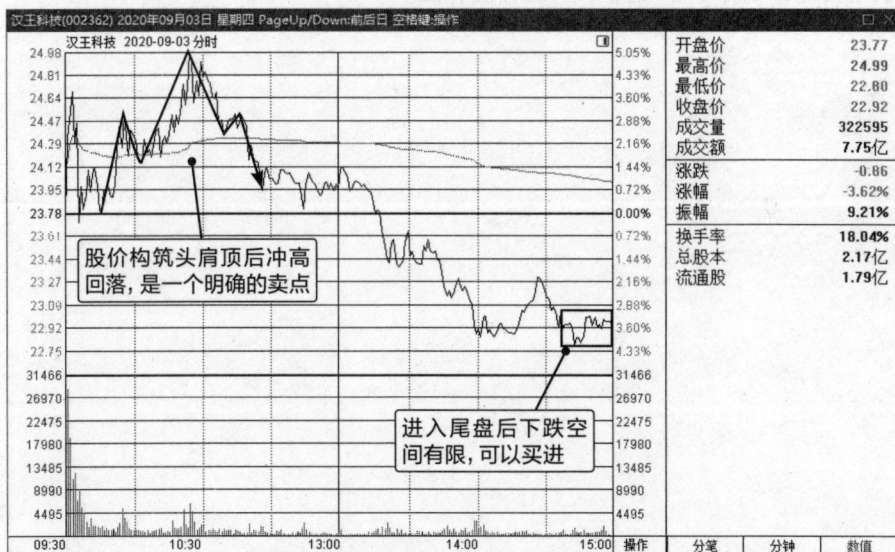

图 5-18　汉王科技 2020 年 9 月 3 日的分时图

从图中可以看到，汉王科技在 2020 年 9 月 3 日这一天几乎是以平价开盘。开盘后股价迅速上冲，在 24.64 元的价位线附近受阻后一路下滑，跌回到前日收盘价附近，随后震荡上升。

9:55 左右，股价已经上涨至 24.47 元附近，随后受阻回落，在均价线处受到支撑再次上升。这一波上涨速度就很快了，数十分钟内股价就达到了 24.99 元的位置，创出当日新高，但很快就又一次向下滑落。

股价在高位震荡几分钟后，逐渐下跌到了均价线附近，暂时止跌并小幅回升，回升的高点也在 24.47 元附近。随后股价再次快速下跌，击穿了均价线，开始连续下跌。

从股价线的走势来看，正是构筑了一个头肩顶的顶部形态，均价线基本就可以作为形态的支撑线。当股价跌破支撑线时，后市的下跌走势就比较明确了，那么投资者就可以果断卖出。

在后续的交易时间里，股价跌势持续，直到进入尾盘时，当日已经有了近 3.60% 的跌幅。临近收盘时，股价几乎没有下跌的空间了，投资者就可以快速买进，确保了当日做 T+0 操作的收益。

第6章

解读分时图中的主力意图

在股票运行过程中，总会在某些时刻有大笔资金进出，从不同的方向影响股价走势，而这些集中爆发的资金流就是主力介入的表现。投资者通过对这些异动的资金流进行分析，就能从一定程度上判断出主力的意图，从而跟随操作，扩大收益。

6.1　吸筹阶段的分时盘面解读

股市中的主力也是投资者的一种，只是其在资金、人才、信息和交易技术等方面的优势通常是远超普通投资者的。主力介入个股的目的在于利用各种可能的操作手法，有目的、有计划地完成对某一只股票或者某一类股票的建仓、拉升，最终获利。

主力在确定了目标股后，首先要做的就是吸取足够数量的流通筹码。为了扩大收益、降低成本，主力往往会通过一系列合法手段，在相对低位进行吸纳。

因此，在主力表现出明显吸筹意图的位置，很可能就是行情的低位，投资者在这些位置积极跟进，就有可能直接抄底，但前提是要判断准确。接下来，本节就将结合分时图，对主力建仓的行为进行解析。

6.1.1　震荡式吸筹寻找时机

震荡式吸筹也叫横盘式吸筹，一般出现在股价长期下跌之后的低位。主力在低位长期潜伏，缓慢消化市场上的卖单，一旦股价有上涨的趋势，主力就会用大单把股价拉低。

因此，股价将形成横向盘整或震荡下滑的格局，在分时图中也是以震荡为主。在这样刻意营造的低迷环境下，市场会逐渐失去信心，投资者纷纷抛盘撤离，此时主力就会趁机吸纳这些廉价筹码，逐步完成建仓工作。

这种震荡式吸筹的时间一般比较长，有时候会长达数月，这是主力极为耐心的体现。在此期间，主力分批完成的吸纳量非常可观，这种股票一旦启动，涨势往往十分惊人。

投资者要辨别股价低位是否有主力在逢低吸纳，就要注意观察，在股价上涨到一定高度时是否有放大的成交量将股价拉低，分时图中是否出现大单将股价下拉。如果有，那就说明这其中大概率有主力插手。

那么投资者在前期就可以先保持观望，待到股价有明显突破迹象时，再通过分时图寻找买进时机。

下面来看具体的案例。

示例讲解
美康生物（300439）主力震荡式吸筹解析

如图 6-1 所示是美康生物 2019 年 7 月到 2020 年 4 月的 K 线图。

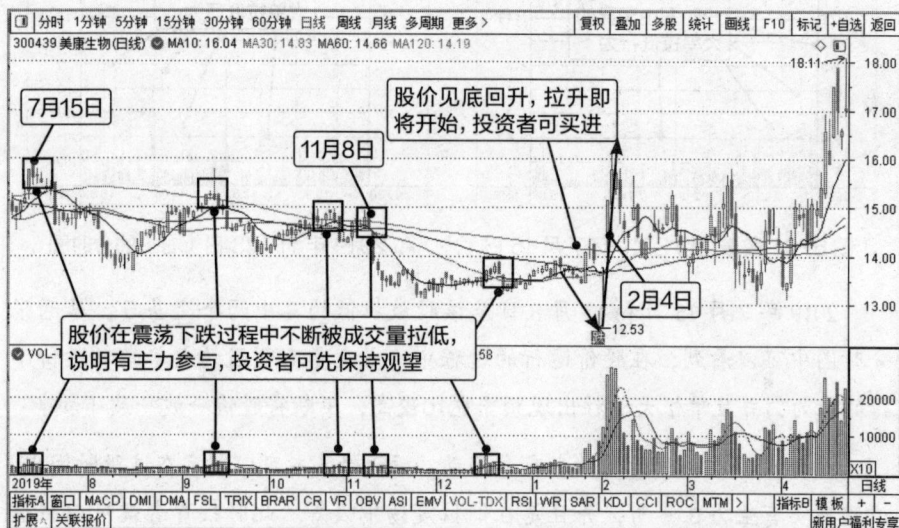

图 6-1　美康生物 2019 年 7 月到 2020 年 4 月的 K 线图

从图中可以看到，美康生物在 2019 年 7 月到 2020 年 1 月期间处于震荡状态。股价在运行过程中，高点与低点均不断下移，整体呈现震荡下滑的走势，成交量表现低迷。

而仔细观察却可以发现，在股价多次上涨试图突破震荡区间时，成交量总会适时放量拉低股价，使其难以突破，最终下滑到更低的价格区间。而拉低股价的过程，在分时图中会有更清晰的表现。

如图 6-2 所示是美康生物 2019 年 7 月 15 日和 2019 年 11 月 8 日的分时图。

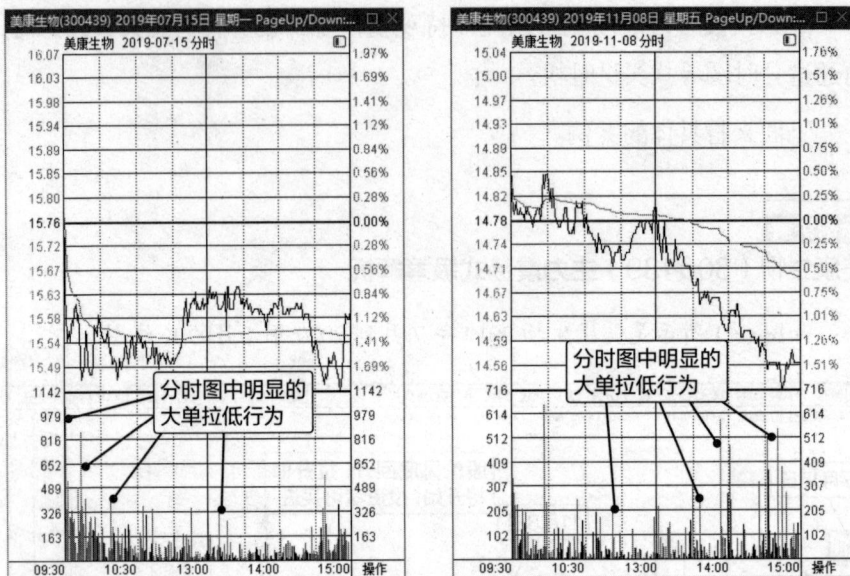

图 6-2　美康生物 2019 年 7 月 15 日（左）和 2019 年 11 月 8 日（右）的分时图

2019 年 7 月 15 日和 11 月 8 日是该股被拉低的其中两个交易日，从两张分时图中可以看到，在股价运行的过程中，成交量有明显的大单带动股价下行的行为，并且单根大量柱出现频率也比较高，不断将股价一波一波下拉。

结合 K 线图与分时图的成交量异动，投资者基本可以判定在这段时间内，该股确实有主力在参与，并且是在低位震荡中吸筹。此时投资者就可以将该股列入重点观察范围，待股价出现明显的拉升迹象后，再利用分时图的走势确定买点。

如图 6-3 所示是美康生物 2020 年 2 月 4 日的分时图。

2020 年 2 月 4 日是美康生物开始拉升的第二个交易日，在此之前股价已经经历了一个交易日的跌停式快速下跌，见底后又迅速利用涨停拉升。可以看到，在 2 月 4 日这天美康生物是以高价开盘的，但在开盘后就出现了快速下跌，股价下滑到了前日收盘价之下。

这是股价在上一个交易日出现涨停，次日开盘涨停板打开，抛压骤增导致的。从后续的走势可以看到，股价涨势依旧强劲，那么投资者就可以在股价回升的时候迅速买进，持股待涨。

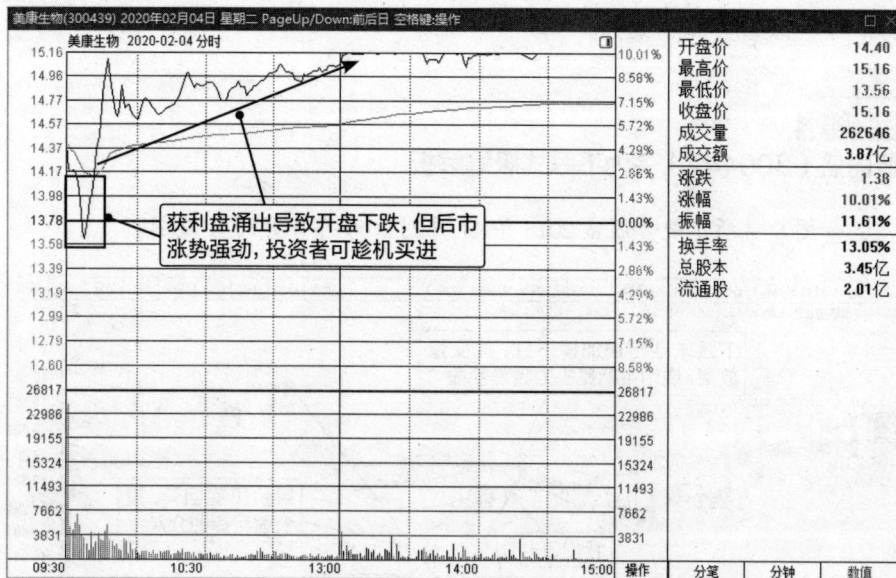

图 6-3　美康生物 2020 年 2 月 4 日的分时图

6.1.2　下跌式吸筹寻找时机

下跌式吸筹指的是在下跌行情的末期，主力通过连续拉动股价加速下跌的方式，导致场内投资者产生恐慌情绪，纷纷抛出手中筹码，主力再趁机吸纳的一种吸筹手段。

用这样的方式建仓能够迅速、有效地拉低主力的持股成本，而为了加快速度，有些主力还会利用连续的跌停来降低股价位置。一般而言，在其蓄势完毕后会将股价快速从底部拉起，所以常常会在股价低位形成尖锐的 V 形底形态。

对于投资者来说，在股价长期下跌的低位观察到加速下跌的走势，并且分时图中也有大单拉低股价的行为时，就可以对其保持高度关注。一旦股价有表现出急跌后的急涨趋势，激进的投资者就可以迅速介入，伺机抄底。而谨慎的投资者则可以多等待一段时间，待到行情彻底明朗再进入。

下面来看具体的案例。

示例讲解

普丽盛（300442）主力下跌式吸筹解析

如图 6-4 所示是普丽盛 2018 年 11 月到 2019 年 4 月的 K 线图。

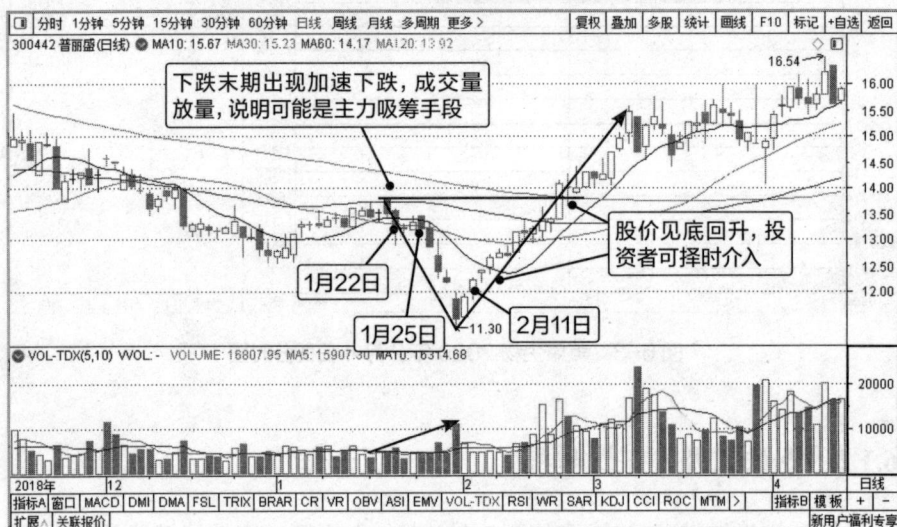

图 6-4　普丽盛 2018 年 11 月到 2019 年 4 月的 K 线图

从图中可以看到，普丽盛正处于下跌行情的末期，在 2018 年 11 月到 12 月期间，股价跌势持续。2019 年 1 月初，股价小幅反弹，在 13.80 元的价位线附近受阻回落，数个交易日后，跌速突然加快，股价迅速下滑。

而在加速下跌的过程中，对应的成交量量能却在放大，这说明可能是主力在拉低股价。此时投资者可以通过分时图中的量能异动来查看是否有大单在拉低股价，以确定主力的存在。

如图 6-5 所示是普丽盛 2019 年 1 月 22 日和 2019 年 1 月 25 日的分时图。

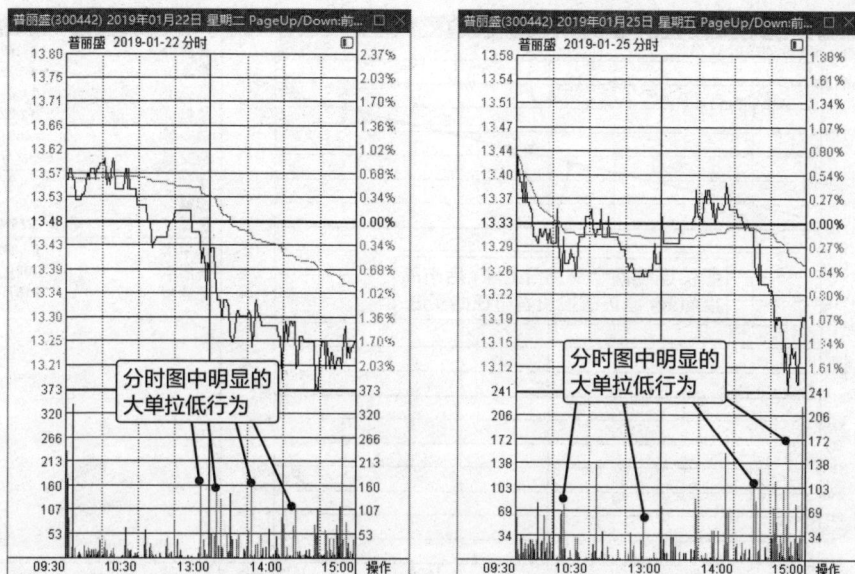

图 6-5 普丽盛 2019 年 1 月 22 日（左）和 2019 年 1 月 25 日（右）的分时图

2019 年 1 月 22 日和 1 月 25 日是普丽盛在加速下跌过程中的其中两个交易日。从图中可以看到，在分时走势中成交量出现了不少大量柱，并且大部分的大量柱都在将股价下拉，主力迹象明显。投资者此时基本可以确定，股价的下跌正是主力的吸筹行为。

由于下跌式吸筹的速度较快，为避免错过绝佳买进时机，投资者需要每日关注股价动向。当股价出现快速或者连续拉升迹象时，投资者就可以在拉升开始后的交易日中伺机跟随建仓。

如图 6-6 所示是普丽盛 2019 年 2 月 11 日的分时图。

2 月 11 日正是股价见底回升后的第二个交易日，股价在前一个交易日已经出现了明显的上涨。而在 2 月 11 日股价依旧高开，虽然在开盘后被抛压影响有所下跌，但是很快止跌回升，后市整体依旧维持着上涨的趋势。

这就说明主力很可能已经开始发力，后市连涨的概率较大。此时激进的投资者就可以迅速买进，而谨慎的投资者可以等待股价上涨越过前期高点，确认 V 形底的底部形态突破后再入场。

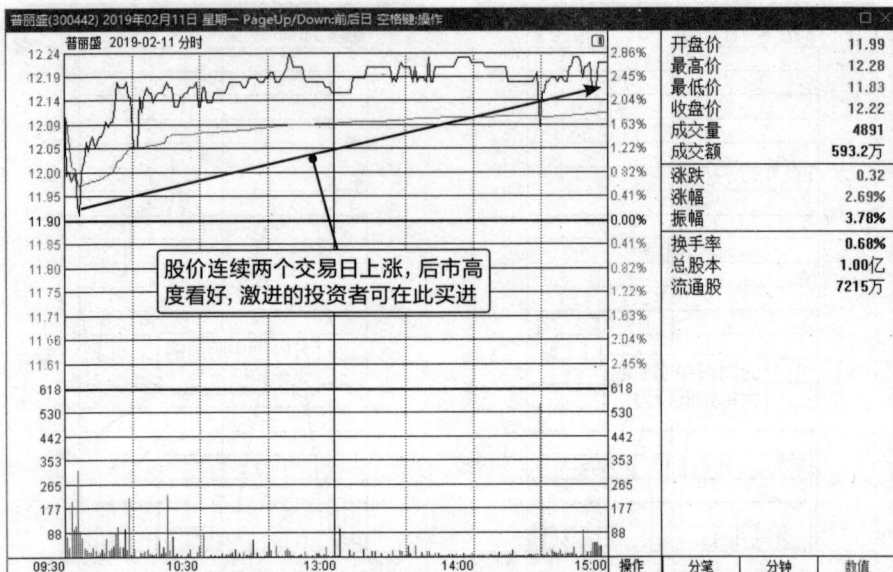

图 6-6　普丽盛 2019 年 2 月 11 日的分时图

6.1.3　上涨式吸筹寻找时机

上涨式吸筹也被称为拉高式吸筹，指的是主力在底部无法吸纳足够筹码，或者希望在短时间内抢到足够筹码的情况下，直接将股价抬高，诱使场内投资者兑利出局，达到快速吸筹目的。

一般来说，上涨式吸筹分为两种，一种是拉高到某一位置后横盘整理，或是拉升过程中形成震荡，在此期间吸取抛售出的筹码；另一种是用急速拉升甚至涨停的方式，以空间换取时间，促使散户出手，同时避免其他机构或大资金个人抢筹。

这两种方式都比较常见，但采用第二种方式的主力明显作风强势，资金雄厚，这样的主力在完成蓄势后，拉升速度可能非常快。投资者如果发现这样的主力存在，就要更果断地决策，抓住机会才不会被甩下。

下面来看具体的案例。

示例讲解

春风动力（603129）主力上涨式吸筹解析

如图 6-7 所示是春风动力 2018 年 9 月到 2019 年 3 月的 K 线图。

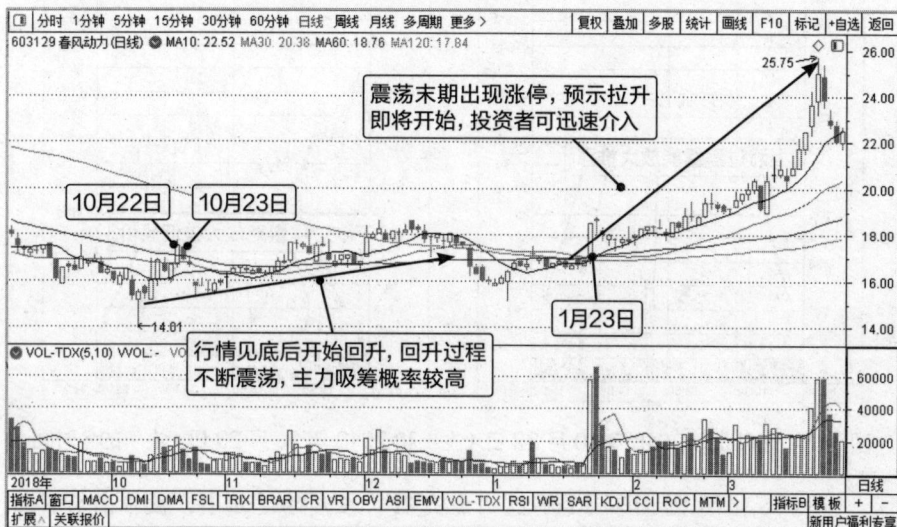

图 6-7 春风动力 2018 年 9 月到 2019 年 3 月的 K 线图

从 K 线图中可以看到，春风动力正处于上涨初期。均线的走势显示，在 2018 年 9 月该股还处于下跌状态，直到 10 月初一根带长下影线的小阳线出现，创出 14.01 元的新低，下跌行情才终于见底。

在此之后，股价开始了缓慢回升，但回升的过程伴随着不断的震荡，阳线与阴线交错出现，成交量也呈波浪式起伏。在这段时间内，股价常常出现数个交易日被推涨，紧接着又被拉低，数日后再次被推涨的状态，带有明显的人为操控痕迹。

这样的走势出现在股价低位，就很有可能是主力在介入操作。并且从震荡上涨的状态来看，主力正在进行上涨式吸筹的概率较大，投资者可以结合分时图中是否出现大单来判断。

如图 6-8 所示是春风动力 2018 年 10 月 22 日和 2018 年 10 月 23 日的分时图。

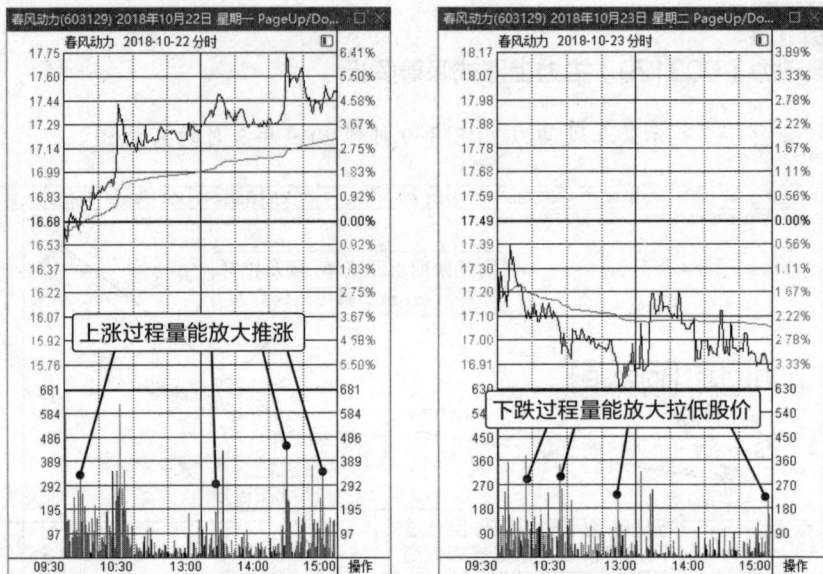

图6-8　春风动力2018年10月22日（左）和2018年10月23日（右）的分时图

2018年10月22日和10月23日就是股价在震荡过程中，被推高后再拉低得比较明显的两个交易日。

从图中可以看到，在10月22日股价处于不断被大单推高的过程，盘中由大量柱形成的成交量波峰的推涨作用非常明显。而在次日，股价在开盘后就被一波大量能迅速带动下跌，运行期间大量柱频繁出现，连续下拉股价，导致当日最终收出一根阴线。

这样的震荡走势在股价拉涨过程中反复出现，主力痕迹明显，上涨式吸筹手段基本可以确定。因此，投资者可以在震荡过程中保持观望，待到股价出现快速拉升，就立刻买进。

如图6-9所示是春风动力2019年1月23日的分时图。

1月23日正是股价震荡到末期，即将开始拉升的初始位置。可以看到，该股在这天几乎是以平价开盘，但开盘后数十分钟内，股价都在前日收盘价附近横向运行。

9:50左右，成交量开始放量，股价迅速上涨并远离前日收盘价。9:55左右，成交量出现一笔天量大单，直接将股价打到了涨停板上封住。在后续的交易时间内股价也仅仅快速开板交易了一次，就被再次封回，直至收盘。

在震荡末期出现这样的走势，意味着股价的拉升可能即将开始，前期观望的投资者可以在此位置迅速入场。如果部分投资者因为过快的封板速度而错过这天的买点，那么还可以在后续的几个交易日择时入场。

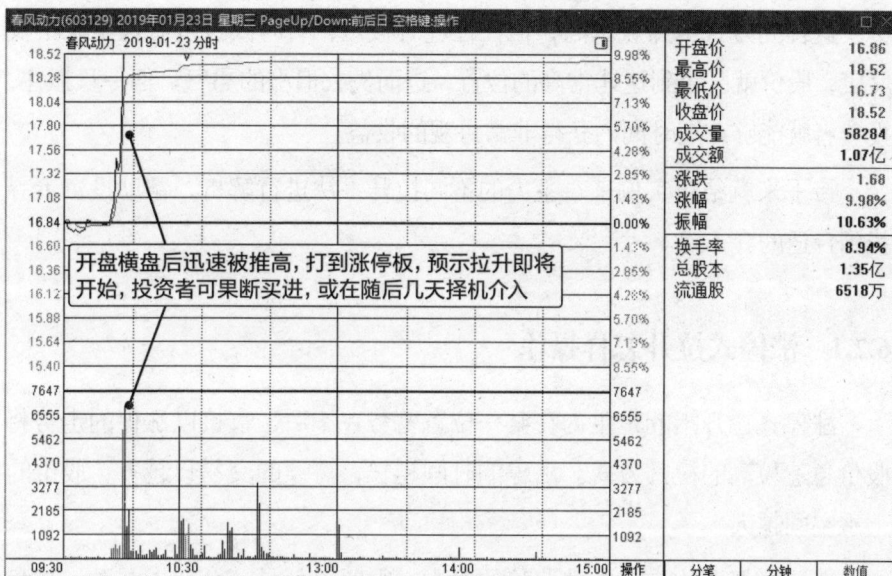

图 6-9 春风动力 2019 年 1 月 23 日的分时图

6.2 拉升阶段的分时盘面解读

拉升阶段是主力能否赚取足够利润的关键阶段，前期的长时间蓄势正是为了拉升阶段的一飞冲天。而主力的作风或是实力不同，拉升的速度和方式也有所不同。

资金不够雄厚、控盘力度较弱的主力，往往会采用拉一段洗一段，也就是拉升与整理互相穿插的手法，将股价推到更高的位置。这样的方式下风险与成本都较小，但耗时较长，对于投资者来说，需要花费更多精力在分段操作上。

而实力强劲、控盘程度高的主力，就可能会采用吸筹整理后直接一步到位的手法，拉升期间少有停顿或是整理，短时间内股价就能够达到比较高的位置。

这样的方式虽然成本高，但往往耗时极短，有时候投资者甚至来不及反应，股价就已经到达非常高的位置，进而失去追涨的勇气。但一旦抓住，投资者就能够在短时间内获得非常可观的收益。

接下来就结合实例来对主力的不同拉升手法进行解析，帮助投资者寻找到合适的介入点。

6.2.1 涨停式拉升怎样操作

涨停式拉升指的是主力在某一位置蓄势完毕后，直接以涨停的走势将股价急速拉高的拉升方式。涨停的时间越长，持续的交易日越多，股价的上涨空间越大。

以这样极端的走势拉涨股价的主力，很明显就是一个实力强劲、控盘程度高的主力。那么在遇到这样的主力时，投资者就要注意时刻关注，在拉升开启之时迅速买进，并且注意止盈，以免到达行情高位后面临股价反转的危险。

下面来看具体的案例。

`示例讲解`

星徽股份（300464）主力涨停式拉升解析

如图 6-10 所示是星徽股份 2019 年 12 月到 2020 年 8 月的 K 线图。

从 K 线图中均线的状态可以看到，星徽股份在 2019 年 12 月期间还处于上涨状态，但在 2020 年 1 月初时就出现了回落迹象，后续开始在震荡中下跌，进入长时间的回调整理中。

在回调过程中，成交量不断缩减，市场交易逐渐冷淡。直到 6 月中下旬，股价终于在 8.95 元的位置见底并回升，成交量开始逐步放大，股价缓慢上涨，并且涨速逐渐加快，有回归上涨轨道的趋势。

那么投资者就可以对其保持关注，在明显上涨信号出现时立刻买进。

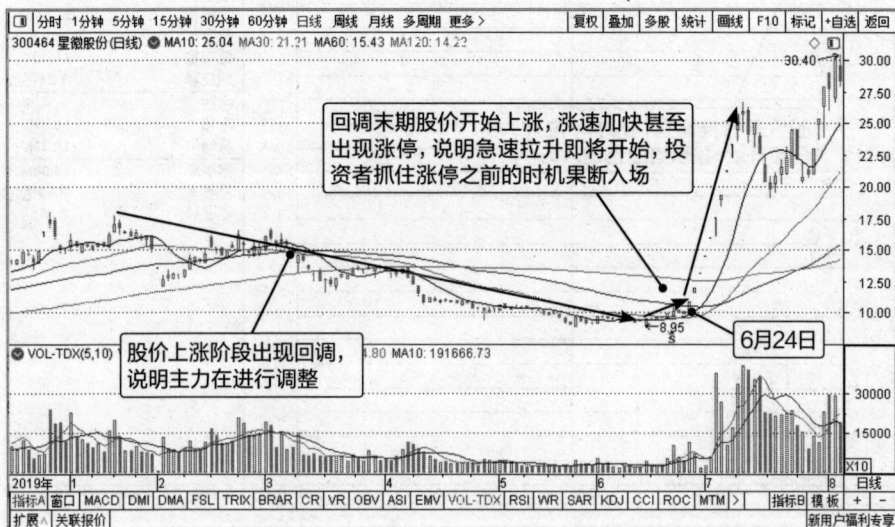

图 6-10　星徽股份 2019 年 12 月到 2020 年 8 月的 K 线图

如图 6-11 所示是星徽股份 2020 年 6 月 24 日的分时图。

6 月 24 日正处于拉升的起始位置，从分时走势可以看到，星徽股份在以高价开盘后就被迅速推高，整体走势非常强势。盘中成交量的支撑力充足，说明做多力量的坚定。

9:54 时，成交量放出一根天量，直接将股价拉到了涨停板上封住，直到收盘也再没有开板交易过，当日以一根涨停的阳线报收。

在回调末期出现分时图开盘急速拉升涨停的走势，已经充分说明了主力的意图，即快速将价格拉升到相对高位。那么投资者在这一天就要抓住时机，在涨停封板之前果断买进。

而从该股后续的走势来看，在 6 月 24 日之后股价就开始了连续的涨停，一字涨停板频繁出现。可以看出，主力并不打算给没有来得及入场的投资者留下太多入场机会，所以投资者就要发现涨停端倪时果断入场，充分扩大自己的获利空间。

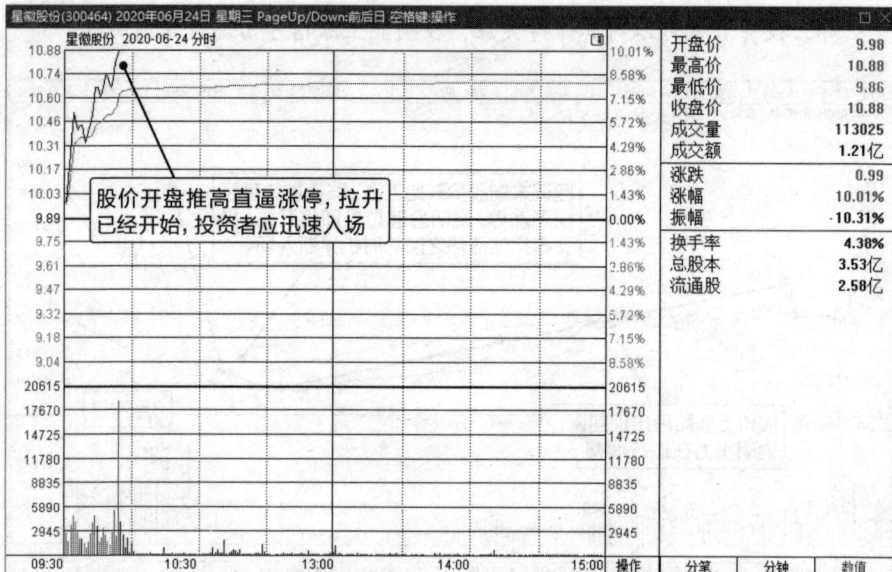

图 6-11 星徽股份 2020 年 6 月 24 日的分时图

6.2.2 放量式拉升怎样操作

放量式拉升指的是主力完成吸筹后，通过成交量量能逐步放大的方式来拉升股价。

这样的拉升方式对主力来说比较稳妥，花费的代价也比较小。缺点是场内不坚定的浮筹较多，会加大拉升阻力，主力需要时不时地停下来整理或是震仓，在浮筹换手后再继续拉升。因此，股价可能会呈现不太稳定的震荡上涨，或是上涨一段整理一段的走势。

对于投资者来说，这样的走势比较好找介入点。但如果股价的震荡太

过频繁，那么分段操作可能就比较麻烦，投资者可以根据实际情况和自身
需求选择买卖频率。

　　下面来看具体的案例。

昊华能源（601101）主力放量式拉升解析

　　如图 6-12 所示是昊华能源 2021 年 2 月到 6 月的 K 线图。

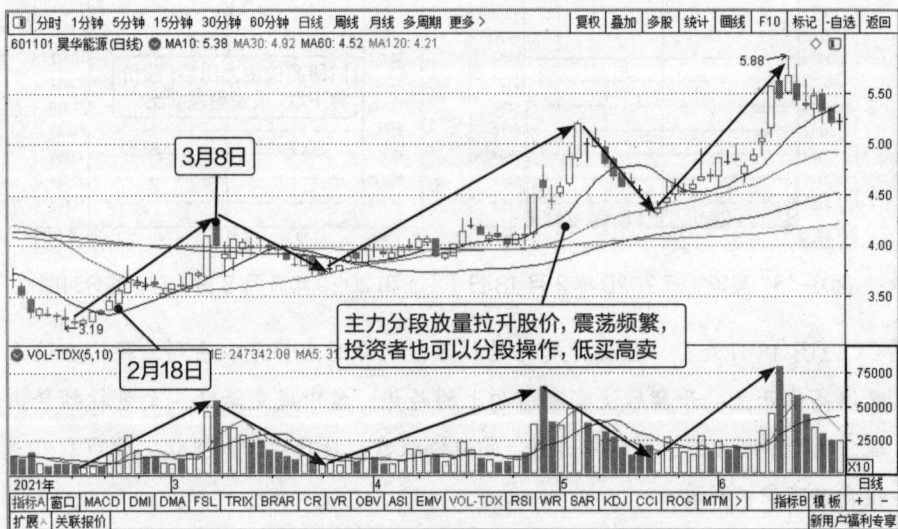

图 6-12　昊华能源 2021 年 2 月到 6 月的 K 线图

　　从 K 线图中可以看到，昊华能源正处于上涨初期，前期的下跌在 2 月中
上旬于 3.19 元的位置见底，随后便开始回升。

　　在股价回升的同时，成交量也在逐步放量，推动股价向上攀升。但每一
段的拉升都不是一步到位，而是呈现不断震荡、阴阳线交错的状态，并且在
股价上涨到一定高位时，就会出现一波放大的成交量拉低股价。

　　这样的走势不断重复，说明主力的拉升过程并不顺利，在到达一定位
置后就需要停下来整理。那么投资者在这种走势中就可以采用分段操作的方
法，也就是拉升起始买进，拉升见顶卖出，分段赚取收益。

如图6-13所示是昊华能源2020年2月18日和2020年3月8日的分时图。

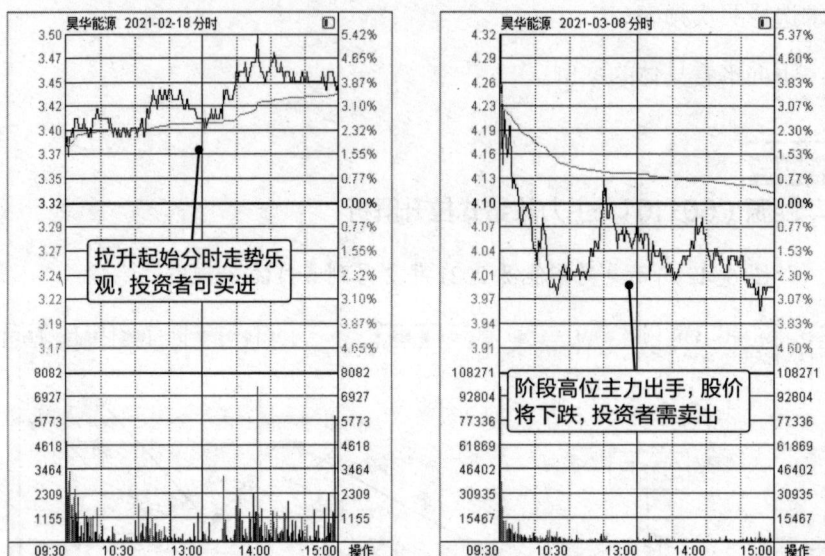

图6-13　昊华能源2020年2月18日（左）和2020年3月8日（右）的分时图

2月18日处于一段拉升起始的位置，从分时走势可以看到，股价在这天是以高价开盘，开盘后便有震荡向上的趋势。盘中成交活跃，大量柱频繁出现，股价不断上涨，最终以3.92%的涨幅收盘，当日以阳线报收，后市看好，投资者可伺机买进。

而3月8日则是股价上涨到一定高度后，主力出手将股价拉低的一个交易日。从分时走势可以看到，股价在这天是以高价开盘，但开盘后就有成交量大单出现，股价被一路下拉。如此明显的下跌，说明股价可能即将回调，那么投资者就要抓紧时间离场。

6.2.3　无量式拉升怎样操作

无量式拉升指的是主力在积累了足够的能量后开始拉升股价，但成交量却在股价上涨的同时出现缩减，或者无明显增大的状态，二者形成了量缩价涨或者量平价涨的背离。

这样的拉升常出现在股价长时间的低位横盘或是下跌后，市场早已被长期弱势的走势消磨了信心，还活跃在场内的买卖盘并不多，更没有多少投资者会注意到主力的吸筹行为。

在这样的情况下，主力对筹码的锁定程度比较高，对盘面的控制程度也较大，因此不需要花费太多的能量就能轻易将股价抬高，使其形成无量上涨的走势。

长时间的潜伏吸筹说明主力对目标股的未来潜力是高度看好的，那么该股后续的上涨空间也不会太小，投资者在观察到股价低位出现这样的走势时，就可以积极买进了。

下面来看具体的案例。

示例讲解
和顺电气（300141）主力无量式拉升解析

如图6-14所示是和顺电气2018年9月到12月的K线图。

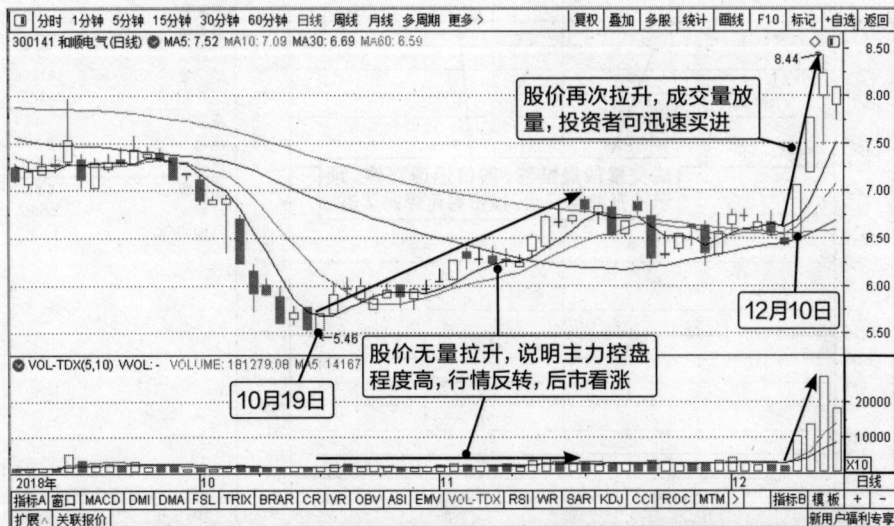

图6-14 和顺电气2018年9月到12月的K线图

从 K 线图中可以看到，和顺电气正处于行情的底部。在 9 月底到 10 月中旬期间，股价出现了再次的下跌，跌速不断加快，最终在 10 月 19 日创出 5.46 元的新低，行情见底回升。

接下来的时间股价不断攀升，从 5.50 元的价位线附近一路上涨至接近 7.00 元的价位线，随后横盘整理。但成交量在此期间却并未出现明显放量，而是横向运行，与股价形成了量平价涨的背离。

在长时间下跌的底部，股价见底回升后出现这样的无量拉升走势，说明主力已经在前期积累了足够的力量，仓中有足够的筹码，因此将股价抬高就不需要太大的量能。这一点从前期股价的加速下跌也可以看出，正是主力的下跌式吸筹的行为。

在判断出主力的存在后，投资者就可以确定后市的上涨将持续，那么在股价整理结束继续拉升时，就可以立刻买进。

如图 6-15 所示是和顺电气 2018 年 12 月 10 日的分时图。

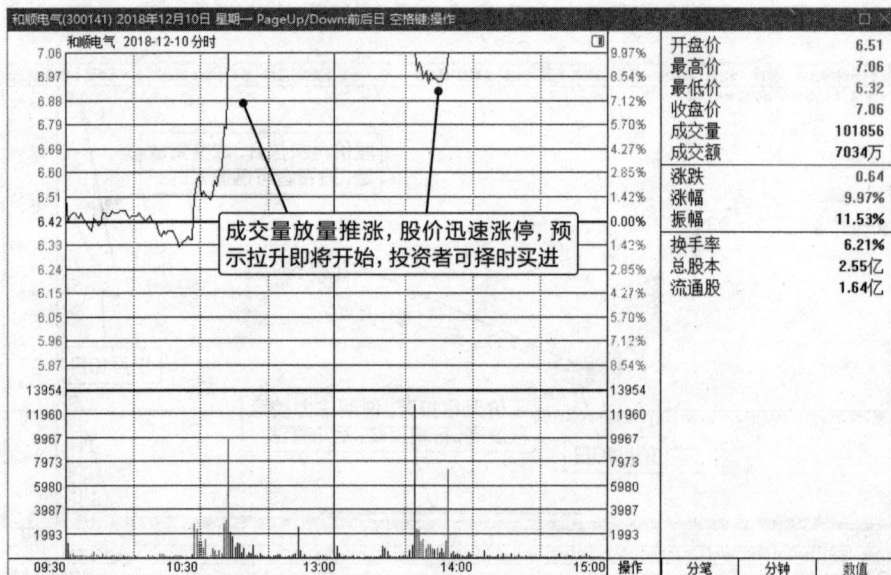

图 6-15　和顺电气 2018 年 12 月 10 日的分时图

12 月 10 日正是股价整理完成后开始拉升的一个交易日。从分时走势可以看到，股价在开盘后就在围绕前日收盘价横向运行，但在 10:27 左右成交量放出大量，股价迅速上涨。随后数十分钟，成交量缩减后再放大，推动股价一路呈斜线上冲，直到涨停。

在后续的交易时间内，股价仅在 13:34 被砸开涨停板后开板交易了数十分钟，就再次封板直至收盘。如此强劲的涨势预示着拉升又一次开始，那么投资者就要抓住时机在涨停之前或是开板时果断买进。

6.3　出货阶段的分时盘面解读

在经历了吸筹、整理与拉升阶段后，主力终于来到了最后一个环节，也就是兑现前期的涨幅，将利润收入囊中的出货环节。

主力将股价拉高到预期位置后，就要开始计划如何出货。因为要想将手中握着的大量筹码在高位抛出，就一定要有足够的买盘来承接。但股价在到达高位后，许多投资者已经不敢追涨，并且获利盘还在不断地施加抛压，主力想要顺利出货并不容易。

因此，主力在出货阶段可能会采用各种手段来营造股价在后市还将继续上涨的假象，诱导市场产生热烈的追涨情绪，买盘不断扩大，逐步消化掉主力手中的筹码，进而达到出货目的。

所以投资者一定要学会辨别主力在出货阶段的诱多行为，分析其出货手法，在关键时刻及时跟随出局，避免遭受更大损失。

6.3.1　推升式出货抓住卖点

推升式出货指的是股价在到达高位后涨势减缓，出现滞涨或是下跌的走势。此时主力再次发力将股价缓慢向上推，营造股价回调或整理后再次上升的形态，诱导投资者追高。

在推升的过程中，主力就已经在暗中分批出货了，但为了不惊动外界，主力的操作比较分散和隐蔽。而盲目追涨的散户往往不会注意到这样的异动，最终就会遭受损失。

其实，只要在分时图中仔细观察还是会发现大量的卖单存在，这其中不仅有获利盘抛售的卖单，也有主力暗中散出的卖单。投资者只要发现端倪，就应该及时止盈出局，避开可能的反转风险。

下面来看具体的案例。

建设机械（600984）主力推升式出货解析

如图 6-16 所示是建设机械 2020 年 5 月到 10 月的 K 线图。

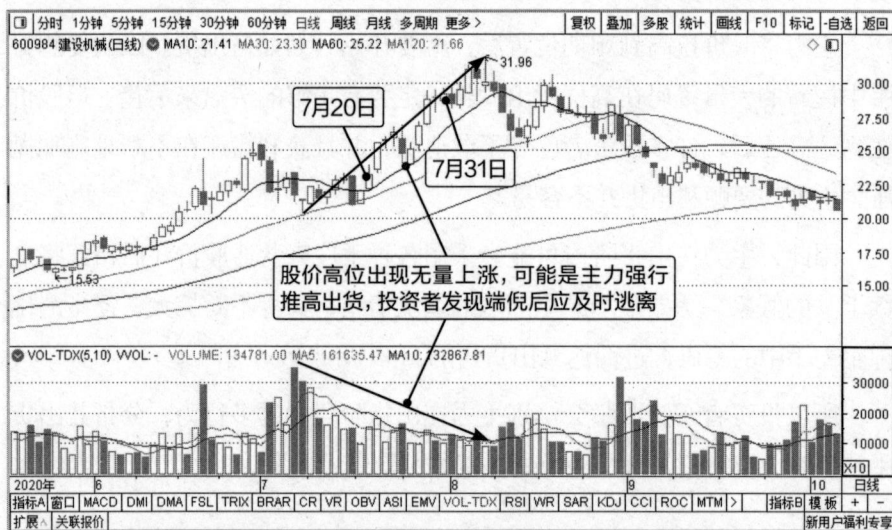

图 6-16　建设机械 2020 年 5 月到 10 月的 K 线图

从 K 线图中可以看到，建设机械正处于行情的高位处，在 5 月到 7 月期间股价还在上涨。但从成交量的状态可以看出，7 月初股价阶段见顶回落后，成交量就开始逐渐缩减，直到股价止跌回升，其量能都没有相应放大，整体呈现量缩价涨的背离状态。

在股价运行到高位出现这样的状态，说明股价已经失去了成交量的支撑，在后续很难再有大的上涨空间。但在成交量缩量的这段时间内，股价的涨速还有所加快，那么就有可能是主力在故意推高，意图出货。

投资者在K线图中注意到这样的异常状态时，还需要仔细观察这段时间的分时走势，以确定主力的行为。

如图6-17所示是建设机械2020年7月20日和2020年7月31日的分时图。

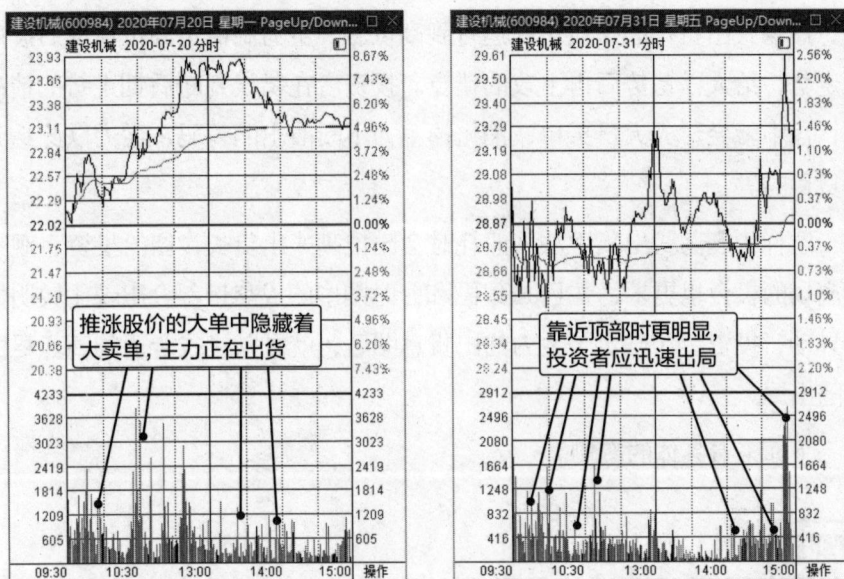

图6-17 建设机械2020年7月20日（左）和2020年7月31日（右）的分时图

7月20日位于股价回调结束后，再次拉升的起始位置。从分时走势可以看到，该股在当日开盘后就被不断出现的大单向上推涨，整个早盘期间几乎都保持着积极的上涨状态，最大涨幅达到了8.67%。尽管在下午时段股价出现下跌后横盘的走势，但最终还是以5.45%的涨幅收盘。

分时走势似乎并没有什么异样，但投资者仔细观察分时图中的成交量就可以发现，在许多推涨的大笔成交量中，还隐藏着不少拉低股价的大单。

7月31日的分时图成交量也是如此，这天已经比较接近股价顶部了，因此分时图中的异动会更为明显。可以看到，股价在这天开盘后就在不断震荡，追涨的买单和散户以及主力散出的卖单交错，不断拉扯股价，导致其出现锯齿状的横盘走势。

虽然在尾盘时股价还是被主力强行推涨，但机警的投资者已经可以察觉到危险了，此时就应该迅速止盈出局，尽早地避开被套的危险。

6.3.2 震荡式出货抓住卖点

震荡式出货指的是股价在运行到高位后，主力制造出高位滞涨后震荡的走势，给人以蓄势后再上攻的错觉。投资者在错误判断后期走势的情况下，盘中就会形成大量买单，消化掉主力不断散出的筹码，主力以此达到出货目的。

这样的震荡式出货手法一般耗时会比推高式出货长，留给投资者观察和离场的机会也更多，并且 K 线图和分时图中的成交量都会出现比较明显的异动，投资者在确定了主力的出货意图后，就可以寻找合适的高点尽快跟随出局。

下面来看具体的案例。

示例讲解

沃华医药（002107）主力震荡式出货解析

如图 6-18 所示是沃华医药 2020 年 4 月到 9 月的 K 线图。

从 K 线图中可以看到，沃华医药正处于行情的高位，并在 6 月初涨势极快。成交量迅速放大形成量峰，随后在回调时自然缩减，股价滞涨，并很快开始了在高位的震荡。

在 7 月初股价再次上涨时，成交量放大的量能并没有超越前期的峰值，且在后期股价继续上冲的同时还在回缩，股价失去成交量支撑很快下跌。仔细观察成交量可以发现，在股价下跌时，成交量量能还有所放大，说明其中很可能有主力出手，这一点从分时图中看得更清楚。

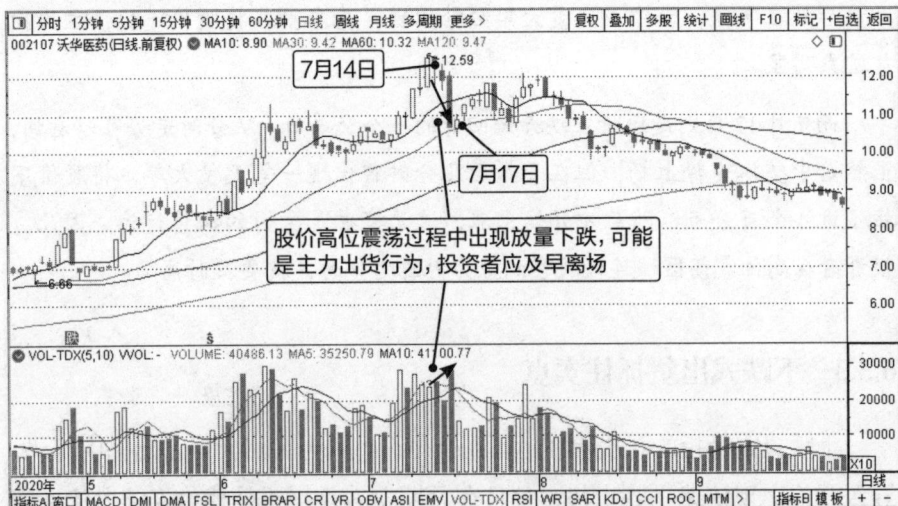

图6-18 沃华医药2020年4月到9月的K线图

如图6-19所示是沃华医药2020年7月14日和2020年7月17日的分时图。

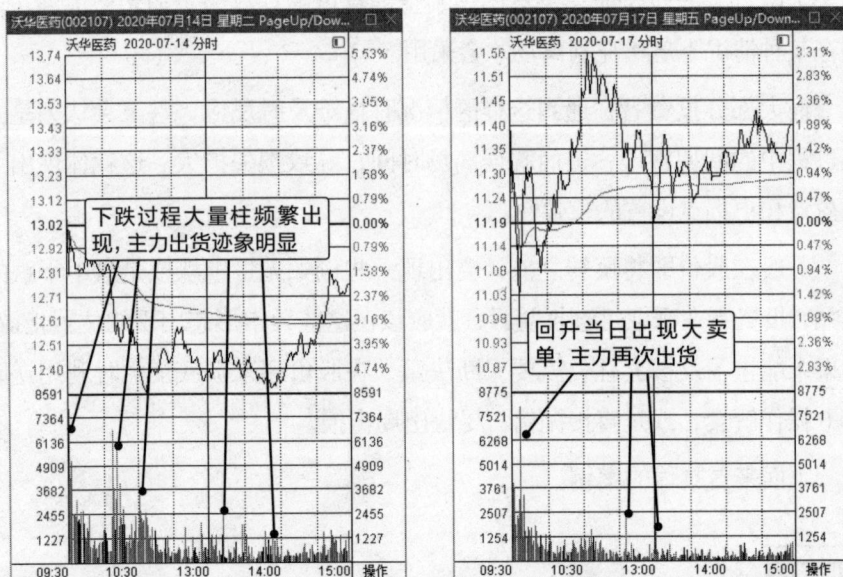

图6-19 沃华医药2020年7月14日（左）和2020年7月17日（右）的分时图

7月14日正是股价下跌的第一个交易日。从分时走势可以看到，股价从开盘后就在下跌，盘中成交量大单频繁出现，基本都在将股价下拉，主力抛售迹象明显。

而7月17日则是股价止跌开始回升的一个交易日。从分时走势可以看到，虽然盘中整体走势上扬，但在开盘后几分钟曾出现一笔天量大单，将股价下拉了近4个百分点，随后才开始上涨，这无疑也是主力的抛售行为。因此，投资者在高位震荡区域连续观察到主力抛售迹象时，就要及时离场。

6.3.3 下跌式出货抓住卖点

下跌式出货指的是股价在运行到高位后，主力突然大量抛出手中筹码，导致股价出现快速下跌走势，并且在后期主力几乎不计代价连续抛售，使得股价跌势持续。

这样的下跌式出货方式速度极快，并且杀伤力非常大，主力的收益也会大大降低。一般是股票突然出现利空消息可能崩盘，主力想要逃离，或是在某种情况下急于兑利离场才会采用。

而大部分投资者在遇到这样的情况时很难及时反应，甚至会认为是上涨过程中的回调整理，进而耽误离场时间，导致损失扩大。这就体现出了止盈点和止损点设置的重要性。

一般在股价即将反转之前，会出现一些例如无量上涨或是盘中下跌的征兆，投资者在赚取足够收益后，就应该在这些异常形态出现的位置止盈。如果未能止盈反被套住，就要果断决策，在股价还未彻底崩盘时利用逆向T+0操作解套，或是直接抛售，尽快出局止损。

下面来看具体的案例。

示例讲解
海汽集团（603069）主力下跌式出货解析

如图6-20所示是海汽集团2020年6月到10月的K线图。

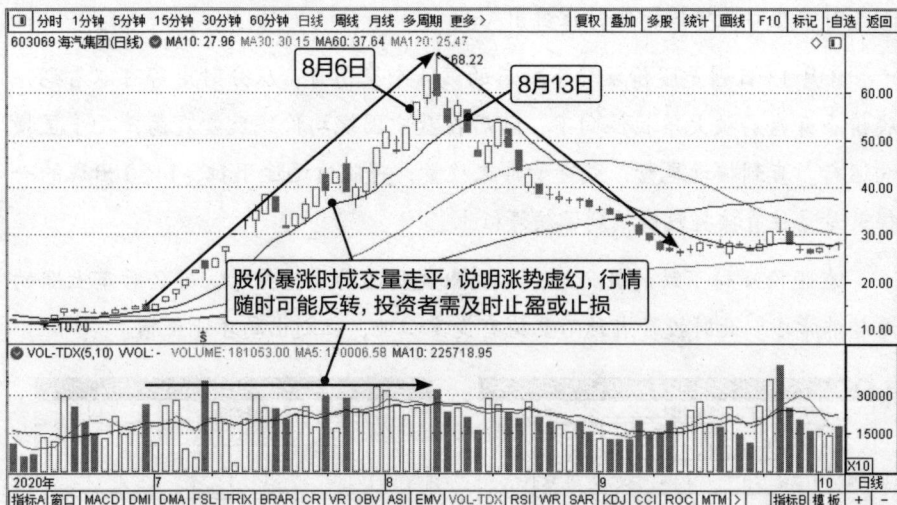

图6-20 海汽集团2020年6月到10月的K线图

从K线图中可以看到，海汽集团正处于行情的高位，在7月到8月上旬期间股价的涨势非常迅猛，涨停板连续出现，涨速十分惊人。

然而在急速上涨的过程中，成交量却并没有连续放大。股价在没有足够支撑的情况下暴涨，本身就透露出一种危机感，并且在后期很难继续坚持这样的涨势，反转随时可能到来。

8月中上旬，股价在涨停的次日就出现7.31%的下跌。大好涨势骤停，股价迅速收阴下跌，快速下跌之势几乎与前期涨速相当，说明主力正在大批出货。

可以看到，主力在进行下跌式出货时速度极快。为避免被套，投资者需要在此之前寻找到止盈点；如果未及时止盈被套，就要在下跌后寻找止损点。

如图6-21所示是海汽集团2020年8月6日和2020年8月13日的分时图。

8月6日是靠近股价顶部的一个交易日，从分时走势可以看到，该股在开盘后就迅速震荡上涨，一个小时不到的时间就冲上了涨停板。在封板数十分钟后，涨停板被大单砸开，随后不断震荡开板交易。

在股价高位出现的盘中震荡开板形态，说明可能是主力的诱多行为，误导散户跟风追涨，同时自身也在散出手中筹码。投资者在观察到这样的分时形态时就应心生警惕，及时止盈出局。

8月13日则是股价反转下跌后的第4个交易日，从分时走势可以看到，股价在开盘后被大单拉低向下，随后在盘中围绕均价线反复震荡，几乎呈横向运行。直到接近尾盘，成交量再次放量，将股价迅速下拉，14:30出现的一根天量量柱直接将股价拉到了跌停板上。

在股价反转下跌的数日后，再次出现明显的看空信号，那么后市上涨的希望非常小。此时投资者就不要抱有侥幸心理，立刻出局才能止损。

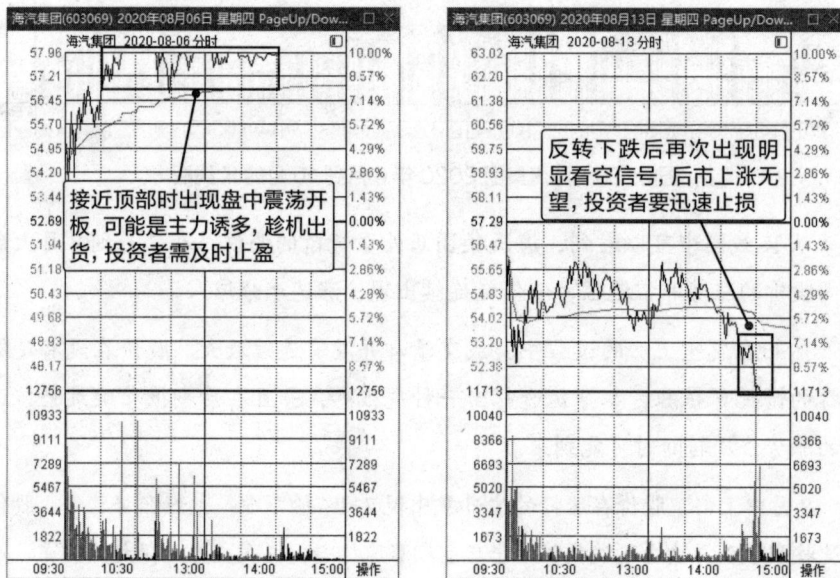

图6-21　海汽集团2020年8月6日（左）和2020年8月13日（右）的分时图

第7章

技术指标结合分时图研判

投资者从技术面分析股票走势、寻找买卖点时，往往需要借助一些技术指标的帮助，如常见的MACD、KDJ等。这些辅助指标能够传递许多在分时走势中难以显示的信息，而投资者通过股价走势与技术指标的结合，就能够更准确地判断走势，决策买卖。

7.1 指标之王 MACD 与分时图结合

MACD（Moving Average Convergence and Divergence）指标中文全称为平滑异同移动平均线，是一种用于研判股票买卖时机、跟踪股价运行趋势的技术分析工具。

MACD 指标因其广泛的运用范围、对趋势性行情的有效把握以及实战操作的精准度，成为众多技术指标中极为经典的一种，常被称为"指标之王"，因此也是投资者需要重点掌握的指标之一。

MACD 指标由快速 DIF 线、慢速 DEA 线、零轴和 MACD 柱状线构成。在对其进行分析时，主要关注 DIF 线与 DEA 线之间的交叉形态、MACD 柱状线的方向以及 DIF 线与股价之间的背离形态。通过指标的不同表现，投资者就能够得到多种信号，再结合分时走势，实现较为精准的研判。

7.1.1 DIF 与 DEA 金叉看多

DIF 与 DEA 的金叉指的是 DIF 向上突破 DEA 产生的交叉，说明股市处于强势状态，预示着股价可能出现上涨。

但在不同位置出现的金叉，指标发出的看多信号强弱是不同的。投资者需要知道，MACD 指标的零轴是市场多空的分界线。简单来说，就是当 MACD 柱状线位于零轴上方时，市场处于强势；当 MACD 柱状线位于零轴下方时，市场处于弱势。

一般来说，在零轴上方出现的金叉要比零轴下方的金叉有优势，其传递的买入信号更为准确，通常预示着上升行情的出现或是拉升的起始。而在这些位置确定上涨趋势后，投资者就可以进入分时图，在其中再次叠加 MACD 指标，进一步寻找可靠的买点。

下面来看具体的案例。

示例讲解

久立特材（002318）MACD 指标 DIF 与 DEA 金叉解析

如图 7-1 所示是久立特材 2018 年 11 月到 2019 年 4 月的 K 线图。

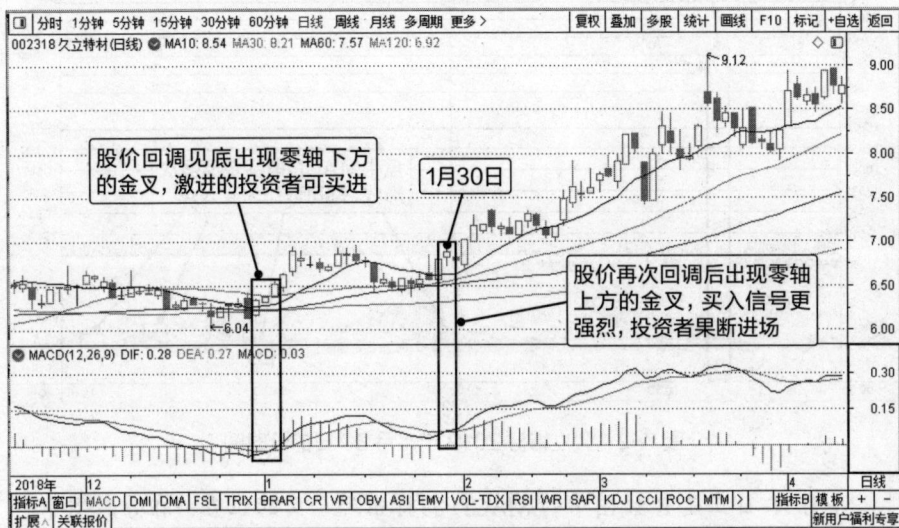

图 7-1　久立特材 2018 年 11 月到 2019 年 4 月的 K 线图

从图中可以看到，久立特材正处于上涨行情之中。在 2018 年 12 月期间股价还处于整理状态，股价缓慢下滑，MACD 指标的快慢线也从多头市场逐渐下滑到空头市场中。

12 月底，股价的回调进入末期，开始有所上升，MACD 指标的两条线也在拐头向上。2019 年 1 月初，DIF 成功上穿 DEA，形成了一个在零轴下方的金叉，预示着股价即将上涨，激进的投资者在此处可以轻仓试探。

1 月中旬，股价上涨至 7.00 元价位线附近受阻下跌，但很快便在 6.50 元价位线上受到支撑再次回升。此时稍有回落的 MACD 指标也受其影响上扬，DIF 再次上穿 DEA，形成了一个在零轴上方的金叉。这一个金叉释放的买入信号就更为强烈，谨慎的投资者也可以在分时图中择机买进。

如图 7-2 所示是久立特材 2019 年 1 月 30 日的分时图。

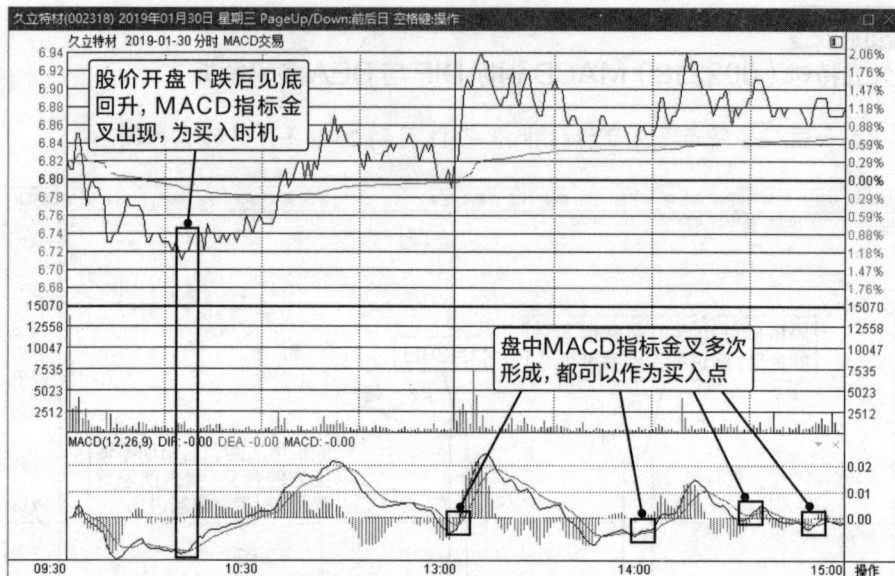

图 7-2　久立特材 2019 年 1 月 30 日的分时图

1 月 30 日正是 K 线图中的 MACD 指标出现金叉的位置，在分时图中再叠加 MACD 指标，能够更清晰地确定买点。

从分时走势可以看到，股价在开盘后有一段时间的震荡下跌，MACD 指标也一路下滑。10:05 左右，股价在 6.72 元价位线附近止跌回升，而 MACD 指标此时也在零轴下方形成了一个金叉，传递出明确的买入信号，投资者此时就可以积极买进。

在后续的走势中，MACD 指标的金叉也出现了数次，每一次对应的基本都是股价的回调低位。错过前期买点的投资者也可以在这些位置入场，以抓住后续涨幅。

7.1.2　DIF 与 DEA 死叉看空

DIF 与 DEA 的死叉在技术形态上与金叉正好相反，是由 DIF 下穿 DEA 形成的，说明市场处于弱势，预示着股价后续可能下跌。

死叉出现在零轴的不同位置，预示的卖出信号强弱也有所不同。一般来说，在零轴上方的死叉警示意味会更加浓厚，尤其在行情高位和阶段高位处；在零轴下方出现的死叉往往预示着下跌行情的延续，提醒投资者及时止损。

在这些位置发现 MACD 指标的死叉时，投资者就需要进入分时图中分析走势，确定卖点。

下面来看具体的案例。

示例讲解

厦门钨业（600549）MACD 指标 DIF 与 DEA 死叉解析

如图 7-3 所示是厦门钨业 2020 年 12 月到 2021 年 6 月的 K 线图。

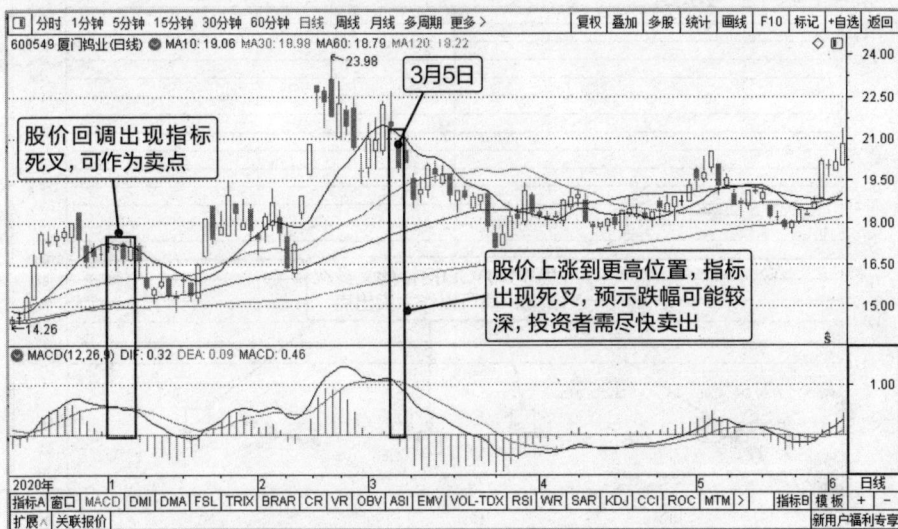

图 7-3 厦门钨业 2020 年 12 月到 2021 年 6 月的 K 线图

从图中可以看到，厦门钨业正处于上涨阶段。在 2020 年 12 月中旬到 12 月底这段时间股价连续上涨，很快便到达了阶段顶部，开始下跌。MACD 指标的两条线也从上扬转为下跌，在零轴上方形成了一个死叉，预示后市可能会出现回调，投资者此时可以先行卖出。

但此次回调持续时间不长，幅度也不大，MACD 指标在下行到零轴附近时就拐头向上形成金叉，意味着股价再次开始拉升。很快此次拉升在 19.50 元价位线附近受阻，股价再次回调，MACD 指标下行。

股价在下跌到 16.50 元价位线处止跌回升，涨势较快，MACD 指标迅速由下行转为上扬。2 月中下旬，股价创出 23.98 元的新高后冲高回落，在 19.50 元处止跌反弹，但反弹了数个交易日后就再次下跌。

MACD 指标随之震荡了一段时间后，最终在股价再次下跌的位置形成了一个死叉。这个死叉的位置较高，警示意味较浓，说明股价阶段见顶，回调幅度可能较深。短线投资者此时就要果断卖出，避开这一段下跌。

如图 7-4 所示是厦门钨业 2021 年 3 月 5 日的分时图。

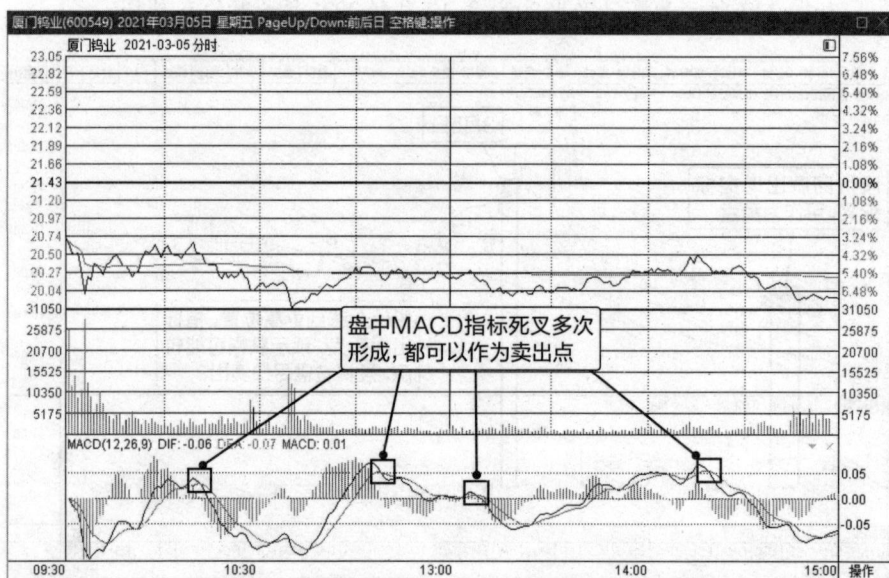

图 7-4　厦门钨业 2021 年 3 月 5 日的分时图

3 月 5 日正是 K 线图中的 MACD 指标出现死叉的位置。从分时走势可以看到，股价当日以低价开盘后就在围绕均价线震荡，在 10:09 左右来到了一个相对较高的位置，随后下跌，MACD 指标滞后几分钟在零轴上方形成死叉，一个卖点出现。

10:40 左右股价创出了 19.77 元的新低，随后受到支撑上涨，于 11:00 时触碰到均价线，但最终未能突破。股价在均价线附近缓慢震荡下滑，MACD 指标又一次形成死叉，又一个卖点出现。

在当日后续的交易时间内，股价不断上下震荡，期间还出现了数次 MACD 指标的死叉。这些死叉的位置有高有低，但相对高位的死叉基本都是见顶位置，更适合作为卖点，投资者可以在高位死叉处尽快卖出。

7.1.3　DIF 的背离形态

DIF 的背离形态主要分为两种，一种是顶部背离，另一种是底部背离。

- ◆ 当 K 线图中高点一个比一个高，而此时 DIF 的高点一个比一个低，此时就是 DIF 的顶背离，顶背离常出现在上涨行情的高位以及大幅回调的前夕，是卖出信号。

- ◆ 当 K 线图中低点一个比一个低，而此时 DIF 的低点一个比一个高，此时就是 DIF 的底背离。底背离常出现在下跌行情的低位以及深度回调的末期，是买入信号。

DIF 的背离形态出现在上涨行情的高位和下跌行情的低位时，具有非常高的参考价值，也是经历大量实践检验后被大众所认可的反转判断方法。因此，投资者在行情的反转位置观察到 MACD 指标的背离形态时，就要及时根据分时形态做出买进或卖出的决策。

下面来看具体的案例。

示例讲解
康缘药业（600557）MACD 指标底背离形态解析

如图 7-5 所示是康缘药业 2018 年 7 月到 11 月的 K 线图。

从 K 线图中可以看到，康缘药业正处于下跌行情的末期，在 8 月到 10 月上旬期间股价持续下跌。但 MACD 指标中的 DIF 却在 8 中上旬开始了逐渐上升，股价低点降低，但 DIF 高点上移，二者在行情底部形成了底背离形态，预示着后市可能上涨，看多信号出现。

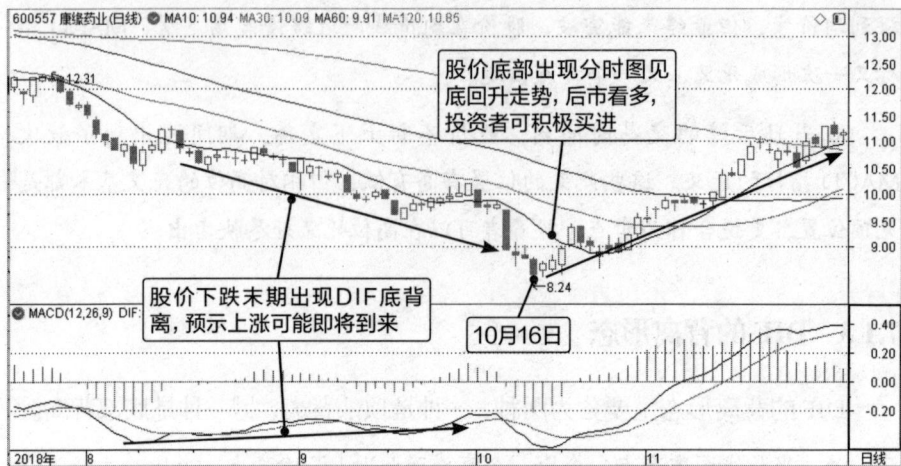

图 7-5　康缘药业 2018 年 7 月到 11 月的 K 线图

MACD 指标的底背离形态发出买入信号后，投资者就可以进入分时图寻找适宜的买点。

如图 7-6 所示是康缘药业 2018 年 10 月 16 日的分时图。

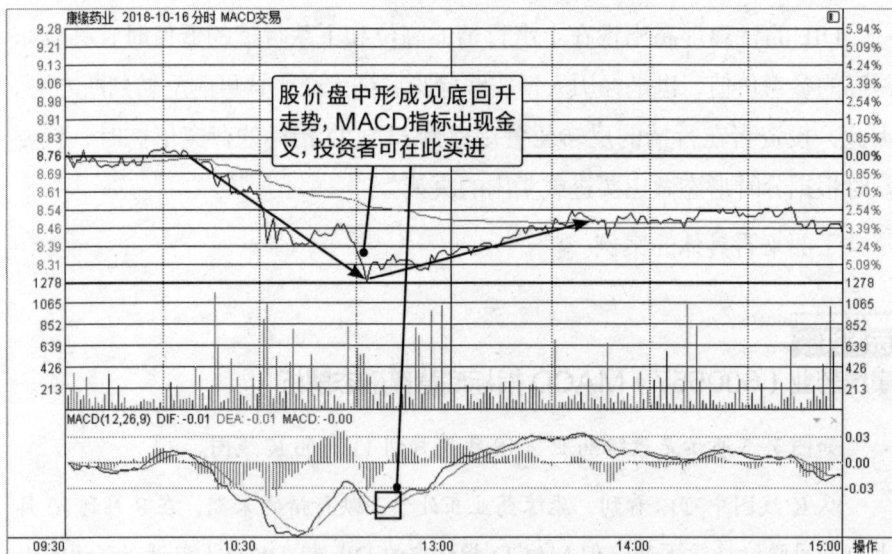

图 7-6　康缘药业 2018 年 10 月 16 日的分时图

10 月 16 日正是 K 线图中的 MACD 指标底背离形态出现后，股价见底回升的位置。从分时走势可以看到，该股在这天以平价开盘后，围绕前日收盘价横向运行了较长时间。直到 10:10 之后，股价终于彻底跌破前日收盘价和均价线，开始向下运行，其间拉低大单非常多，股价连续下滑。

11:03 左右，股价创出当日最低价 8.24 元后迅速回升，MACD 指标也很快出现金叉，后续成交量不断支撑股价上扬。13:30 左右，股价回到了均价线附近，并围绕其横向运行，直至收盘。

从整体走势可以看出，股价在盘中呈现的是触底回升的形态。在 K 线图的 MACD 指标出现底背离后，分时走势再形成触底回升，双重看多信号意味着此处可以作为一个绝佳的抄底买点，投资者可积极建仓。

7.2　超买超卖指标 KDJ 与分时图结合

KDJ（Stochastic Indicator）指标中文全称为随机指标，是一种通过研究市场超买超卖现象确定买卖点的、广泛应用于股市中短期趋势分析的技术指标。

KDJ 指标的敏感度较好，能够比较迅速、快捷、直观地研判市场趋势，因此也能够对投资者的短线高抛低吸操作起到比较好的指导作用。指标包含的 K 值、D 值和 J 值形成的各种形态可以传递出各种信息，是投资者判断行情的重要研究对象。

7.2.1　KDJ 指标金叉看多

KDJ 指标的交叉形态与 MACD 指标比较类似，也存在黄金交叉的说法。但 KDJ 指标的黄金交叉指的是 K 值、D 值和 J 值互相上穿，形成的 3 线交叉形态，是一个看多信号。

由于 KDJ 指标存在超卖区与超买区，那么金叉出现的位置不同也会影响其信号强度。

KDJ 的超卖区以 20 线为界线，在 20 线以下是超卖区，意味着抛压过大，股价下跌时间太长或跌幅太大；而超买区则以 80 线为界线，80 线以上的区域为超买区，意味着买压过大，股价上涨时间太长或涨幅太大。

因此，在超卖区或者超卖界线附近出现的金叉，可靠度会更高。尤其是当股价已经运行到行情低位或者大幅回调低位时，其传递的买入信号会更为强烈，投资者可结合分时图寻找买点介入。

下面来看具体的案例。

示例讲解
老白干酒（600559）KDJ 指标金叉形态解析

如图 7-7 所示是老白干酒 2020 年 6 月到 11 月的 K 线图。

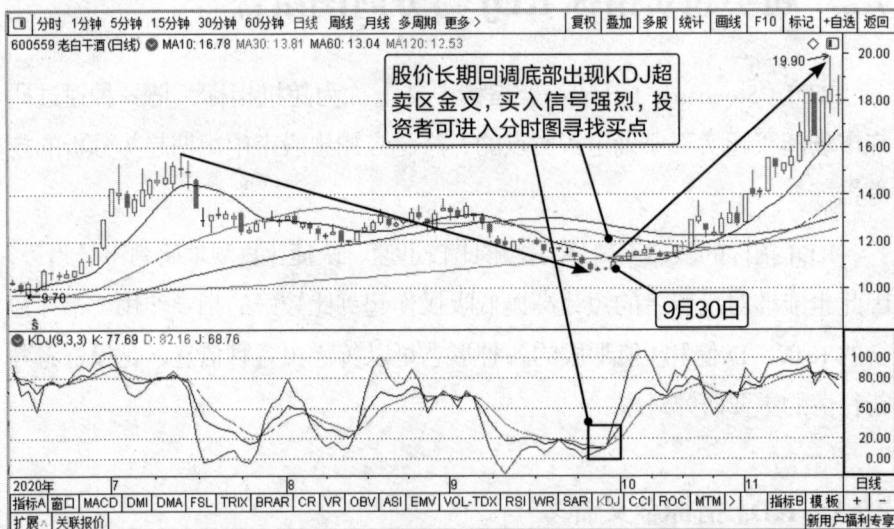

图 7-7　老白干酒 2020 年 6 月到 11 月的 K 线图

从 K 线图中可以看到，老白干酒正处于上涨阶段。但在 7 月中旬到 9 月中下旬期间，股价都在进行回调整理，KDJ 指标也从高位一路震荡下滑，逐渐运行到超卖区。

9 月底，股价在跌破 120 日均线，创出 10.63 元的新低后，很快又受到支撑回升到 120 日均线上方。在回升过程中，KDJ 指标的 3 条线纷纷拐头向上，并互相上穿，在超卖区形成了一个金叉。

在股价止跌回升后形成的超卖区金叉，传递的买入信号非常强烈。此时投资者就要迅速在分时图中确定买点，抓紧时机进场。

如图 7-8 所示是老白干酒 2020 年 9 月 30 日的分时图。

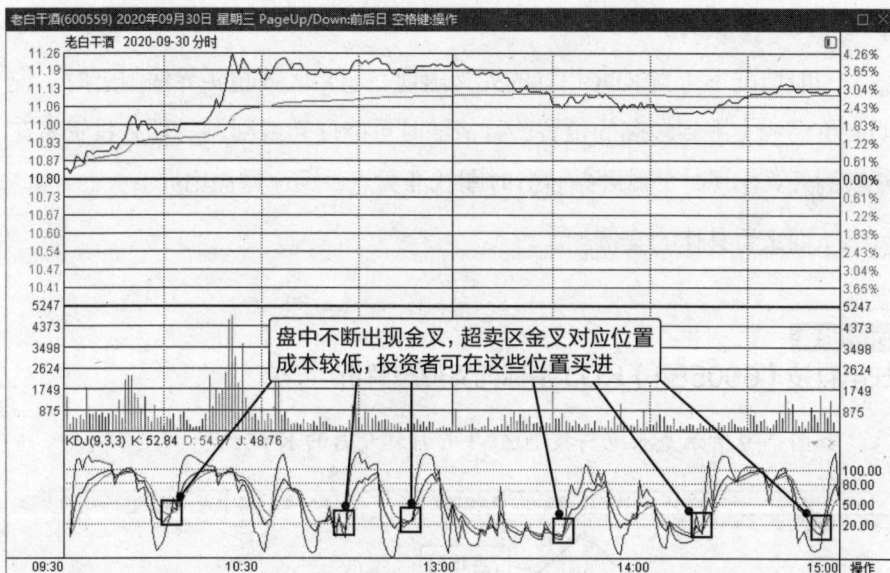

图 7-8 老白干酒 2020 年 9 月 30 日的分时图

9 月 30 日正是 K 线图中的 KDJ 指标金叉出现的位置。从分时走势可以看到，股价当日在以高价开盘后就开始稳步上涨，在成交量的放量支撑下来到了 11.00 元价位线附近，随后阶段见顶出现了下滑，KDJ 指标也随着股价的走势从高位滑落。

9:58 左右，股价在均价线附近受到支撑后快速回升，在几分钟内就越过了 11.00 元价位线向上攀升。而 KDJ 指标也在股价回升后很快形成了金叉，一个买点出现。

在后续的交易时间内，股价在上涨到高位后不断横向震荡，期间形成了非常多的金叉形态，这些金叉基本上都在 20 线附近，每一个金叉对应的位置都是股价的相对低点，在这些金叉位置买进的成本要低一些，投资者可抓住时机建仓。

7.2.2 KDJ 指标死叉看空

KDJ 指标的死叉指的是 K 值、D 值和 J 值互相下穿，形成的 3 线交叉形态，是一个看空信号。

一般情况下，当 KDJ 指标的死叉出现在超买区或超买界线附近时，说明股价已经上涨到较高的位置，行情随时可能反转或回调。那么投资者在观察到死叉出现时，就要结合分时图找准卖点，迅速抛盘出局。

下面来看具体的案例。

示例讲解
长电科技（600584）KDJ 指标死叉形态解析

如图 7-9 所示是长电科技 2020 年 6 月到 9 月的 K 线图。

图 7-9　长电科技 2020 年 6 月到 9 月的 K 线图

从 K 线图中可以看到，长电科技正处于行情的高位。在 6 月到 7 月中上旬期间股价涨势积极，速度较快，KDJ 指标的 3 条线也逐渐运行到超买区。

7 月中旬，股价在创出 53.43 元的新高后受阻回落，在超买区的 KDJ 指标迅速反应，3 条线互相下穿形成了一个高位死叉，卖出信号强烈。此时股价已经到达较高位置，KDJ 死叉的出现说明后市大概率下跌，投资者需要迅速卖出。

如图 7-10 所示是长电科技 2020 年 7 月 15 日的分时图。

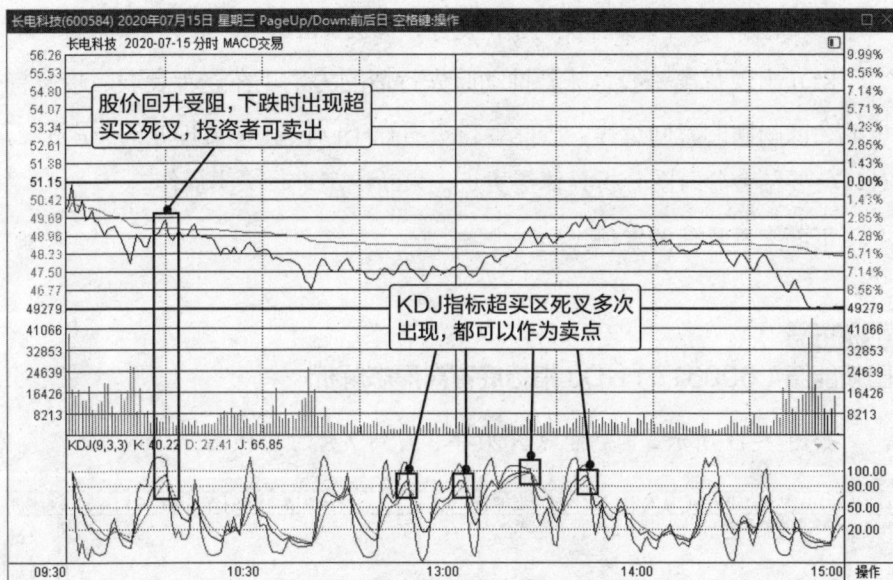

图 7-10　长电科技 2020 年 7 月 15 日的分时图

7 月 15 日正是股价见顶反转后的第一个下跌交易日，也是 K 线图中的 KDJ 指标死叉出现位置。从分时走势可以看到，股价当日以低价开盘后，成交量放量拉低，导致其连续下跌，运行到均价线下方。

9:49 左右股价暂时止跌回升，试图上穿均价线，但最终在 10:00 回落，显示为无效突破。此时 KDJ 指标也在超买区形成了向下的死叉，卖点出现。

在后续的交易时间内，股价依旧长时间运行在均价线的压制下，期间有过突破，但最终还是跌回下方。KDJ 指标形成数次超买区的死叉，错过前期卖点的投资者也可以在这些位置出货。

7.2.3　KDJ 指标的背离形态

KDJ 指标的背离形态有两种，一种是常出现在股价高位的顶背离形态，另一种是常出现在股价低位的底背离形态，两种背离的具体介绍如下。

◆ KDJ 指标顶背离指的是 K 值、D 值和 J 值在逐波向下，但行情的价格走势依然在延续原先的上涨走势，甚至创出新高，是一个卖出信号。

◆ KDJ 指标底背离指的是 K 值、D 值和 J 值在逐波向上，但行情的价格走势依然在延续原先的下降走势，甚至创出新低，是一个买入信号。

KDJ 出现背离一般意味着推动原先行情的力量正在逐步衰弱，趋势有可能会面临新的方向选择。因此，投资者在不同位置发现 KDJ 的背离形态时，就要结合分时图分析具体买卖点，果断决策进行买卖操作。

下面来看具体的案例。

示例讲解
国新能源（600617）KDJ 指标底背离形态解析

如图 7-11 所示是国新能源 2020 年 3 月到 7 月的 K 线图。

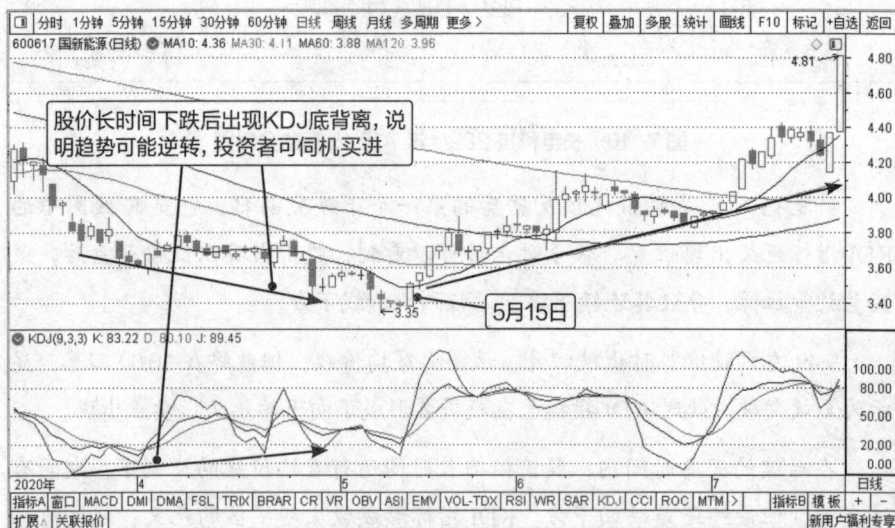

图 7-11　国新能源 2020 年 3 月到 7 月的 K 线图

　　从 K 线图中可以看到，国新能源正处于下跌行情的末期。在 3 月到 4 月期间，股价还在震荡中不断下跌，低点持续下移。但与此同时，KDJ 指标的低点却一个比一个高，与股价形成了底背离。

　　在股价长期下跌后 KDJ 形成底背离，说明后市可能出现趋势的逆转。那么此时投资者就要对其保持高度关注，当股价出现明显上涨信号时迅速买进。

　　如图 7-12 所示是国新能源 2020 年 5 月 15 日的分时图。

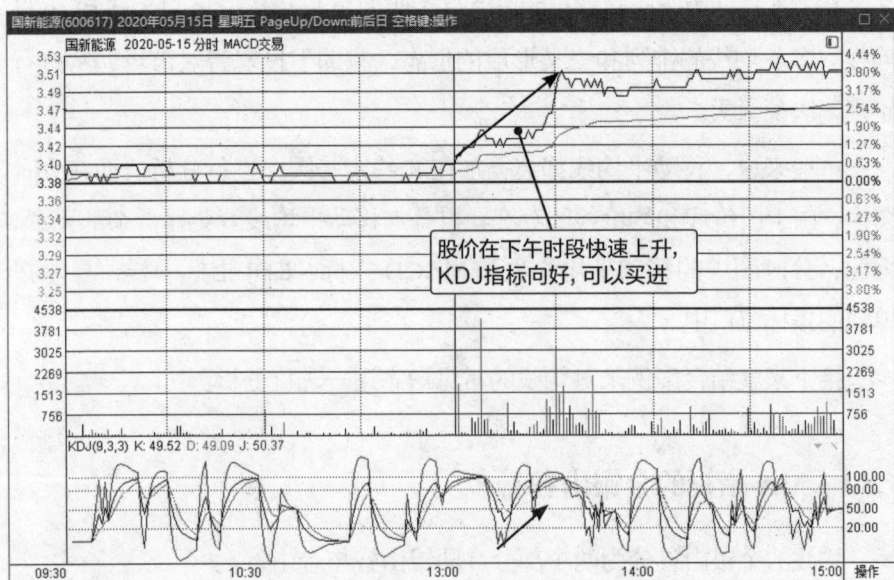

图 7-12　国新能源 2020 年 5 月 15 日的分时图

　　5 月 15 日正是股价见底回升后的第 3 个交易日，也是股价快速拉升的一个交易日。从分时走势可以看到，股价当日以平价开盘后，就被长时间限制在前日收盘价 3.38 元与 3.40 元之间横盘运行，波动幅度非常小，均价线也几乎呈一条直线。

　　下午时段开盘后，股价很快向上突破了盘整区间压力线，开始向高位运行，而 KDJ 指标也随之运行到超买区。虽然指标在股价回调时出现了一个死叉预示下跌，但很快又再次向上，股价在数分钟内重拾升势，此时就是一个比较好的买点。

7.3 趋势指标 MA 与分时图结合

MA（Moving Average）指标的中文全称为移动平均线，也就是投资者常说的均线。它是将一定时期内的证券价格（指数）加以平均，并把不同时间的平均值连接起来，形成一条 MA 曲线，用于观察证券价格变动趋势的一种技术指标。

在实战操作中，比较常用的是 5 日均线、10 日均线、30 日均线和 60 日均线。多条均线的排列和交叉形成的形态，有助于投资者对市场趋势进行研判，决策买卖。

一般来说，移动平均线都会叠加在 K 线走势图中进行分析。而在分时图中，由于股价线和均价线的存在，再叠加移动平均线就会显得杂乱无章。因此，分时图中的移动平均线也和 MACD 指标、KDJ 指标一样，显示在单独的指标窗口中。

接下来就结合案例来对均线的常见形态逐一进行分析。

7.3.1 MA 指标的金银山谷看多

均线的金银山谷分为两个部分，即银山谷与金山谷。

◆ 银山谷由 3 条均线构成，是由短期均线先上穿中期均线，中期均线再上穿长期均线，形成的一个尖角朝上的不规则三边形，往往出现在股价上涨的启动位置。

◆ 金山谷的技术形态与银山谷基本一致，但出现的位置要在银山谷之后，高度也相对更高。

这两个山谷形态出现的位置一前一后、一低一高，组合在一起是胜算比较高的买入信号。而且两个山谷相隔距离越远，目标股的上涨空间就可能越大，对于短线投资者来说，可操作空间也越大。

下面来看具体的案例。

示例讲解

华鑫股份（600621）均线金银山谷形态解析

如图 7-13 所示是华鑫股份 2018 年 9 月到 2019 年 3 月的 K 线图。

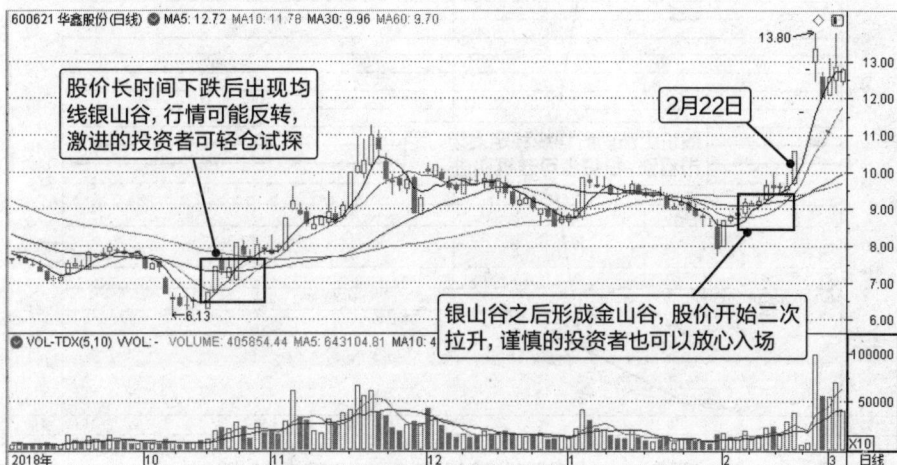

图 7-13 华鑫股份 2018 年 9 月到 2019 年 3 月的 K 线图

从 K 线图中可以看到，华鑫股份正处于上涨初期。在 2018 年 9 月期间，均线处于下行状态，说明股价在此之前仍处于下跌行情之中，直到 10 月初创出 6.13 元的新低后，才止跌回升。

在股价回升的过程中，反应最灵敏的 5 日均线首先随之转向，迅速上穿了 10 日均线，并带动其一同拐头向上。10 月中下旬，两条均线相继突破了 30 日均线，3 条均线形成了一个尖角朝上的不规则三边形，即银山谷。在股价长时间下跌后出现银山谷，说明行情可能已经反转，激进的投资者在此处可以轻仓试探。

11 月中旬，股价涨势减缓，在 11.00 元的价位线附近受阻回落，进入盘整。2019 年 2 月初，股价整理完毕开始上攻，5 日均线和 10 日均线再次连续上穿 30 日均线，在银山谷之后形成了金山谷。

金山谷距离银山谷在时间上有近 3 个月，并且位置也比银山谷高，那么此处出现的买进信号就会更强烈和可靠，谨慎的投资者也可以放心入场。

如图 7-14 所示是华鑫股份 2019 年 2 月 22 日的分时图。

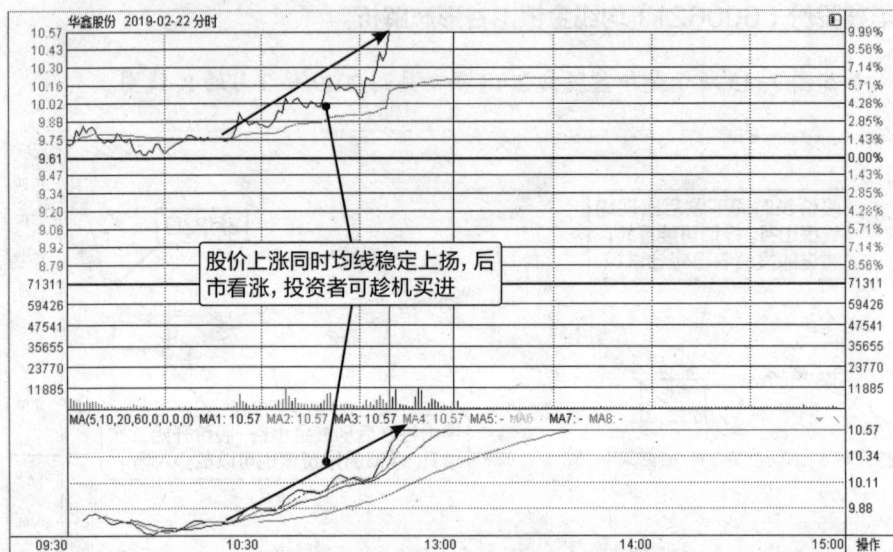

图 7-14　华鑫股份 2019 年 2 月 22 日的分时图

2 月 22 日正是 K 线图中的均线金山谷形成后快速拉升的一个交易日。从分时走势可以看到，该股当日以高价开盘后就在围绕均价线横盘运行，直到 10:20 左右，成交量开始逐步放量，股价快速向上攀升远离了均价线，开始了震荡上涨。

观察下方的均线指标可以发现，在股价横向运行期间，均线也在低位横盘。但当股价开始上涨时，均线也随之出现了上扬走势，并且 60 分钟均线和 30 分钟均线涨势稳定，起到了强大的支撑作用，后续看涨，此时投资者就可以快速买进。

7.3.2　MA 指标的死亡谷看空

均线的死亡谷同样由 3 条均线构成，是由短期均线下穿中期均线，中期均线随后下穿长期均线，出现的尖角向下的不规则三边形形态。

与金银山谷不同，死亡谷只存在一个山谷形态，传递的是股价阶段见

顶或是行情见顶，是即将下跌的信号。投资者在股价的相对高位发现死亡
谷形态出现时，就要及时从分时图中寻找卖点，立即出局，避开下跌。

下面来看具体的案例。

示例讲解

光大嘉宝（600622）均线死亡谷形态解析

如图 7-15 所示是光大嘉宝 2019 年 1 月到 7 月的 K 线图。

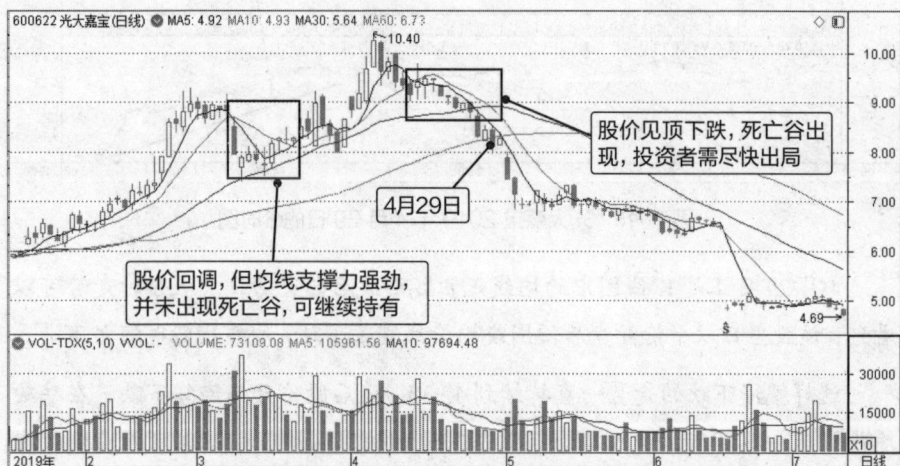

图 7-15　光大嘉宝 2019 年 1 月到 7 月的 K 线图

从 K 线图中可以看到，光大嘉宝正处于阶段的顶部。在 1 月到 3 月期间，
股价一直维持着上涨状态，虽然在 3 月初时出现了一次回调，但股价在 30 日
均线上受到了支撑很快回升，死亡谷并未形成。

4 月初，股价在创出 10.40 元的新高后开始下跌，5 日均线迅速转向跌穿
10 日均线，10 日均线在滞后几个交易日后也开始转向下方。两条均线于 4 月
中下旬逐一下穿 30 日均线，在股价高位形成了一个死亡谷。

此时股价已经从 10.00 元左右跌至 9.00 元附近，并且还有继续下跌的趋势，
那么投资者就不能抱有侥幸心理，应及早卖出。

如图 7-16 所示是光大嘉宝 2019 年 4 月 29 日的分时图。

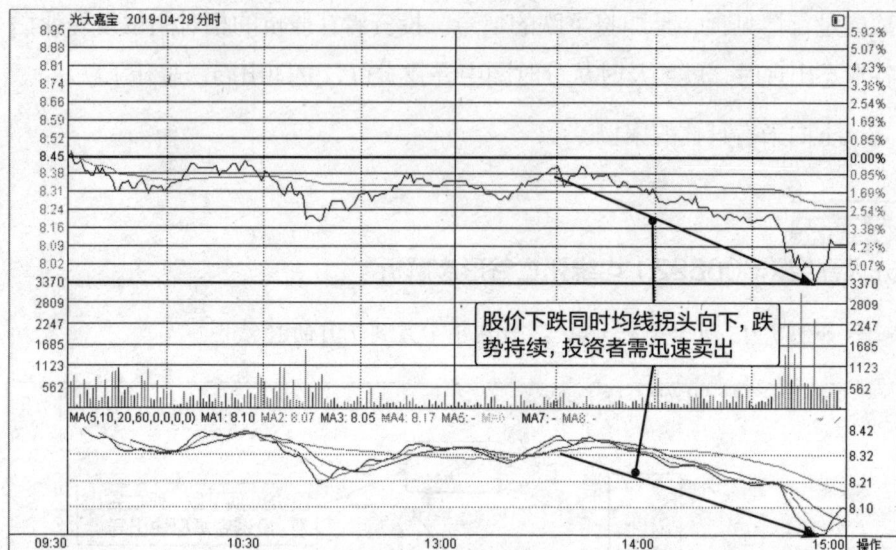

图 7-16　光大嘉宝 2019 年 4 月 29 日的分时图

4 月 29 日正是 K 线图中的均线死亡谷形成后的交易日。从分时走势可以看到，该股当日以平价开盘后便围绕均价线震荡下跌，均线指标也随之下滑。

这样缓慢下跌的走势一直持续到 13:30，之后股价开始连续下跌，在跌破均价线后一路下行，进入尾盘后更是跌速加快。从均线指标也可以看到，在股价跌破均价线时，4 条均线也拐头向下运行，说明后市将持续下跌，投资者此时就要迅速卖出。

7.3.3　MA 指标黏合后发散形态

均线指标的黏合指的是当股价走平，或者在一个较为狭窄的价格区间内横盘震荡，就会使短期均线和中长期均线聚合到一起。均线与均线的间距很小，常常会出现重合，进而形成黏合状态。

这表明多空双方正在进行角逐和斗争，在黏合进入末期时就会出现某一方的阶段性胜利，用于决定后市的走向。

而均线的发散指的是股价在盘整结束后，均线的黏合状态也随之结束，由聚拢转为分离，并同步向某一方向辐射开。

均线发散的方向分为上下两方，向上为多头发散，意味着多方取得胜利，后市大概率上涨，是一个买入信号；向下则为空头发散，意味着空方取得胜利，后市大概率下跌，是一个卖出信号。

下面来看具体的案例。

示例讲解
妙可蓝多（600882）均线黏合后多头发散形态解析

如图 7-17 所示是妙可蓝多 2019 年 8 月到 2020 年 2 月的 K 线图。

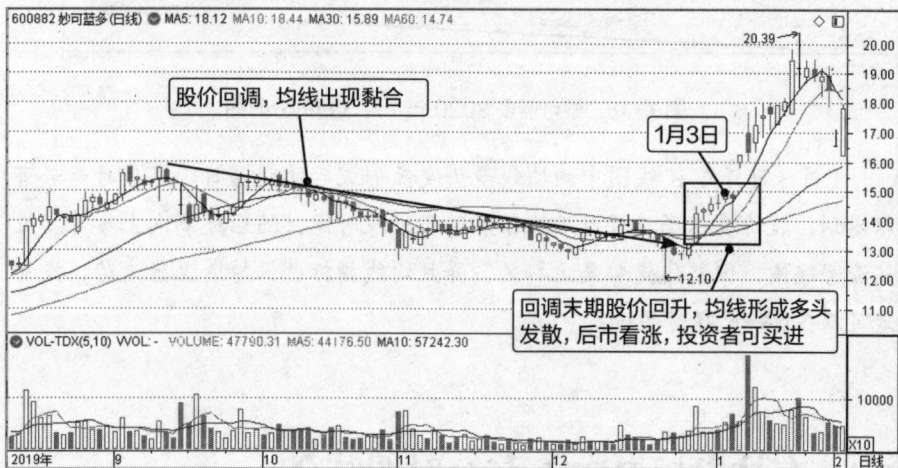

图 7-17　妙可蓝多 2019 年 8 月到 2020 年 2 月的 K 线图

从 K 线图中可以看到，妙可蓝多正处于上涨行情中，在 2019 年 8 月到 9 月初期间股价还维持着上升走势，均线呈散开状态。而在 9 月中上旬，股价阶段见顶下跌，进入整理阶段，均线也随之黏合在一起。

整理走势持续了近 4 个月后，最终在 12 月底开始回升，短期均线、中期均线与长期均线纷纷转向，朝着上方形成多头发散。在回调末期出现均线黏合后多头发散的形态，说明多方赢得了胜利，后市看涨，投资者可以买进。

如图 7-18 所示是妙可蓝多 2020 年 1 月 3 日的分时图。

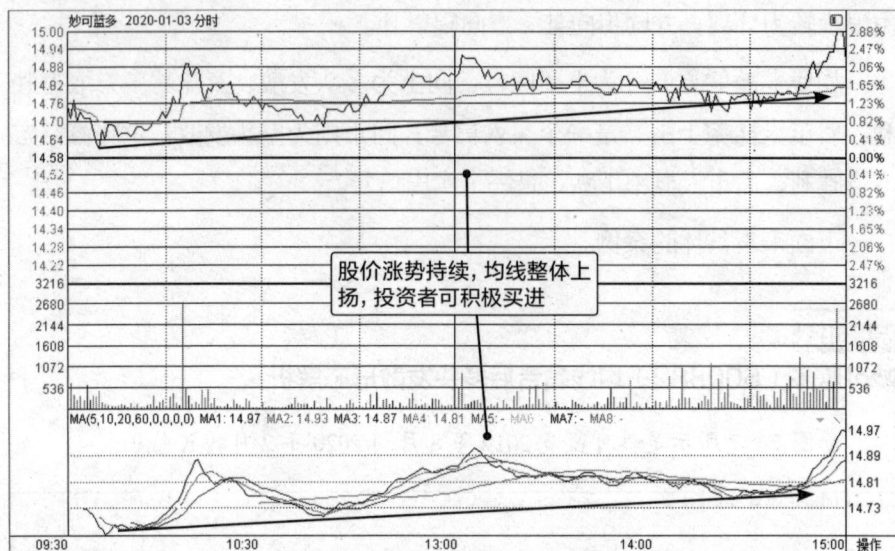

图 7-18　妙可蓝多 2020 年 1 月 3 日的分时图

　　1 月 3 日正是 K 线图中的均线多头发散形成后的交易日。从分时走势可以看到，股价在以高价开盘后上下震荡了一段时间，随后逐渐向上攀升。虽然涨势缓慢，但整体走势是上扬的，并且均线指标也保持着上行走势，投资者可以在这一天择时买进。

7.4　布林指标 BOLL 与分时图结合

　　BOLL（Bollinger Bands）指标的中文全称为布林指标，也常被称为布林线、布林带或股价通道线。它是根据统计学中的标准差原理设计出来的一种典型的趋势分析指标。

　　布林指标会在 K 线图上形成 3 条线，分别是上轨线、中轨线和下轨线，一般来说，股价会运行在上轨线和下轨线所形成的通道中。而中轨线则是用来判断股价走势强度的分界线，当股价位于中轨线上方，说明场内多方占优；当股价位于中轨线下方，说明场内空方更强。

实战中在使用布林线时，一般会将其叠加在 K 线走势图中，这样投资者就可以通过观察布林通道的开口与收口，以及在开口后与收口时股价与中轨线的位置关系，对股价未来走势进行分析，进而找到合适的买卖点。

7.4.1　布林线的开口形态

布林线的开口指的是布林通道从收缩转为扩张的过程，也是股价脱离盘整出现突破的表现。一般而言，布林线的开口预示着一波行情的快速展开，这就存在向上和向下两个方向。

◆ 当股价向上突破中轨线，同时中轨线也拐头向上时，说明行情将向上展开，股价即将进入上涨，投资者可积极买进。

◆ 当股价向下跌破中轨线，同时中轨线也转向下方时，说明行情将向下展开，股价即将进入下跌，投资者要及时出局。

在 K 线图中确定了股价的走势后，投资者就可以在分时图中再次叠加布林线，确定可靠的买卖点。

下面来看具体的案例。

示例讲解
TCL 科技（000100）布林线向下开口形态解析

如图 7-19 所示是 TCL 科技 2020 年 1 月到 6 月的 K 线图。

从 K 线图中可以看到，TCL 科技正处于上涨阶段。在 1 月到 2 月中旬期间股价涨势积极，并且大部分时间都运行在布林线中轨线以上，说明市场处于多头，股价正在拉升。

2 月中下旬，股价在连续上涨越过布林线上轨线一部分后很快被压制并开始下跌。刚开始跌速较快，随后在中轨线上受到支撑暂时止跌，但几个交易日后股价依旧击穿了中轨线向下方运行。布林通道也出现扩张，形成布林线向下开口形态，传递了强烈的卖出信号，投资者需尽快抛盘。

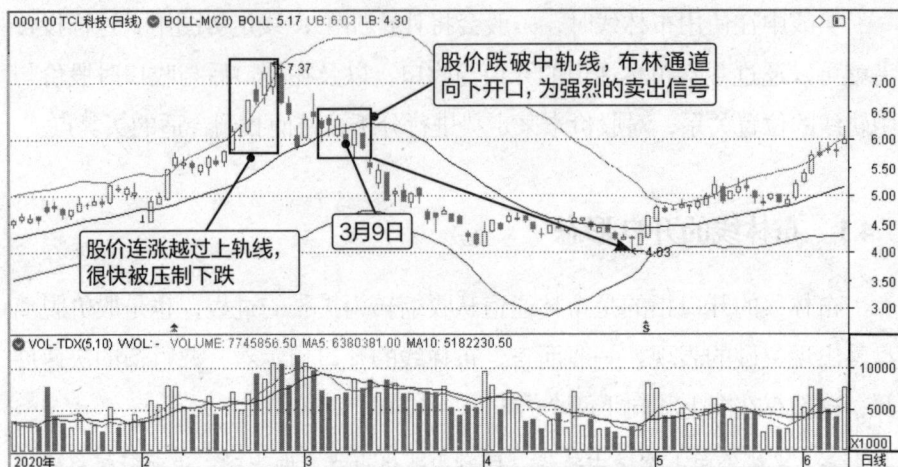

图7-19 TCL科技2020年1月到6月的K线图

如图7-20所示是TCL科技2020年3月9日的分时图。

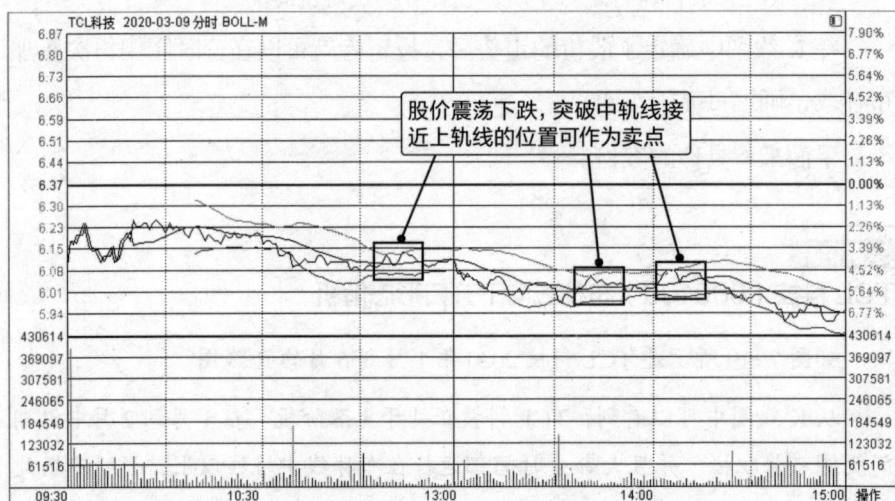

图7-20 TCL科技2020年3月9日的分时图

3月9日正是K线图中的布林线中轨线被跌破后的交易日。从分时走势可以看到，股价在以低价开盘后很快就开始了震荡下跌，并且大部分时间都在布林线中轨线下方运行。那么当股价上穿中轨线并接近上轨线时，投资者就可以迅速逢高卖出。

7.4.2　布林线的收口形态

布林线的收口指的是布林通道由扩张转为收缩的过程，同时也是股价从单边行情进入盘整的表现。

布林线的收口在不同的位置出现，传递的信息也会有所不同。

◆　当布林线收口出现在上涨过程中，说明股价在进行暂时的整理与浮筹清理，上涨空间还未发掘完毕，后续可能会继续上涨，投资者可以在盘整结束后继续买进。

◆　当布林线收口出现在股价高位，说明多方推力可能消耗殆尽，导致股价在高位滞涨，反转随时可能出现，后市看跌，投资者以卖出为佳。

◆　当布林线收口出现在下跌过程中，说明多方开始反弹，股价暂时止跌横盘，后续依旧会延续下跌走势，投资者需及时止损。

下面来看具体的案例。

示例讲解
科沃斯（603486）布林线收口形态解析

如图 7-21 所示是科沃斯 2021 年 1 月到 5 月的 K 线图。

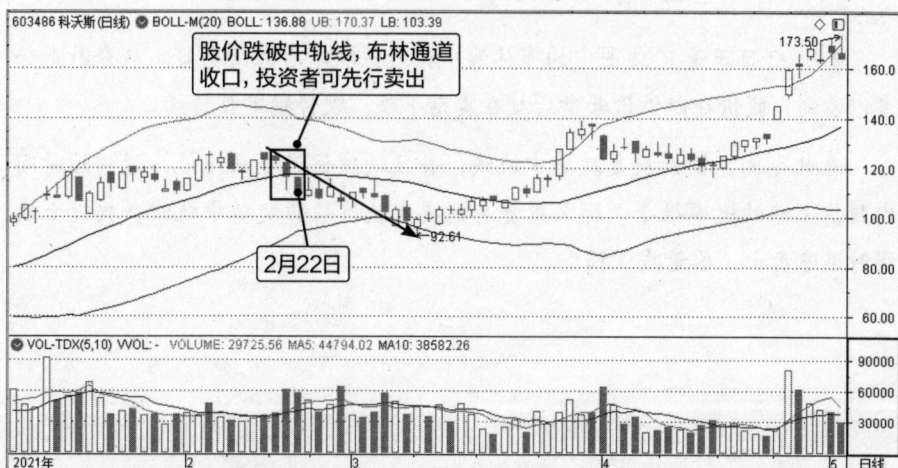

图 7-21　科沃斯 2021 年 1 月到 5 月的 K 线图

从 K 线图中可以看到，科沃斯正处于上涨行情中，1 月期间股价还在布林线中轨线上方运行。2 月中旬，股价回调下跌，并直接跌破了中轨线，布林通道开始收缩，呈现收口状态，后续可能会继续下跌，投资者可以先行卖出。

如图 7-22 所示是科沃斯 2021 年 2 月 22 日的分时图。

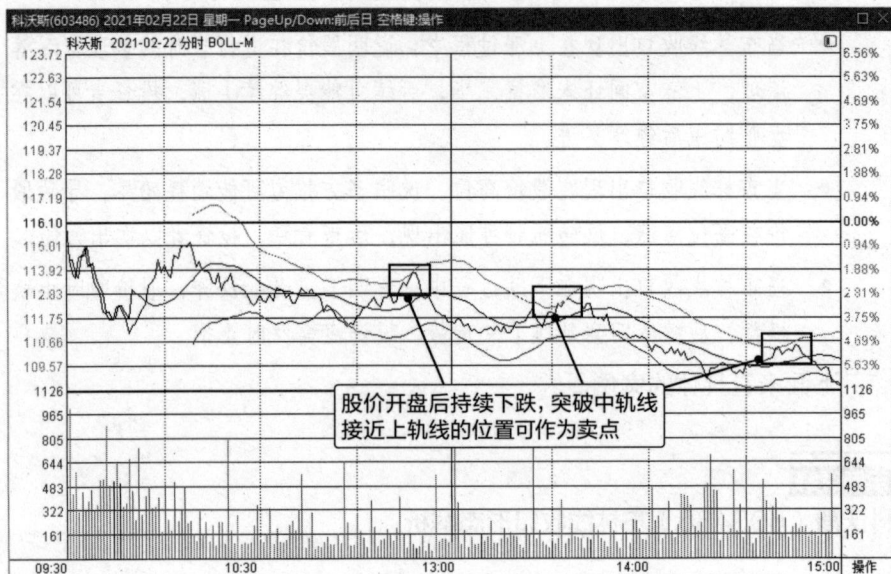

图 7-22　科沃斯 2021 年 2 月 22 日的分时图

2 月 22 日正是 K 线图中的布林线中轨线被跌破后的交易日。从分时走势可以看到，股价在以低价开盘后就在震荡下跌，跌势稳定且持续。

在此期间，股价反复跌破中轨线，并且跌破位置越来越低，说明短时间内股价上涨的概率很小。那么投资者就要在股价短暂突破中轨线并接近上轨线时迅速卖出，尽量减少损失。